청소년인성교육총서
青少年人性教育 叢論
이흥진 · 박덕인 · 공보길
이충중 · 이승호 · 박대선
김희연 공저
도서출판
진영사

青少年人性教育 叢論

이홍진 · 박덕인 · 공보길 · 이충중
이승호 · 박대선 · 김희연 공 저

2015년 08월 10일 초판인쇄
2015년 08월 14일 초판발행
발행인 박 진 영
발행처 도서출판 진영사
인천광역시 부평구 갈산동 35-3번지
전화 : 032)505-4207
팩스 : 032)505-4206
E-mail : 0183734207@hanmail.net
등록 : 122-91-77317

ISBN 978-89-6541-225-0 93370
값 17,000원

서 문

『청소년 인성교육 총론』 교재를 펴내면서

현실의 사회는 매우 분주하고 복잡하다. 이러한 현상은 공동체나 집단의 모습이어야 하는데, 지금 우리 사회는 개인위주의 풍조가 만연하고 타인과 공동체의 대한 배려가 부족하여 사회는 질서가 불안전해지고 더 나아가서는 소통과 협동이 안 되는 문제를 안게 되었다.

이런 현상을 우리는 사회적 병리현상이라고 한다. 이 같은 풍조가 만연한 결과 동방예의지국이라는 찬사는 옛 이야기가 되어 버렸고, 지구촌 어디에서도 일어나지 않는 토픽이 우리 사회에서 자주 발생하고 있어 세계가 주목하고 있는 실정이다.

이 같은 참담함으로 모든 국민이 염려하고 근심할 때에 입법부인 국회가 많은 시간에 걸쳐 포럼 등을 열어 인성교육의 필요성을 알리고, 2014년 12월29일 인성교육진흥법을 국회에서 통과시켰다. 이미 병든 사회라 늦은 감은 있지만 그래도 얼마나 다행인가? 지금부터라도 온 국민이 위기의식을 느끼고 인성교육에 힘을 쏟는다면 결코 늦은 것은 아닐 것이다.

이러한 국가시책에 발맞추어 사) 청소년행복세상에서는 청소년들의 안녕과 행복을 위하여 2007년 7월18일 창설하여 청소년보호 및 선도, 폭력예방의 봉사·사업을 하던 중 청소년인성교육의 필요성을 느끼고, 2014년 10월 직능원에서 청소년인성교육사 민간자격증제도를 인가 받아 양질의 청소년인성교육사를 배양하고자 최선의 노력을 하고 있다.

청소년인성교육사를 교육하는 현실에서 문제가 발생함을 분석하여 볼 때 첫째는 서로 다른 이론과 논리가 있음이고, 그 다음은 교재와 분명한 지침서 부재로 인하여 체계적 교육의 어려움이 있어 필수적인 것이 교재라는 사실을 인식하여 青少年人性教育 叢論'을 발간하게 되었다.

본서의 내용을 살펴보면,

제 1 장은 이흥진 이사장의 「청소년인성교육의 실제」에서는 두 영역으로 나누어 제 1장에서는 가정이라는 공동체 안에서의 부모와 자녀들의 커뮤니케이션의 현안을 다루어 예, 효, 책임, 배려, 협동을 제시하였고

제 2 장에서는 「신체활동이 청소년 정서에 미치는 영향」을 펼쳐 활발한 신체활동만이 청소년들의 전인교육임을 제시하였다.

제 3 장에서는 박덕인 총재의 「체육지도자 성정이 인성교육에 미치는 영향」을 다루어 지도자의 성정의 중요성을 알린다.

제 4 장은 공보길 인성교육원장의 「창의 · 체험 · 인성교육」으로 심리적인 영역을 다루고 특히 창의적 체험활동을 통하여 창출되는 정직, 책임, 존중, 배려, 소통, 자기조절 등을 실었고.

제 5 장은 이충중교수의 「인성과 예절」로서 생활실천예절을 다루었는데 마음가짐, 언어, 인사법 등으로 엮었다.

제 6 장은 이승호박사의 「도덕교육과 무도지도자인식」에서는 무도 지도자의 책임영역으로 도덕교육을 현장인 도장에서 그 문제를 풀어 결과를 제시하였다.

제 7 장은 박대선박사의 「존중과 인성」으로 도덕적 교육과 몸학(소매틱)이라는 자각수련을 통한 존중의 중요성을 교육적 측면에서 알리고 있다.

제 8 장은 김희연박사의 「소통을 위한 대화법」으로 대화의 중요성을 피력하고 가족으로부터 언어가 순화되어야 함을 다루었다.

2014년 12월 29일 제정된 인성교육진흥법에서 중점적으로 제시한 예 · 효 · 정직 · 책임 · 존중 · 배려 · 소통 · 협동 · 자기조절 등의 영역에서 부족하지만 기초를 놓았다.

여기에 안주하지 않고 다음 과제로는 9가지 영역을 교육영역, 심리영역, 체험영역 등으로 나누어 연구하고 정리하여서 지도자 매뉴얼을 만들어야 할 것이다.

2015년 5월

저자 일동

목 차

제1장
청소년 인성교육의 실제

제2장
신체활동이 청소년의 신체조성과 정서지능(인성)에 미치는 영향

제3장
체육지도자 성정이 인성교육에 미치는 영향

제4장
창의 · 체험 · 인성교육

제5장
인성과 예절

제6장 도덕교육과 무도지도자의 역할

제7장 존중과 인성교육

제8장 소통을 위한 대화법

제1장

청소년 인성교육의 실제

1. 인성교육에 대한 견해와 이론적 접근
2. 가족의 구성
3. 부모와 자녀
4. 부모와 자녀가 만드는 규정規程
5. 결론 및 제언

제1장 청소년 인성교육의 실제

* 이 홍 진

인간은 사회적 동물이라는 말과 같이 타인과 고립되어 살 수 없다. 어떤 형태로든 집단을 이루고 산다. 여기에 발마추어 인성교육에 있어서 古傳에 기록된 인간론으로 시작하여 사람다워지는 근본을 구체적으로 찾아보았고, 인간의 본질이 무엇인가를 제시하고, 가정에서부터 교육이 체계적으로 이루어져야 함과 부모의 역할이 무엇이며 아울러 자녀들과 수행할 기본목표를 세우는 것과 인성교육의 중요성과 책임론을 제시한다. 이것이 청소년인성교육의 첫 번째 과제요. 앞선 삶을 영위한 사람들의 책임임을 說하였다.

* 명지대학교 교수
* 교육학박사
* 사) 청소년행복세상 이사장

1. 인성교육에 대한 견해와 이론적 접근

1) 古傳의 기록된 인성론

사람이란 무엇인가? 이 물음은 사람만이 던질 수 있는 자기 자신의 대한 물음이다.

孔子는 「논어」옹야 편에서 '子曰 觚不觚, 觚哉 觚哉'[1]모나지 않은 술잔이 술잔일까? 술잔일까? 라고 말한다. 제사에 쓰는 술잔은 반드시 모가 나야 하는데 모가 나지 않은 술잔은 제사에서 쓸모없는 술잔일 수밖에 없음을 말한다. 여기에 등장하는 술잔의 의미는 술잔이 아니라, 사람의 됨됨이를 말한다.

그렇다. 술잔을 사람으로 바꾸면 '사람이 사람답지 않으면 사람일까? 사람일까?'가 된다.

곧 사람이란 사람다운 인격을 갖추어야 하는데 그런 인격을 갖추지 못했다면 사람일수 없다는 것이다.

인간론人間論은 이처럼 '사람답다'는 것을 이해하는 것으로부터 시작된다. 술잔이 술잔다워야 하는데 하물며 사람이 사람답지 않아서야 어디 될 법이나 한 일인가?

그러나 그 '사람답다'란 것은 결코 말처럼 쉬운 일은 아니다.

사람다움의 조건으로 공자孔子는 다음과 같이 말하고 있다. 「사람은 날 때부터 곧은 것이다. 속임수로 살아나는 것은 요행으로 화를 면하는 것이다.」 곧은 마음씨를 갖지 못한 사람이라면 사람의 허울만 있을 따름이지 사람이라 할 수가 없다는 것이다.

이에 더하여 공자는 다음과 같이 말씀한다. 「인간성은 비슷비슷하고 습관은 서로가 딴 판이다.」 사람의 비슷비슷한 동질성은 곧은 마음씨의 동질성을 뜻한다. 사람은 누구나 할 것 없이 곧은 마음씨를 가지고 있다. 그런데 왜 사람은 때에 따라 또는 시대에 따라 다르기도 하고 변화하기도 하는가? 그것은 후천적인 조건들로 이루어지는 것이기 때문이다.

그러나 이러한 습관의 가변성에 견주어 선천적인 인간성 즉, 곧은 마음씨는

1) 子曰 觚不觚, 觚哉 觚哉(자왈 고불고, 고재 고재) – 觚(모난술잔 고)

변하지 않는다, 말하고 있다. 그것은 사람은 본디 착한 것이고 착할 수 있는 가능성을 지니고 태어나지만 결코 착하기만 한 것은 아니며 악할 수도 있다.

그것은 물욕이 곧은 마음을 가리기 때문이라고 공자[2]는 설명한다. 물욕을 이겨내는 사람의 자율적인 노력을 '극기克己'라고 하는데 극기란 착한 내가 악한 나를 이기는 노력이다. 내가 나를 이기는 극기의 노력만이 사람다워지는 방법이며 길道이라고 한다.

그렇다면 사람은 무엇을 위하여 그렇게 극기를 해야 하는 것인가? 여기에서 다시금 인간존재가 문제된다. 즉 사람다운 사람이란 어떠한 존재이며 어떠한 형태일까?

사람은 물론 단독자로서의 존재이기는 하지만 그것은 어디까지나 윤리적인 테두리 안에서의 단독자이다. 곧 아들은 아들이라는 단독자로서의 존재이지만 그것은 아들의 아버지라는 부자父子 윤리 안에서의 아버지이므로 아들에 경우와 다를 것이 없다.

유교儒教에서는 사람이란 나와 다른 사람과의 관계로 이해하는데 이를 일러 孔子는 仁(어질인)이라 하였다. '인'이라는 漢字는 두 사람이라는 뜻을 가지고 쓰여진 것이다.

또 '공자'는 「군자란 외골수가 아니다」라고 하였는데 이것은 한가지에만 국한된 것이 아닌 폭이 넓은 아량과 지식을 뜻한다.

儒教적 측면에서는 사람을 다음과 같은 세 가지로 이해하려 하였다.

첫째 – 사람을 흔히 신神과 동물의 중간자라고 하지만 유교에서는 그것을 받아들이지 않는다. 사람이란 神일수 없는데서 사람다움이 생겨나고 또 짐승일수 없는 데에서 그의 참모습이 나타난다. 그것이 바로 윤리이다. 맹자가 오륜五倫(5가지 기본적인 인간관계로 설정한 부자(父子)·군신(君臣)·부부(夫婦)·장유(長幼)·붕

2) 孔子를 처음 그린사람은 당나라 때 五道子다. 당조명화록(唐朝名畵錄)은 오도자가 각종사서의 기록을 종합해 공자상을 그렸다고 적고 있다. '구척의 큰 키에 구부정한 등, 들창코에 잇몸이 드러나는 생김새'라고 적고 있고, 『사기』에 '공자는 태어날 때 머리 한가운데가 움푹 들어가 마치 언덕 같은 모양을 이름을 구(丘:언덕)라 지었다' 기록하고 있다. 『순자』 비상(非相)편에는 '공자는 키가 크고 얼굴이 몽기(蒙倛)같다'는 대목이 전한다. 몽기는 귀신을 쫓는 탈를 말한다. 순자는 공자의 학문을 이은 사람인데 '앞머리가 푹 들어갔으며 우락부락하다'고 그대로 기록하기는 어려웠을 것이다. 2015년 9월 27일이 공자탄신2565주년이 된다.

우(朋友) 관계와 그 관계에서 실천해야 할 친(親)·의(義)·별(別)·서(序)·신(信)의 도덕규범.)을 마련하여 사람을 윤리적인 존재로 확인한 까닭이 여기에 있다. 신神의 세계는 알 수 없지만 짐승의 무리에게서 부모형제나 벗 사이의 윤리가 존재하지 않기 때문이다.

둘째 - 사람의 구실은 무엇인가라는 사람의 당위성의 문제점이다. 자공이 공자에게 '평생을 지켜나갈 수 있는 한마디 말이 있을까요?'라고 물으니 공자는 '그것을 미루어 생각하는 서恕일 것이다. 내가 당하기 싫은 일은 남에게도 하지 말아야 한다.'라고 대답했다. 미루어 생각하는 충서의 '도道'야 말로 공자의 생각으로는 평생토록 지켜야 하는 당위의 道로서 윤리적인 실천을 위한 유일한 방법으로 본 것이다.

셋째 - 사람값을 무엇으로 평가되어야 할까? 하는 문제이다. 여기에서도 또 사람값을 윤리적인 행동의 결과로 따져야 한다고 주장한다. 공자의 제자 '유약'이 「효孝·제悌란 사람다움의 근본이다.」라고 한 것도 효·제가 부모와 형제사이의 윤리실천으로써 사람다운 구실의 근본적인 가치기준이 됨을 밝힌 것이다.

사람의 관계란 서로서로 이해하고 친애하는 관계여야 함은 다시 말할 나위가 없다. 비록 父子의 관계라 하더라도 그것은 서로 이해하고 사랑하는 관계로 맺어져야 한다. 그럼에도 만일 아들이 아버지에게 구속된 관계로 윤리규범이 만들어 진다면 그것은 아들의 인격의 존엄성이 상실됨과 함께 인간으로서의 자유가 무시될 가능성이 뒤 따른다.

임금과 신하의 관계도 그러하고 남편과 아내의 관계도 그렇다.

유교儒教의 삼강오륜三綱五倫(三綱:부위자강, 군위신강, 부위부강. 五倫 군신유의, 부자유친, 부부유별, 장유유서, 붕우유신)은 후세에 널리 알려져 우리가 알고 있듯이 충忠과 효孝와 열烈 로서 여기서 나오는 인간상은 효자孝子·충신忠臣·열녀烈女이다.

세종임금은 1434년 '설순'이라는 집현전 부제학에게 「삼강행실도」라는 책을 펴내게 하였다. 그 뒤에 중종 때에 '김안국'이 「이륜행실도」라는 책을 저술함으로서 후에 「오륜행실도」의 기틀이 마련되었다.

우리의 눈길을 끄는 것은 오륜행실도에서 형제의 우애와 친구의 믿음인 장

유유서와 붕우유신은 그 자체가 종속윤리가 될 수 없기 때문에 별다른 문제를 남기지 않지만 부자·군신·부부 삼강은 효와 충과 열로 종속 윤리화되어 현실의 큰 문제를 남기게 된다.

효자상의 경우에 그 부모님뿐만 아니라 계모繼母나 질병으로 고통 받는 상황에 있는 사람까지이다. 그러므로 그런 효자는 부모의 십자가를 대신 멘 고통스러운 모습일 수밖에 없다. 더욱이 삼강행실도에서 묘사된 규례에서 보면, 충신이란 오로지 한 임금을 위하여 죽음으로써 충절을 지키는 것이고, 열녀상도 두 지아비를 섬기지 않는 것으로 되어 있다.

이와 같이 삼강사상의 종속성은 평등사상의 핵심을 이루는 현대사상의 처지에서 받아들일 수 없는 것임은 너무나 당연하다.

그러면 도대체 유교儒敎의 '사람'은 어디로 간 것일까? 이제 우리는 여기서 유교에서 말하는 사람을 다시 찾아야 한다. 그것은 고전적인 인간상에서 인간을 찾아내 현실에 적용하여야 한다.

『논어』의 「위령공」에서 공자와 그의 제자 '자로'가 나눈 이야기가 다음과 같이 실려 있다.

'자로'가 「군자」에 대하여 물으니 孔子曰 '공경함으로서 자신을 가다듬는다'고 대답하였다.

'그러면 그만 입니까?' '남을 편하게 함으로써 가다듬는다' '그러면 그만 입니까?' '백성을 편안하게 함으로서 가다듬는다'하였다.

君子란 儒敎에서 이상적인 사람의 다른 말로써 그에게는 두 가지 기능이 요구된다.

하나는 자기 자신을 가다듬는 일로 이를 '수신修身' 또는 '修己수기'라 하고, 다른 하나는 남을 편안하게 하는 일로 이를 '애인愛人' 또는 '치인治人'이라 한다.

수기치인修己治人은 고전의 인간상에 전부로서 「중용」에서는 이를 '정기정물'이라고도 한다.

'정기'란 자기 자신을 바로 하는 일이요. '정물'이란 천하 만물을 바르게 하는 일이다.

또 「대학」에서 '성심·정심·수신'을 말하는데 이것도 자기를 다스리는 일이요, '제가치국평천하'는 다른 사람을 편안하게 하는 일이다. 그러므로 이것은 바로 완전히 조화된 인격자로서의 군자의 모습이 아닐 수 없다.

유교儒敎를 이른바 군자학君子學이란 까닭이 여기에 있다.

또 儒敎의 인간학에서 '천명'은 사람의 존재조건으로서 중요한 뜻을 갖는다. 사람의 존재가 이미 윤리적인 존재라는 조건으로 규정지어졌다고 하면 '천명'도 윤리적인 천명이 아닐 수 없다.

「중용」이나 「대학」에 나오는 이른바 '신득사상'의 바탕이 바로 여기에 있다.

'신득사상'이란 자기홀로 있을 때에도 도리에 어긋나는 일을 삼가는 사상이다. '홀로'는 단독자라는 뜻이다. 그러나 '천명'과 더불어 존재하는 처지에서는 결코 홀로 일 수가 없다. 그는 언제나 천명과 더불어 함께하기 때문이다. '천명'은 빛도 소리도 형체도 없다. 그러나 그의 윤리적인 명령의 소리는 너무나 똑똑하게 들린다.

윤리적인 명령의 소리는 오직 나만이 들을 수 있다는 사실이 중요하다.

그러나 윤리적인 천명天命은 사람에게 강제된 것이 아니다. 천명에 따르느냐 따르지 않는냐의 선택은 사람의 자유의사에 따라 결정된다. 다시 말해서 사람은 선악善惡의 갈림길에서 어느 쪽을 선택해야 하는 자율적인 존재이다. 하늘을 아는 것은 오로지 나의 윤리적인 선행을 지시하는 천명을 안다는 뜻일 것이다. 윤리적인 천명이야말로 지엄하고도 두렵다는 사실을 깨달을 때에 비로소 사람은 '사람다워'진다.

儒敎에서 말하는 사람의 본디 모습은 형이상학적인 이론체계에서 보다는 일상의 실천윤리 안에서 찾아내야 한다.

그러므로 「다산 정약용」은 다음과 같이 말하였다. '하늘이 사람의 선악을 살피려고 하되 늘 인륜관계에 중점을 두고 있다. 그러므로 사람들이 수신修身함으로써 하늘을 섬기되 또한 인륜관계에 중점을 두고 있다.' 함은 천주교의 영향이 있었음을 보여준다.

그런데 고전古傳의 君子상에서 무엇보다도 중요한 것은 행동주의에 모습이다. '행行'은 말이나 아는 것을 앞서고, '덕德'은 행동의 성과일 뿐이다.

「군자君子는 배부르기를 구하지 말고, 편안한 거처를 바라지 말고, 맡은 일은 민첩하게 처리하되 말은 조심해야 하며………… 君子는 말은 더듬되 행동은 민첩해야 하느니라.」라고 한 것은 다 행동을 앞세우는 가르침이다. 행동주의는 일상생활 속에서 이루어지기 마련이다. 그러므로 행동의 지식이나 말 속에 묻혀 버려서는 안 된다.

「젊은이들은 집에 들면 효도孝道하고 밖에 나면 우애友愛하며 성실한 행동에 믿음직해야 하고 대범하게 대중을 사랑하되 사람다운 이와 더욱 가까이 해야 한다.

그러고도 틈이 나거든 글(지식)을 배우도록 하라」는 孔子의 말을 잘 새겨보면 효·제와 근신이 학문에 앞서고 민중을 사랑하고 사람다운 사람과 가까이 하는 것이 수양修養의 바탕임을 알 수가 있다.

그의 제자인 유약과 증자는 이를 효·제·충·신의 네 가지 덕으로 간추렸다. 유약은 '효·제의 道를 아는 사람치고 윗사람에게 함부로 구는 사람이 없다, 윗사람에게 함부로 굴지 않는 사람이 난동을 부리는 일은 절대 없다, 君子는 근본이 바로서야 길이 트이기 때문이다. 효·제야 말로 사람다워지는 길의 근본이다'라고 하여 효孝·제悌가 모든 덕의 기본덕목임을 밝혔다.

증자는 '나는 날마다 세 가지 일을 반성한다, 첫째, 남을 위하여 충실히 일했는가? 둘째, 벗들에게 신의를 잃은 일은 없는가? 셋째, 배운 것을 내 것으로 만들었는가?'라고 하여 충忠·신信·덕德을 강조하였다.

孔子의 효·제는 가족윤리倫理이고 충·신은 사회윤리라고 할 수 있다.

이 두 가지 윤리는 새의 두 날개처럼 사람윤리의 두 기둥이 아닐 수 없다. '유약'이 효·제를 사람다워지는 근본이라 한 것은 가족윤리가 사회윤리의 근본이 됨을 뜻하였을 따름이지 결코 가족윤리만을 주장함으로서 사회윤리를 가볍게 보거나 부정한 것은 아니다.

君子와는 상반되는 사람으로 소인小人이 있다, 앞에서도 밝혔지만 '君子는 의리에 밝고 소인은 이속에 밝다'라고 하였으니 의리와 이속 구별은 곧 君子와 小人의 구별이 된다.

즉, 도道의 사회와 이익사회와의 차이로는 道의 사회는 君子의 사회요, 이익의 사회는 소인의 사회인 셈이다. 그렇다면 오늘날 산업발달로 인하여 나타나는 공리주의 인간형은 어떻게 보아야 할 것인가? 儒教의 눈으로는 단연코 소인으로 평가될 것임에 틀림없을 것이다.

그러나 인격 면에서 君子와 小人을 구분한 것에는 귀담아들을 만한 것들이 없지 않다. '君子도 본시 궁할 때가 있지만 소인은 궁하면 함부로 한다,' 궁하면 함부로 한다는 것은 예의범절을 어길 뿐만 아니라 재화를 탐내어 못할 짓이 없음을 뜻한다.

또 '君子는 마음이 평온하되 소인은 늘 근심걱정 속에 싸여있다.' 하였는데 그러나 우리가 여기서 주의할 점은 군자와 소인의 구분은 관념의 구별이지 결코 고정불변의 것이 아니라는 것이다, 다시 말하면 타고난 것이 아니라는 것이다,

군자도 잘못하면 소인이 되고 소인도 군자가 될 수 있다.

맹자孟子가 '그대가 요임금의 옷을 입고 요임금의 말을 외고, 요임금의 행동을 하면 이는 요임금일 따름이요, 그대가 걸왕의 옷을 입고, 걸왕의 말을 외고, 걸왕의 행동을 하면 이는 바로 걸왕일 따름이다'라고 한 것은 어진 임금인 요임금과 폭군인 걸왕과의 구분도 그들의 말과 행동에 차이가 있을 따름임을 분명히 한 것이다.

즉, 요임금의 언행을 본받으면 요임금처럼 되고, 걸왕의 언행을 하면 걸왕처럼 될 따름이다, 그러므로 孟子는 사람의 무한한 가능성을 다음과 같이 잘라 말했다.

조교가 묻기를 '사람마다 다 요순같이 될 수 있다는 말인가요?'하였더니 孟子는 '그렇습니다'라고 하였다.

그러나 그것은 가만히 앉아서 저절로 얻어지는 것은 아니다. '닭이 울 무렵에 일어나서 차근차근 착한 일을 하는 사람은 순임금의 무리들이다. 순임금과 도적盜賊의 무리를 구별하는 것은 이속을 쫓느냐, 착한 일을 하느냐의 구별이 있을 뿐이다.'

孟子는 사람됨의 책임은 결코 나타나는 것이 아니라 태어난 뒤에 노력에 달려있음을 우리에게 말하고 있는 것이다.

사람의 무한한 가능성의 개발이야말로 儒教의 인간관의 본질이 아닐 수 없

다. 그러나 그것은 결코 쉬운 길이 아니다. 고난의 극복이 없이 이룰 수 있는 정상頂上이 아니다. 참으로 험한 길일지도 모른다.

『告子 下』에서 '순임금은 밭갈이를 하다가 출세하였고, 부열은 포수 노릇하다가 등용되었고, 교격은 생선장수하다가 등용되었고, 관이오는 감옥지기 하다가 등용되었고, 손숙오는 바닷가에서 등용되었고, 백리해는 저자거리에서 등용'되었다.

그러므로 하늘이 큰 임무를 그 사람에게 맡기려 할 때에는 꼭 먼저 그의 마음을 괴롭히고 그의 육체를 피로하게 하고 그의 창자를 굶주리게 하고, 그의 살림을 텅 비게 하되 그가 하는 일마저 어수선하게 만드나니 이렇게 마음을 두들겨서 참을성 있게 하는 것은 그가 못하는 일을 더욱 더 잘하게 하도록 만들어주기 위해서인 것이다. 라고 한 것은 고난을 이겨낸 옛 성인 군자들의 길이 얼마나 험난한지 보여준다.

사람은 어디까지나 사람다워야 하고 사람구실을 해야 하고 그럼으로써 '사람값'을 해야 하므로 유교에서는 귀신의 세계를 거부한다.

「번지가 지혜에 대하여 물었더니 孔子는 '옳은 사람 노릇을 철저히 하고 귀신을 공경하되 멀리하면 슬기롭다.'라고 했다.」

귀신을 가까이 하지 않는 것이 바로 슬기의 요건이 된다. 또 사람이 짐승일 수 없다. 짐승의 세상에는 윤리倫理란 없기 때문이다. 즉 만물의 영장인 사람에게만 있는 것이 윤리도덕이며, 가르침을 받아 순화되는 것도 사람뿐이다. 그러므로 사람이 짐승의 세계에서 탈출하려면 윤리적인 존재라는 자각이 있어야 한다.

'후직이 백성에게 농사짓는 법을 가르쳤다. 오곡을 심어 가꾸고 곡식이 익으므로 백성이 잘 살게 되었다. 그러나 사람이 살아가는 길이란 배부르고 편안한 살림이라 하더라도 교육이 없으면 짐승에 가까운지라 성인이 이를 걱정하여 설에게 교육담당 벼슬을 주어 인륜을 가르치니 곧 부자유친, 군신유의, 부부유별, 장유유서, 붕우유신의 五倫이다.'

孟子의 오륜은 곧 사람이 짐승에 세계에서 벗어나는 유일한 길이라 하는 것이다.

2) 청소년 인성교육의 정의

소크라테스(B.C.470~B.C.399)의 '인간의 본질은 무엇인가?'와 '너 자신을 알라'의 뜻이 지금 우리가 살고 있는 사회에서 많은 의미로 대두되는 이유가 무엇일까?

인간의 본질이 무엇인가? 의 의미는 지금 우리가 살고 있는 현실에서 가정의 위치는 어디인가? 가 아닐까?

소크라테스의 '인간의 본질이 무엇인가? 는 한 개인에게 묻는 질문이라기보다는 지금 우리 가정이라는 공동체에게 던진 질문이라 여겨진다. 세상 여러 계통 중 전통적 가정이든 현대양식의 가정이든 가정의 불화가 심해지고 기강문제가 심각해지고 정신질환자가 많아지는 현실이기에 더욱 그렇다. 또 어떤 종교의 가정이든 직면해 있는 수 없이 많은 문제를 어떻게 풀어나가야 할지 고민하기는 마찬가지이기에 더욱 그렇다.

가정이라는 공동체가 만들어지고 부부가 서로 사랑하면 선물로 받는 것이 자녀이다.

그러기에 고대 이스라엘 시인은 아름다운 말로 다음과 같이 표현을 하였다.

> "자식은 여호와의 주신 기업이요. 태의 열매는 그의 상급이로다. 젊은 자의 자식은 장사의 수중에 화살 같으니 이것이 그 전통에 가득한 자는 복 되도다"
> (시127:3-5)

이처럼 자녀는 부모에게 준 귀한 선물인데 많은 가정들이 왜 자녀의 문제로 고민을 하고 있는 것일까? 그것은 순리順理라는 청사진을 버리고 인간적인 모습으로 청사진을 만들어 운영하기 때문 아닐까? 순리順理라는 청사진을 언제부터 멀리했는지 알 수 없지만 산업혁명으로 생활이 편리해짐에 따라 기계에 의존하다보니 개인플레이가 성행하고, 여기에 발마추어 신문, 잡지, 인터넷 등을 통하여 만들어진 청사진으로 생활의 패턴을 바꾸어 역행하므로 사회적 병리현상을 초래하게 되었다. 우리는 실질적으로 여기에서 기막히게 좋은 정보도 얻고 있는 것은 확실하다.

그러나 이 청사진은 부분적으로 좋은 점도 있지만 자라는 아이들이 접하면 안 될 것들이 너무 많다는 것이다. 1980년대의 미국에서 조사한 통계를 보면 어린아이가 14세가 될 때까지 만 번 이상의 폭력물(살인 등등)을 보고 자란다는 통계가 있고, 우리의 청소년들도 이제는 모방범죄를 저지르고 더 나아가서는 잔인하고 포악한 수준의 범죄를 행하고 있다는 것이다.

이러한 상황에 관하여 일부 계층이기는 하지만 계속 경종을 울리고 있음을 주지할 때 다행이라는 생각이 든다. 그러나 아직도 자녀들이 안고 있는 문제점들이 얼마나 심각한지 모르는 것 같아 안타깝다.

행복한 가정을 이루는데 '나는 누구도 알지 못하는 다른 방법이 있지'라고 생각하는 사람들이 있을까? 예를 들면, '할 수 있는데 까지 열심히 일을 하여 돈을 벌자. 그리고 이 세상 물질을 자식에게 주자, 그러면 자식들은 물질의 풍요로 인하여 행복해 할 것이다'라는 생각과 '공부를 시키는데 일류대학 가장 좋은 학과를 다니게 하면 졸업 후에 행복해 할 것이다'라는 발상이라면 그 결과는 어떻게 될까?

그렇지만 우리가 살고 있는 이 사회는 우리의 이 같은 전망을 궤도에서 벗어나게 만들었는데 특히 우리는 자녀가 원하는 것은 다 사주어야 한다는 잘못된 생각 때문에 물질 탐욕에 빠지게 되었다.

우리는 흔히 '우리가 가져보지 못한 것들을 자식들이 갖기를 바란다.'는 부모를 보게 된다. 그래서 자식들은 많은 물질을 갖게 되지만 자신들의 자아를 잊어버려 일생동안 무엇을 해야 하는지 모르고 살아가게 된다. 이 세상에서 가장 완고한 반항심을 가진 아이는 경제적으로나 사회적으로 혜택을 받지 못한 아이가 아니라 돈으로 살 수 있는 것은 모두 갖고 있으면서 사랑이 결핍되어 있거나 인정받지 못한 아이들이라 한다.

이러한 아이들은 아무도 사랑으로 돌보아주지 않았고 또 이해하려 하지도 않았기 때문에 마음이 텅 비어 있어 외롭다. 이 같은 아이가 성장하면 정체감의 위기에 직면해 있다는 말을 듣는다는 연구발표가 있다.

자녀가 이제 걸음마를 배우고 말을 배워 가는 시기가 되면 아이들은 자기들에 대한 부모의 태도에 대해 생각보다 매우 민감하다. 아이들은 부모로부터 받은 태도와 똑 같은 양상의 반응을 보일 때가 허다하다. 이러한 과정을 동일화라고 하는데 아이들은 무의식중에 모든 행동들을 답습한다 하여 동일화과정이라 하였다. 아이들은 이 동일화과정을 통하여 부모의 태도를 느낀 대로 행동한다.

여기에서 가정의 기강문제의 대부분이 시작된다.

자녀들의 개성이나 성품을 향상시키기 위해 이바지하는 기관이 더러 있지만 부모만큼 영향을 미치지 못한다. 그것은 부모와 자식이란 관계의 특성뿐 아니라 가정에서 함께 지내는 시간이 많기 때문이다. 그러므로 아이들은 부모가 만들기에 달려있다고 말하는 것이다.

즉 부모가 아이들의 삶을 위하여 헌신하지 않으면 훌륭한 성장을 도저히 기대할 수 없다. 부모가 아이들에게 베푸는 훈련은 아이들이 타인과 사귈 수 있는 능력, 그들이 행하는 일의 질과 생의 여러 분야 등에 영향을 미친다.

자녀를 양육하는 일은 엄청난 일이다. 자녀를 성공적으로 양육하는 것은 초인간적인 일이다. 사실상 자녀를 훌륭하게 양육하려면 인간의 힘만으로는 할 수 없다. 인간의 지혜로만 할 수 없다는 뜻이다. 초자연적인 힘이 필요하다. 여기서 성서를 인용해보자.

'또 아비들아 너희 자녀를 노엽게 하지 말고 오직 주의 교양과 훈계로 양육하라(엡 6:4)' 기록하고 있듯이 자녀 양육에는 계획이 명확하고, 언행일치의 실천이 있고, 진정한 사랑이 있어야 한다.

그리고 자녀를 양육할 때 부모가 갖추어야 할 덕목이 있어야 한다.

여기서 미국의 시인 도로시로놀트의 시詩를 음미해 보자.

> 아이들은 이렇게 사는 방법을 배운다.
> 비판을 받고 자란 아이들은 남을 비판하기만 한다.
> 적의에 찬 환경에서 자란 아이는 누구와도 싸운다.
> 남에게 조롱을 받고 자란 아이는 누구와도 다툰다.
> 수치심속에서 산 아이는 자신을 죄인처럼 느낀다.
> 그러나 마음이 너그러운 사람 속에서 자란 아이들은 강한 인내심을 갖게 된다.
> 격려를 받고 자란 아이들은 자신감을 갖게 되고,

칭찬 속에서 자란 아이들은 언제나 감사할 줄 알고,
공명정대함 속에서 자란 아이들은 정의의 정신을 갖게 되고,
이해심 속에서 자란 아이들은 신념을 갖게 되고,
다른 사람으로부터 인정을 받고 자란 아이들은 자신을 소중히 여기고,
다른 사람으로부터 사랑받고 자란 아이들은 세상에서 사랑을 찾게 된다.

스위스의 철학자 칼 힐티는 '어린 시절의 즐거운 잔영은 일생동안 사라지지 않으며 그 반대의 불쾌감은 전 생애를 통하여 남는다, 하였다. 그 뜻을 음미해 보면 어린 시절의 즐거운 잔영은 한평생의 재산이고, 어린 시절의 슬픔은 일생의 부채라는 것이다.

그러므로 어린 시절의 추억이 아름다워야 주위환경과 협동적인 상호의존관계를 형성 할 수 있는 것이다.

가정에서 부모의 역할은 *嚴父慈母*라 했던가? 그렇다면 현시대에 부모의 역할은 어떠해야 하는가?

2. 가족의 구성

인간은 사회적 동물이라는 말과 같이 타인과 고립되어 살 수가 없다.

어떤 형태로든 집단을 형성하여 생존해가고 있으며, 집단생활을 통하여 각자의 욕구를 충족시켜 나아간다. 이 최초의 집단이 가정이라는 것인데 '가족의 정의를 보면 두 사람이상의 남녀가 혼인 또는 입양의 유대로 결합하여 동거하면서 그들의 경제적 욕구를 위해 협동하는 비교적 영구적인 혈연공동체'라 하였다. 특히 가족의 구성으로 볼 때 자녀가 없는 가족은 불안전한 가족(incomplete family)이라 하고, 부부 중 한 편만 있는 가족을 결손가족(broken family)이라 한다.

가족은 혈연으로 맺어진 집단이기 때문에 성원 개개인에게 강한 영향을 미칠 뿐 아니라 사회에도 많은 영향을 미친다고 할 수 있다.

1) 인간 발달의 단계

인간 발달의 단계를 보면 학자마다 차이를 보이고 있고, 상반된 견해도 지니고 있다. 사실상 연령에 따라 인간의 발달 특성을 분류하는 것은 개인의 발달과정도 다르고 각 사회의 구조도 독특하기 때문에 단순하지가 않다.

개인마다 발달의 양상이 다르고 개인이 도달하는 발달단계의 연령에 차이가 있다 하더라도 몇 가지의 유사점으로 발달주기를 묶어 살펴보면 다음과 같이 8단계로 나누어 설명할 수 있다.

(1) 태내기(수태-출생)

어머니의 뱃속에서 태아의 신체 조직이 구성되고 발달하는 시기

(2) 영아기(0-24개월)

출생 후 첫 며칠 동안은 신생아로 언급되기도 한다. 영아기의 아동은 심리적, 신체적 활동에 있어서 성인에게 많이 의존하게 된다. 이 시기가 끝날 무렵이면 간단한 어휘를 말하게 되고 걸을 수 있게 된다.

(3) 유아기(2-6세)

때로는 취학 전 시기로 언급되기도 한다. 급속한 언어의 획득으로 사고의 범위가 넓어지고 부모와의 대화, 친구와의 접촉으로 기본사회화도 이루어진다.

(4) 아동기(6-12세)

이 시기는 공식적인 교육이 시작되어 초등학교를 다니는 시기이다. 훨씬 발달된 정신 능력을 지니게 되고 학교라는 사회를 통해 보다 넓은 세상과 문화를 접한다.

(5) 청년기(13-23(24)세)

급속한 신체적 성숙을 이루게 되며, 자아自我 정체를 인식하게 된다. 독립적인 성인으로서의 삶을 위한 정신과 신체를 준비하는 시기이다. 이때는 가정 밖에서 보내는 시간이 많아진다.

(6) 성인전기(23(24)-35세)

부모로부터 독립하여 새로운 가정을 형성한다. 배우자선택과 가족을 형성하고 자녀를 양육하는 일, 그리고 독립된 직업인으로서의 성장 등으로 매우 변화가 많은 시기이다.

(7) 성인중기(35-65세)

직장인으로서 책임이 무거운 시기이다. 자녀들을 책임감 있고 행복한 성인으로 자라도록 도와주어야 한다. 또한 중년의 생리적 변화에 적응하여야 한다.

(8) 성인후기(65- 사망)

신체적 능력, 건강이 쇠약해지는 것은 경험하고 직장에서의 은퇴로 인해 감소된 수입에 적응해야 하는 시기

2) 발달의 견해

여기서 발달의 견해를 살펴보면 다음과 같다.

발달(Development)은 변화(Change)를 의미한다.

발달은 간혹 성장(Growth)이라는 용어와 혼용해서 쓰기도 한다. 발달은 인생의 긴 과정에서 지속적으로 일어나는 변화이다.

체계적인 과정을 따라 이루어지는 발달 변화를 설명한 데는 크게 성숙론, 환경론, 상호작용론으로 나누어진다.

(1) 성숙론(Maturationism)

성숙론을 지지하는 학자는 인간의 발달이 유전에 의해 결정된다고 본다. 이들에 따르면 유전이 발달에 중요하고 직접적인 요인이다, 성숙론의 개념은 17세기 후반 Rousseau의 에밀(Emile)에서 언급된 것이 그 시초이다.

Rousseau는 발달의 변화는 유전적으로 이미 결정된 단계대로 일어난다는 사실을 처음으로 제시하였다. 그는 유전이나 생물학적 요인이 발달 변화의 본질과 과정에 영향을 미친다는 성숙론의 확고한 이론적 근거를 마련하였다.

(2) 환경론(Environmentalism)

성숙론에 개념에 상반되는 발달 변화에 대한 개념이 환경론이다. 환경론자는 발달변화란 학습과 훈련 경험의 결과라고 강조한다.

Rousseau가 성숙론의 초기 이론가라면 Locks는 환경론의 가장 초기 지지자이다. Locks는 인간의 출생 시에는 텅 빈 백지상태(Tabula Rasa)와 같다고 믿고 개인의 인성, 지능, 행동특성은 경험의 의해 학습된다고 믿었다. 이런 견해는 20세기 초반에 Ivan Pavlov 와 John Watson 두 사람에 의해 새로운 각도로 연구되었다. Pavlov 과 Watson이론을 기초로 행동주의를 심리학에 크나 큰 영역을 만들었다.

(3) 상호작용론(Interactionism)

유전이나 환경요인 중에 어느 하나가 발달변화의 과정이나 특성에 상호작용하지 않고 유전과 환경이 모두 상호 관련되어 있다는 견해가 발달의 상호작용의 견해이다. 상호작용론 자에 의한 발달의 개념은 다음과 같다.

하나, 능력 · 인성, 행동유형에의 개인차는 유전이나 환경 중 어떤 고립된 요인에 의한 것이 아니라 두 요인의 상호작용에서 비롯된다.

둘, 가장 최적의 환경적 조건에도 학습은 일어나지 않을 수 있고, 유전적 요인이 발달의 한계를 결정한다.

셋, 발달이 일어날 수 있는 시기는 유전적 요인과 환경적 요인의 상호작용에 의해 결정된다.

전문가들에 의하면 임신기간(어머니의 뱃속에서 태아의 신체 조직이 구성되고 발달하는 시기) 중에 그 환경이 나쁘면 아기가 태어난 후에 정서발달 나쁜 영향을 미칠 수 있다고 한다. 그러므로 아기가 태어난 후에 환경은 더 더욱 중요하다. 어린 아이는 껴안고 귀여워 해주면서 사랑을 베풀어야 한다.

이러한 애정을 받지 못한 어린이는 실제로 죽은 것이나 다름없다. 어린아이는 부모의 큰 고함소리나 무관심 또는 학대 등을 통해 사랑의 결핍을 감지할 수 있다고 한다. 이러한 경향은 결국 어린이가 자랐을 때에 정서불안을 가져오게 된다는 것이다.

3) 가정이라는 공동체

어린 아이는 자라는 과정 속에서 자신이 늘 사랑받고 있다는 확신을 필요로 한다. 자신의 행위 여부를 위해서가 아니라 오직 자기 자신을 위해서 그러한 확신을 필요로 한다. 이러한 확신이 있으면 건전한 정신적 수용 태도와 안정감이 발달하게 된다. 그러나 이러한 확신이 없으면 자신감이 없고 움츠리게 되고 불안해하고 적대감이 생기던지 신경과민 현상을 일으키게 된다.

(1) 발육과 성장 그리고 애정

의사들의 발표를 보면, '애정이 없으면 어린이의 발육이 실제적으로 부진하게 된다고 한다.

특히 이러한 애정이 없이 자란 아이는 반사회적 행동, 반감, 불순종, 기타 일체의 규율 문제가 발생한다는 일치된 견해다. 사랑을 받고 있거나 인정을 받고 있음을 알고 있는 아이는 부모로부터 거부당하거나 버림받을 염려가 없다고 생각하는 아이는 주의를 끌기 위해 이상한 행동을 할 필요가 없다. 또한 자신들의 중요성이나 가치를 내세우기 위해 행동할 필요가 없는 것이다.

그런 아이들은 자기가 누구에겐가 중요한 존재이며 인정을 받고 있다는 확신은 내적인 만족감과 안정감을 갖게 되는 것이다.

그렇다면 우리는 자녀에 대한 사랑을 어떻게 표현해야 할 것인가? 우선 말로써 표현하는 방법이 있다. 어린 시절에 사랑을 느껴보지 못한 부모 중에는 자녀들에게 사랑한다고 말하고 싶지만 그러한 말이 나오지 않는다.

그러나 사랑은 말만으로는 부족하다. 사랑한다는 말을 행동으로 뒷받침해야 한다. 어린아이들은 놀랍게도 통찰력이 강해 부모가 무의미하거나 허구적인 말을 할 때 금방 알아차린다.

또한 부모들은 자녀들과 함께 시간을 보냄으로서 말과 행동이 일치하는 것을 보여줄 필요가 있다. 우리가 실제로 자녀들을 사랑하지만, '지금 시간이 없다. 나가서 놀아라. 성가시게 말시키지 마라. 귀찮다.' 등등의 말로 오히려 반대되는 행동을 할 때가 얼마나 많은 가?

이 같은 행동을 하였던 시간을 뒤로 하고 나면 그 때 아이들에게 단 몇분만이라도 시간을 할애했더라면 나중에 더 많이 자유로운 시간을 가질 수 있었을지 모른다.

(2) 가정교육의 실제

자녀들의 교육 중 가장 중요한 때가 어린 시절이다. 세 살 버릇 여든 까지 간다고 했듯이 말귀를 알아듣고 동작을 배우는 세 살 때 잘못 들여진 버릇이 평생을 간다고 하니 가정교육이 얼마나 중요한가?

부모는 자녀들의 거울이라는 생각이 늘 잠재되어 있어야 한다.

그렇다고 부모가 하던 일을 모두 중단하고 자녀들이 원하는 것에 초점을 맞추고 모든 시간을 할애해야 한다는 의미는 아니다. 필요할 때에는 기다리는 것도 가르쳐야 한다. 그러나 어떤 아이들에게는 그들이 요청한 다음 기다린 것이 오지 않을 수도 있다. 그래서 이들의 경우 기다리는 수용의 태도는 발전되지 않고 부모의 시간을 방해하는 방법만 발전한다.

더욱 문제가 되는 것은 아이들과 함께하는 시간이 양이 아니라 질이다. 즉 자녀들과 보내는 시간은 내용 있는 시간이어야 한다. 자녀들이 원하는 것을 함께하면서 보낸 10분은 잔소리를 하거나 훈계를 하거나 꾸짖던지 하면서 10시간 보다 값어치가 있는 것이다. 이처럼 자녀들과는 내용 있는 유익한 시간을 보내야 한다.

의미 있는 시간으로는 가족의 레크리에이션이 있다. 즐거움을 위한 계획을 세우면 부모들은 시간을 조절하는데 도움이 될 것이니 가장 좋은 시간을 상의를 통하여 정하는 것이다. 즉 어린아이들이라면 아버지가 시간을 낼 수 있는 날과 시간을 택하여 정하고 즐거움을 위한 프로그램을 만들어야 한다. 어떻게 되는 수가 있겠지 하고 생각한다면 불가능해 질 것이다. 이러한 계획을 처음 시도하는 경우에는 게임을 함께 즐기는 것도 좋은 방법일 것이다. 체육 영역에서 설명을 하겠지만 공터나 뜰을 이용하여 배드민턴, 탁구대 같은 것을 설치하여 온 가족이 함께 즐기는 것도 고려해 볼 필요가 있다.

또 매우 중요한 영역은 온 가족이 모여 즐겁게 식사를 하는 것이다. '즐겁게 식사를 하기'란 누구나 배워야 할 규범이다. 자기 자신에 관한 것이라 할지라도 온 가족이 함께 웃도록 노력하라. 자녀들이 성장한 후는 야단법석을 떨며 즐거웠던 식사시간이 추억이 되어 행복해 할 것이다.

사랑을 나타내는 또 다른 한 가지 방법은 칭찬과 존중이다. 자녀들이 무엇인가를 잘못했을 때 꾸짖기는 쉬운데 좋은 일을 했을 때 칭찬하기가 왜 어려운지 모르겠다. 자녀들이 무엇인가 잘못했다고 하여 지적을 하면 그 만큼 확신을 잃게 되고 결국은 그들로 하여금 능력을 의심하게 만들 것이다. 가장 나쁜 영향을 끼치는 비판은 그들의 행위에 대해 비판하지 않고 성격이나 성품에 대해 논하는 것이 필요하다.

자녀들에게 서툴다, 솜씨가 없다, 나쁘다, 추하다, 또는 프라이버시에 손상이 가는 나쁜 의미에 형용사를 사용하면서 비판을 한다면 열등의식이 생기므로 서글프고 힘들게 만들 것이다. 성장하는 아이들은 가끔 행동이나 언행이나 또 교양이나 기타 등에서 지적하여 바르게 수정할 필요는 있으나 어린아이의 성품이나 성격보다는 행위에 대하여 언급해야 한다. 그렇게 하면 아이들은 신뢰감이 자라고 모든 일에 바람직한 영향을 미칠 수 있으며, '나는 아무것도 올바르게 할 수 없어'란 열등의식을 극복하는데 도움이 될 것이다.

따라서 그들로 하여금 부모가 실제로 그들을 걱정하고 돌봐주며 인정한다는 사실과 그들이 우리의 자녀라는 것을 기뻐한다는 사실을 깨닫게 하는데 도움이 될 것이다.

부모는 자녀들로 하여금 특성 계발啓發에 눈을 돌리도록 해야 한다. 아이들은 외모나, 성격이나, 지성이나, 취미나, 정서적인 면에서 다르다. 그들에게는 각각 다르게 대우 받을 권한이 있는가 하면 하나의 통일된 틀로 강요당하지 않을 권한도 있다. 독서를 열심히 하는 아이일 수도 있고, 손재주가 남다른 아이일 수도 있기 때문이다.

그러므로 자기 나름대로의 특별한 관심 분야를 권장해야 한다. 즉 각자의 개성을 살려주어야 한다. 여기서 주의 할 점은 서로 비교하지 말아야 한다. 비교하게 되면 부모의 대한 반감을 일으킬 뿐만 아니라 비교가 된 상대에 대하여서는 좋지 않은 감정을 갖게 된다.

요즘은 부모와 자녀들이 세대 차이를 느껴 대화의 장場이 닫혀 있다고 말한다.

실제로 이해의 도움을 얻기 위해서는 자녀들이 말하는 것을 경청할 필요가 있지만 자녀들이 부모와의 대화를 기피한다면 문제는 심각한 것이다.

왜 이 같은 상황이 되었는가? 부모는 왕왕 성급하게 결론을 내려 그들이 말하는 것을 끝까지 들어보지도 않고 충고하거나 훈계를 하는 경우가 허다하기 때문이다. 그러면서 자녀들이 어찌하여 부모를 신뢰하지 않는지 의심한다. 이 같은 상황을 역전시키려면 부모들은 자녀들이 순간적으로 느낀 것을 경청하고, 생각하고 이해하려고 노력한 다음 우리가 자기들을 이해한다는 사실을 알려주어야 한다.

예를 들어 설명합시다. 아이가 구입한지 얼마 안 된 스마트폰을 분실했다고 합시다. 여러분은 어떻게 하시겠습니까?

'아 이놈아 주의하고 정신을 차려야지 쯔 쯔' '언제쯤이나 물건을 잘 간수할 수 있을까?'

'왜 그렇게 하는 모양이 덤벙대고 어수선하고 침착하지 못한가?' 등과 같이 아이를 꾸짖는 말은 얼마든지 다양하다. 이때 부모들은 지혜를 발휘하여 아이에게 돈의 가치와 물건의 소중함을 가르치고 소지품 관리에 대하여도 교육할 수 있다.

그리고 '그 스마트폰은 네가 좋아하는 것인데 어찌하면 좋을까?'하고 긍정적인 말로 위로하는 것이 좋다. 그리고 '우리 같이 한번 찾아보자. 마지막으로 어디에서 사용을 했는지 생각해보려므나'하고 도와주는 것이 순리일 것 같다.

이것이 자녀를 존중하는 것이고, 사랑하는 것이고, 자녀들은 나는 사랑을 받고 있구나 하는 진실이 느껴지게 되는 것이다.

존중이라 함은 하나의 인격체로 인정하는 것이기에 자녀에게 말을 조심해야 한다. '저 놈은 커서 무엇이 될까?' '아마 보잘것없는 인물이 되겠지!' '재가 사람 구실을 하고는 살까?'하고 무심코 말했다고 하자.

자녀는 부모의 이런 말을 자주 듣게 된다면 곧 그것을 사실로 받아들일 것이다. 그렇게 되면 실제로 보잘 것 없는 인물이 될 것이다.

그에게는 좋은 사람이 되려는 노력이 필요 없기 때문이다. 그 이유는 나보다 아는 것이 많고 또 어른인 아버지가 이미 나를 보잘것없는 인물이 될 것이라는 것을 알고 있기 때문이라는 것이다. 이것이 부모가 걱정해야 하는 언행일치의 한 부분이다.

자녀들이 생각할 때 부모는 절대적인 능력자로 인식하고 있기 때문에 동작 하나하나에 신경을 쓰고 조심해야 한다. 사랑은 성내지 아니하고 감싸주고 위로하는 것이기 때문이다.

3. 부모와 자녀

1) 아버지의 역할

격변하는 사회 속에서 가장家長이라는 아버지역할은 그 자체가 스트레스요, 불안초조요, 가시방석일지도 모른다.

『오늘도 3남매의 아버지인 L씨는 하루의 일과를 마치고 귀가를 하지만 마음이 편치 않다. 상사에게 일처리가 늦고 아이디어도 없다면서 그래서 살아남겠느냐고 한 소리를 들었기 때문이다. 그런데 날은 왜 이리 더운지 온 몸에 땀은 흐르고 짜증은 나는데 버스는 시간이 한참을 지나서 오고 버스에 올라타니 머리가 깨어질 듯이 아프다. 지금 L씨 머릿속에는 맛있는 식사와 조용한 저녁시간에 맥주 한잔이다.

집에 도착하니 큰 딸아이의 치마가 너무 짧아 보여 '야 이놈아! 치마가 그게 뭐니!'하고 잔소리를 하나 딸아이는 반응이 없다. 또 작은 아들을 보니 학교로부터 삼선 슬리퍼를 신고 집으로 들어오므로 '어이 작은 아들! 슬리퍼를 신고 학교를 다니면 어떻게 하니'라고 잔소리를 한다. 저녁 식사는 그런대로 마치고 의자에 앉자 시원한 맥주를 한잔 하려는데 막내가 '아빠 내 인형의 다리가 이상해 고쳐주세요'라고 한다.

그는 '오늘은 아빠가 피곤해서 안 돼! 하면서 잘 가지고 놀면 인형 다리가 문제가 없을 것 아니냐?'하고 덧붙였다. 이 같은 광경을 보고 있던 아내가 "여보! 아이들에 관하여 의논할 일이 있어요. 아이들이 글쎄 내말을 듣지 않아요,

어떻게 하면 좋을까요? '이것 봐요, 나에게 시비 걸지 마시오, 그렇지 않아도 회사일로 짜증이 나고 화가 나서 견딜 수 없으니 말이요." 라고 퉁명스럽게 말을 하니 아내는 더 이상 대화를 할 수 없음을 알고 뒤로 물러난다. 이것으로 인하여 L씨 가정은 조직적으로 파괴가 시작된다. 그의 부인은 더욱 실망감에 빠지고 아이들은 점점 문제를 일으키게 된다.』

이러한 비극적인 가정의 문제는 L씨에게 있다고 전문가들은 조언을 할 것이다.

가정에서의 아버지 역할은 결코 쉬운 일이 아니다. 그 역할은 중요할 뿐만 아니라 다양한 역할을 해야 한다. 그러므로 자녀에게는 아버지가 쓰는 많은 모자들을 이해하고 쓰는 방법을 가르쳐야 한다.

첫 번째, 아버지는 지도자이어야 한다.

아버지는 자기가 가정의 우두머리라고 생각하는 반면에 어머니는 아버지로 하여금 그렇게 믿도록 하는 경우가 대부분이다. 그러나 실제는 아내가 모든 것을 거의 다스리고 행한다. 대체로 아버지들은 어떤 일이 진행되는지, 어떤 문제가 있는지 알지 못하고, 더욱 큰 문제는 알려고 하거나 돌아보려 하지도 않는다는 것이다.

그리고 남편들은 책임을 면하기 위하여 부인이 하는 대로 동의하기를 좋아한다. 자녀들이 할 수 있는 것과 할 수 없는 것을 어머니가 결정한다. 즉 자녀들의 숙제나 학교일도 어머니가 하고 심지어 학교에서 보내온 통신문에도 어머니가 서명을 한다. 자녀들의 문제해결을 도우는 것도 어머니가 하고 필요한 지식을 가르치는 것도 어머니가 한다. 아버지는 자신의 존재를 내세우기 위하여 가끔 자녀들에게 큰 소리나 치는 무관심한 방관자에 불과하다. 그러므로 그 결과는 매우 비참한 것이다.

성격, 행동, 성취 등의 분야에 있어서 연약한 아버지 상과 어린이 문제 사이에는 직접적인 상관관계가 있다는 것이 많은 연구에서 밝혀지고 있다. 문제가 있는 10대들에게는 반드시 만족한 아버지가 결핍되어 있음을 전문가들이 말하고 있는 것인데 실행능력이 없는 사람의 대부분이 만족스럽지 못한 아버지상을 가진 가정에서 나온다는 것이다. 아버지가 가정에서 그 권위와 위치를 포기할 때 보통 그 역할을 어머니가 감당한다. 무관심한 아버지와 지나치게 무거운 짐을 진 어머니 사이에 불행한 조화는 자녀들로 하여금 가정을 떠나게 하고 지혜롭지 못한 조기결혼에 들어가거나 정서적 불안이나 성격의 결함으로 결혼을 포기하기에 이른다.

두 번째, 아버지는 지도력을 발휘할 수 있어야 한다.

가정을 잘 다스리자면 어떻게 해야 하는가? 우선 의, 식, 주 그리고 의료 등과 같은 육체적 필요사항을 공급함에 있어 아버지가 그 주도권을 잡아야 한다. 여기서 주도권이라는 것은 가정의 호주 역할과 같은 것으로 생활전반의 책임지는 것을 말한다. 어머니가 일 할 수 있지만 가족을 돌보는 기본적인 책임은 아버지에게 있다. 이러한 책임을 감당하지 못하는 게으른 아버지가 되어서는 안 된다는 뜻이다. 그러나 이것은 단지 시작에 불과하다. 아버지는 또 아이들을 훈계함에 있어서 위인전 또는 사회를 위하여 봉사하는 사람들을 소개하고 순응하는 삶의 방식을 가르치고 솔선수범하여야 한다.

세 번째, 아버지는 가정을 잘 다스려야 한다.

가정을 잘 다스린다는 것은 모든 것을 감독하는 것이 된다. 이때 가정사 모든 것을 내 마음대로 결정하는 폭군이면 안 된다. 아버지는 진실한 감독자로서 가족들의 감정을 가족 구성원으로 배려하여 모든 가족의 의견을 듣고 참고하여 결정을 하여야 한다. 그러므로 아버지의 결정은 자기 자신의 유익을 위한 것이 아니라 모든 가족 구성원들의 유익을 위한 것이어야 한다. 아버지는 아내의 능력을 인정하고 그 능력을 개발하도록 격려하여 충분히 사용할 수 있도록 해야 한다. 반면에 아내는 무엇이 진행되고 있는가를 인식하고 남편이 인정할 수 있도록 확실히 해야 한다.

그리고 모든 일에 주도권은 남편에게 있고, 가정의 원만한 협력에 대한 최종 책임도 남편에게 있으므로 남편은 그 책임을 성실히 수행하여야 하며, 아내와 아이들에게 안정감을 줄 책임도 남편에게 있다는 것을 확실히 해야 한다.

네 번째, 아버지는 사랑의 공급자여야 한다.

아버지는 단순한 지도자만은 아니다. 아버지는 사랑을 공급하는 이가 되어야 한다. 아내에게, 자녀들에게 누가 보더라도 똑 같은 사랑을 공급하는 아버지여야 한다.

아버지는 가족 모두를 똑 같이 사랑해야 하지만 특히 아내 사랑이 먼저여야 한다고 전문가들은 말하고 있다. 아버지가 어머니를 진정으로 사랑하게 되면 세상으로부터는 결코 얻을 수 없는 만족감과 안정감을 어머니는 아이들에게 주게 될 것이다. 여러분이 아내를 껴안고 “여보! 사랑하오.”하면서 키스를 하면 아이들이 신음소리를 내며 눈을 가릴 수도 있겠지만 아이들의 깊은 마음속에 만족의 안도감이 가득 찰 것이다. 아버지와 어머니가 서로 사랑하기 때문에, 자식들만 위해 살아가는 부모가 있다는 행복감이 밀려올 것이기 때문이다.

그러나 조금이라도 편파적인 사랑이 표출되면 큰 폐단이 생김을 알아야 한다. 성서에 기록된 형제간의 비극을 참고해보면 다음과 같다.

창25: 28 – “이삭은 에서의 사냥한 고기를 좋아하므로 그를 사랑하고 리브가는 야곱을 사랑하였더라” 이러한 편파적 사랑이 형제간에 다툼이 되고 서로 증오하여 원수와 같이 되는 결과를 가져온다.

다섯 번째, 아버지는 행동수정가여야 한다.

사랑 다음은 ‘주의’ 훈련이다. 요컨대 부모는 자녀들의 다툼에서는 중립적 위치에 서서 서로의 이야기를 경청하고 깨닫게 하는 것이다. 이것이 자녀들의 양육방법이며 전문가들은 이것을 ‘교양과 훈계’라 한다.

훈계란 말은 자녀 훈련을 위한 지극히 일반적인 말이다. 훈계라는 말에는 자녀를 위한 목표를 세워 놓고 그 목표를 자녀에게 가르쳐 인내심을 가지고 부단히 그 목표에 인도한다는 뜻이 포함되어 있다. 이 말에는 원래 교정한다는 의미는 없지만 그러한 뜻이 있는 것으로 사용되고 있다. 그러므로 훈계라는 말에는 자녀들을 위한 진로를 설정해주고 그 길로 행하게 하며 심지어는 자녀들이 이탈할 때 사랑으로 감싸 안아 그 길로 돌아오게 한다는 뜻이 포함되어 있다.

진로를 설정하는 일에 대하여 생각해보자. 부모들은 자녀 훈련을 위한 목표를 설정해 넣고 어떤 다짐과 각오를 하는가? 즉 바른 것에서 벗어나면 어떠한 지적을 해주고 이끌 것인가? 지적은 시기가 매우 적절해야 한다. 너무 성급하지도 그렇다고 너무 늦어서도 안 되기 때문이다.

그런 의미에서 자녀들과 함께 수행하여야 할 기본적인 목표를 세워보면 다음과 같다.

① 자녀들에게 가족의 중요성을 인식 시켜야 한다.

② 자녀들에게 마음에서 우러난 순종심을 가르쳐 권위를 존중하도록 해야 한다. 이것은 가정에서만의 문제가 아니라 사회에서도 권위에 대한 복종은 사회생활의 평화로운 삶의 기초가 되기 때문이다.

③ 자녀들에게 자기 훈계를 가르쳐야 한다. 가장 행복한 삶은 규제를 받는 삶, 먹는 것, 잠자는 것, 몸을 돌보는 것, 시간과 돈의 사용, 그리고 물질에 대한 욕망 등의 분야에서 규제를 받는 삶이기 때문이다. 즉 잠자는 시간, 식사하는 것, 적당한 운동 등을 숙지하도록 가르쳐야 한다.

④ 자녀들에게 책임을 가르쳐야 한다. 자기들에게 부여된 일을 즐거움으로 성취하는 책임, 소유물을 적절히 돌볼 책임, 그리고 행동의 결과에 대한 책임 등을 가르쳐야 한다.

⑤ 자녀들에게 정직, 근면, 진실성, 공의, 친절, 용기, 헤아림, 관용, 정의, 인내, 감사 등과 같은 기본적인 품성을 가르쳐야 한다.

이러한 것이 선행되면 소크라테스의 '인간의 본질은 무엇인가?'을 알게 되고 '너 자신을 알라'의 참 뜻의 의미인 교양을 알게 될 것이다. 왜 이 같은 난제를 풀어놓는가하면, 우리의 목적은 자녀들이 부모의 품안에 있는 동안만 이상과 같이 해야 한다는 것이 아니기 때문이다. 자녀들이 부모의 품을 떠났을 때도 이 목표는 계속 그들 인생의 일부가 되도록 해야 하기 때문이다.

예를 들면, 인간발달은 수정에서 죽음까지의 전 생애를 통해 일어나는 변화에서 유전적 요인과 환경적 요인을 과학적으로 규명함에도 한 개인의 발달은 과거의 이미 형성되었던 경험이 복합되어 융화되어 가기 때문이라는 연구 결과를 보아도 알 수 있다. 즉 청년기에 있는 대학생은 유아기, 아동기에 지녔던 여러 가지 경험 속에서 현재에 이르러 있고, 현재의 생활경험, 가치관 등은 미래의 생활유형, 태도 등에 영향을 미치기 때문이다.

2) 부모는 자녀에게 거울이다.

심은 대로 거둔다는 진리는 인생의 많은 분야에 적용된다. 그러나 다른 것에서 심은 대로 거두는 것은 그런대로 적용하겠는데 자녀에게 심은 대로 거두는 것에는 상당히 불만이다. 조금 신경을 안 썼지만 훌륭하게 자라고, 해준 것은 미약하지만 풍요로운 모습이 되어 있고, 격려와 사랑의 언어를 충분히 주지 못했지만 어느 것 하나 나무랄 것이 없는 인격체이기를 바라는 마음이기 때문이다. 그러나 자식은 심은 대로 거둔다. 불행히도 자녀들에게 심은 것 중에는 자녀를 대하는 태도, 또는 자녀에게 말하는 내용뿐 아니라 자식 앞에서 행하는 행동 양식까지도 포함된다. 그러므로 부모에게는 부모가 바라는 자녀가 되게 하기 위한 모든 본보기를 그들 앞에서 먼저 보여 주어야 할 책임이 있는 것이다. 이것이 바로 모범적인 부모가 자녀에게 행하는 방식일 것이다.

또 부모는 자녀들이 타인에게 친절해지도록 가르쳐야 한다. 그러나 부모들이 자녀가 듣는 데에서 친구를 헐뜯는 소리나 이웃을 험담하는 소리를 듣고 부모가 서로를 불친절하게 대하면서 친절을 가르칠 수는 없는 것이다. 이 같은 현실이라면 자녀들은 부모보다 더 심하게 행동할 수 있을 것이다.

또 부모는 자녀들에게 정직하기를 가르쳐야 한다. 우리는 무슨 입장권을 사기 위해 줄을 서서 기다릴 때 자녀에게 '7살 밖에 안 먹었어요.'라고 시키는 경우가 있고, 운전을 하다가 과속으로 걸리면 '아니요 정상속도로 달렸는데요.' 거짓말하는 것을 자녀들이 들을 수 있다. 그러므로 속이고 거짓말을 하는 이 모든 것이 부모의 책임이라는 것이다.

부모는 자녀들에게 남의 것을 훔치지 말도록 가르친다. 그 같은 말을 하면서 부모는 시장이나 슈퍼마켓 같은 곳에서 물건을 사고 점원이 잘못하여 거스름돈을 더 주면 아무 소리 없이 주머니에 넣고 신나하고, 어떤 물건이 떨어져 있어 그 주인이 이웃임을 알면서도 모르는 척 집으로 가져오는 경우가 있다. 이런 것은 자녀가 보고 배운다는 것이다.

부모는 자녀들이 성가시게 졸라대어도 갖고 싶은 것을 다 가질 수 없다는 것을 깨닫도록 해야 한다.

그러나 우리는 자녀들이 불쾌한 일을 하면 투덜댈 때가 많다. 부부간에도 일이 잘 풀리지 않을 경우 서로를 몰아붙이며 불만족을 이야기한다. 이러한 것을 본 자녀들은 유년기와 청년기를 지나면서 상습적으로 푸념을 하거나 투덜댈 것이다. 심지어는 결혼 후에도 그럴 것이다. 부모들의 잘못된 본보기로 인한 나쁜 버릇이 궁극적으로 얼마나 많은 사람에게 피해아닌 피해를 주게 될 것이다. 어느 여인의 고백이다. 그 여인이 아주 어렸을 때 '어머 웃기고 있네' 또는 '잘 났어 정말'이라는 말을 했다는 이유로 부모가 자신의 입을 비누로 씻어주면서도 부모들은 상스러운 말로 싸우는 것을 방벽을 통해 들은 적이 있다는 것이다. 이런 현실이라면 자녀들의 정서가 얼마나 심각해지겠는가?

또 부모는 아이들이 약속을 지키기를 바라지만 부모가 자녀들에게 한 약속을 지키지 않을 때가 종종 있다.

부모는 자녀들에게 물질에 대한 욕심을 삼가도록 권고하면서도 우리 자신은 집이나 자동차나 옷에 대하여 욕심을 내는 경우가 있다.

자녀는 부모를 그대로 배운다, 그런데도 자녀들이 보고 듣는 곳에서 자신의 부모에게 곱지 않은 시선으로 무엇인가 책망하듯 소리 지른다. 부모들이 항상 무엇을 잘못한 것처럼 원망 섞인 한탄을 한다면 그 자녀는 무엇을 배우고 실천할까?

증자(曾子)는 예기(禮記)에서 다음과 같이 말씀하고 있다.

무릇 효도에는 '작은 효小孝와 큰 효大孝가 있다. 효에는 세 가지가 있으니 큰 효는 부모를 귀하게 하는 것(尊親)이고, 그 다음은 욕되게 하지 않는 것(不辱)이고, 그 다음은 잘 봉양奉養하는 것이다'하였다.

즉 부모를 봉양하는 것이 효의 시작이며 작은 효다. 밖에서 일을 처리함에 부모의 얼굴에 먹칠을 하지 않는 것이 한 걸음 더 나간 효이며, 더 나아가 뛰어난 행적으로 부모를 빛나게 하고 세상 사람들의 존경을 받게 한다면 이보다 더 큰 효도가 없다는 말씀이다.

그렇다면 부모가 솔선수범하여 보여주는 것과 언행일치를 이루는 것이 선행되어야 하는 것이며, 특히 자녀를 양육하는 부모는 아이들을 비판할 때에는 극히 조심하여야 한다.

(1) 아이들의 심성은 백지이다.

존 로커(John Locke; 1632~1704)는 사람의 타고난 심성은 백지와 같다는 백지설白紙說[3]을 주장하였다. 아이의 마음에는 본래 아무 것도 그려지지 않은 흰 종이(tabula rasa)와 같다고 하고 거기에 나타나는 그림이나 글씨가 후천적이라고 하였다. 그리하여 이러한 후천적 도야 과정을 단련으로 보고 단련내지, 훈련의 과정에 의하여 인간이 심신은 약하게 혹은 강하게 된다고 주장하였다.

아이들이 조심성 없이 경솔하게 굴거나 무질서하게 행동하면 부모는 노여워한다. 왜냐하면 후천적으로 형성되는 마음 밭에 바람직하지 못한 인성이 형성되기 때문이고, 그러한 행위로 인하여 쓸데없는 일이 더 생기기 때문이다.

아이들이 신발을 흙투성이로 만들어서는 실내에서 이리저리 뛰면서 논다든지, 바람직하지 못한 TV프로를 본다든지, 기타 하지 않았으면 좋을 것을 고집을 부리며 할 때 부모들은 대부분 화를 낸다. 자식을 키워본 부모라면 누구든지 경험으로 겪었을 것이다. 즉 아이들이 불순하게 굴거나 말을 듣지 않으면 우리는 권위와 자존심이 상해서 아이들에게 열을 올려 장황하게 꾸짖거나 반격을 가할 때가 있다.

이런 이기적인 행동이 정말 자녀가 바람직하지 못한 인성이 마음에 심어질까봐 그런 것일까? 그런 마음도 있겠지만 우리는 권위와 자존심을 세우기 위해서는 아닐까 고민해보아야 한다. 부모들은 자녀들의 행동이 사랑이 없어 이기적인 것의 결과로 인하여 우리자신이 바라는 가정의 따뜻한 애정과 행복한 분위기에 역행한다고 염려하고 있는 것이다.

그러나 그 반대로 자녀들에게 무조건 관대한 부모도 있다. 이러한 부모들은 실질적으로 자녀가 원하는 모든 것을 무엇이든지 해 준다. 그런 관대함의 결과를 보면 자녀는 고마움을 모르고, 무책임해지고, 게을러지고, 세상 모든 것이 자기가 가질 수 있는 권리가 있는 것처럼 된다. 그러므로 부모가 자녀가 원하는 모든 것을 다 해주는 것은 분명 사랑이 아니다.

---

3) 인간의 本性을 性善說(rousseau, 孟子), 性惡說(Freud,荀子), 白紙說(Locks, 告子)로 나눈다. 어느 것으로 보나, 인간에게 교육이 필요한 것은 주지의 사실이다.

그런가 하면 어떤 부모는 지나치게 보호적이다. 이러한 부모들은 자기 자식의 모든 문제나 인생의 어떤 결단에 있어서도 방패역할을 한다. 심지어 학교에서 선생님에게 혼이 나거나 회초리로 맞았다면 당장에 전화를 하거나 찾아가 폭언을 일삼는다. 우리 전통 교육문화를 보면 아이가 성장하여 공부를 시작할 때면 아이 편에 쌀 두어 되와 회초리3개를 잘 만들어 훈장님에게 보내면서 이 회초리로 훈계까지도 부탁드렸다.

내 자녀가 분명히 잘못하였지만 일축해버리고 두둔하는 것이 얼마나 내 자녀를 망그러뜨리는 것인지 분명히 알아야 한다.

『중국 춘추 시대 송나라 때 망산이란 곳에서 한 도적이 사형을 받게 되어 자신의 어머니와 곧 이별을 하게 되었다. 그 때 도적이 죽기 전에 어머니 젖을 한번 먹고 싶다고 했다. 어머니는 그 소원을 들어주었다. 그런데 도적은 어머니의 젖을 먹지 않고 도리어 절단해버렸다.

그 어머니가 피를 흘리며 죽고 말았다.

주변의 사람들이 놀라 그 까닭을 물으니 도적이 말하기를 '제가 어렸을 때 남의 물건이나 먹거리를 훔쳐오면 우리 어머니는 혼내지 않고 도리어 기뻐했습니다. 그리하여 저는 계속 남의 것을 훔치게 되었고, 지금에 이르러 사형을 받게 되었습니다. 그 것이 한스러워 천륜을 저버린 짓을 했습니다.(명심보감: 계선편(繼善篇).'』

잘못에 대하여 가벼운 말로 넘겨버리는 등 무책임한 행동의 결과로부터 무조건 보호는 금물이다. 잘못을 분명히 알게 하는 교육이 이루어지지 않으면 끝내는 자녀로 인하여 그 부모는 손상을 입을 것이다. 이러한 자녀가 성장한 후에는 부모의 은혜를 알아 효도를 할까? 사서나 문헌에 그런 이야기는 없다.

공자께서는 이렇게 말씀하셨다. '효자가 부모를 섬길 때는 이렇게 한다. 거처에 계실 때는 공경을 다하고, 봉양할 때는 즐겁게 해드리고, 병드셨을 때는 근심을 다하고, 돌아가셨을 때는 마음 깊이 슬퍼하고, 제사 지낼 때는 엄숙해야 한다.' 이런 효자는 부모에게서 그 모든 것은 배운 자녀 아닐까?

어린 자녀는 자기 행동을 적절히 규제할 능력이 없다. 어린 자녀들은 무엇이 자기에게 가장 유익한 것인가를 알만한 충분한 경험이 없다. 즉 어린 자녀는 어떤 것들이 자기에게 위험하고 육체적 상처를 입게 하는지를 모르기 때문에 그가 해서는 안 될 것을 부모가 가르치고 알려주어야 한다. 부모는 과도는 이렇게 잡고 과일을 까기를 가르치고, 어떠한 것이 위험한지와 또 혼자서하면 안 되는 것은 구분하여 가르친다.

또 우리는 말년에 불행을 초래할 행동양식을 배우지 못하게 한다. 자기 고집만 내세우면 다른 사람과의 관계에 지장이 있다는 것은 알게 한다.

그래서 그가 자기 고집만 내세우지 못하게 한다. 아무리 어린 아이라도 잘 양육된 아이는 이러한 원칙을 배웠기 때문에 잘 지킨다.

이처럼 아이에게 적절한 조기 훈련을 시키면 아이들은 더 많은 결단을 내릴 수 있을 것이다.

이 같은 조기 교육이 잘 안된 아이가 십대의 청소년이 되어도 이러한 점에서 별로 다를 것이 없다. 이들은 대부분 부모가 만드는 제약制約에 투덜댄다. 그러나 자기가 하고 싶은 대로 할 수 있는 무제한의 자유를 가진 청소년 대부분은 '우리 집 사람들이 어떤 규율을 만들어 거기에 복종하도록 충분히 보살펴 주었으면' 하는 심정을 표현하는 것을 보았다.

부모의 제한을 뿌리치고 조기에 결혼한 청소년 중에는 가정에 안정을 동경하는 경우가 많다. 우리의 자녀들은 가끔 부모가 자기들을 충분히 보살피기 위해 규제하는지 않는지를 확인하려고 말을 듣지 않는 경우가 종종 있다.

이들은 자기들이 반항할 때에도 부모가 자기들을 진정으로 사랑한다면 왜 자기들이 하는 대로 내버려두지 않고 제재를 하는지 의아하게 생각하기도 한다. 그러므로 이러한 한계를 설정할 때 주의해야 할 몇 가지 사항이 있다. 우선 규율을 최소한으로 줄이되 합리적으로 만들어야 한다. 어떤 부모들은 규율을 위한 규율을 만든다. 이러한 부모들은 '아이들이 명령을 따르는 것은 좋은 일이다'라고 말하고 그들은 또 '아이들은 누가 우두머리인가를 배워야 할 필요가 있다'고 주장한다. 그러한 규율은 아이들에게 순종을 가르치는 것이 아니라 오히려 반항심을 심어준다. 이러한 행위는 보통 자기 자신을 치켜세우려는 불안한 부모에게서 발견하게 된다.

4. 부모와 자녀가 만드는 규정規程

규율規律이란 어떠한 틀 속으로 잡아넣는 것이 아니라 자유하게 하는 것이다. 잘 만들어진 규율이 생활 속에서 자리를 잡으면 그 때부터는 올무가 아니라 오히려 생활습관이 되어 평안해지기 때문이다.

그러나 규율은 적을수록 좋다. 규율은 자녀들의 육체적, 정신적 안녕을 보호하고 타인의 권리를 보호하고 가정의 원만한 운영을 도모할 정도면 충분하다. 예를 들면, 어린 자녀일 경우 저녁식사 시간에 빠지지 않고 제 시간에 참석할 수 있으면 되고, 남의 사정을 헤아리지 않고 분별없이 행동하여 다른 가족에게 불편함이 없으면 되고, 서로가 불편하지 않도록 배려함속에서 자기의 만족을 얻을 수 있는 행위정도면 괜찮다.

청소년의 경우에는 운전할 때 불량스러운 운전을 안 하고, 미성년자는 담배나 술을 피우고 먹지 않으면 좋으나 그렇지 못할 경우 타인이 보는 곳에서 담배를 피우지 않았으면 하는 정도의 규율이면 충분하다는 것이다. 그러나 부모들은 안 돼! 라는 말을 할 때가 많은데 성급한 판단을 내리기 전에 신중히 생각해 볼 필요가 있다. 그러면 가족의 평온을 깨뜨리는 불필요한 가족 충돌을 막을 수 있다. 더 나아가서 부모는 자녀들에게 방 정돈하는 문제, 옷의 스타일, 친구들과 어울리는 장소 등에 대하여 어느 정도 자유를 주어야 한다. 어떤 형태로든 억압하거나 지나치게 보호하면 어느 때에 우리 자신에게 되돌아올 위험만 조성한다.

규율은 최소한으로 줄이되 합리적으로 하며, 규율을 지나치게 많이 만들어 놓고 시행하지 않을 때 생기는 문제를 막을 수 있다. 규율이라는 것을 만들어 놓고 시행하지 않으면 규율이 전혀 없을 때와 똑같은 긴장과 혼돈이 생긴다. 특히 어린이 일수록 가능한 한 규율을 적게 만드는 것이 좋다. 그리고 규율을 점점 익숙해짐에 따라서 아주 조금씩 추가하는 것이 순서이다.

그 다음은 규율과 그 규율이 왜 필요한지의 이유를 자녀들에게 이해시켜야 한다. 현실에서는 삶속에서 필요로 하는 규율인데 자녀들에게 굳이 설명할 필요가 있는가에 대한 의견이 분분하다. 자녀들은 이유가 있든지 없던지 부모의 명령에 대해 무조건 복종을 배울 필요가 있다.

그것은 설득력이 있는 말이다. 그러나 자녀들은 세월이 흐름에 따라 약간씩 지능이 발달하고 성숙해 진다. 따라서 자녀들이 그 이유를 아는 것이 점점 중요하게 된다. 아무리 부모라 해도 이유도 대지 않고 어떤 일상적인 일이나 기준에 맹종할 것을 요구하기 때문에 자녀들은 호기심을 가지고 '왜'하고 묻게 되고 이해가 되지 않으면 반항하는 정서가 형성된다. 이러한 정서가 형성되면 부모가 자녀로부터 복종을 받을 수는 있을지 모르나 존경받지는 못할 것이다. 존경심의 발로는 세대 간의 간격을 좁히는데 가장 중요한 요소다.

규율은 가족회의를 통하여 조율하여야 한다. 10대의 자녀가 있다면 의견을 제시하게 하고 그 의견을 참작하면 도움이 될 수 있고, 그 자녀는 규율이 내 의견으로 만들어 졌다는 생각으로 순응하게 된다.

규율이 만들어지면 지키기 위한 훈련이 필요하다. 그러나 지속적인 훈련은 결코 쉬운 일이 아니다.

5. 결론 및 제언

우리는 누구의 문제를 풀고 있나? 이 물음의 대한 답변이 있는가? 아니면 내 자신이 곧 문제인가? 이 예리한 질문은 우리들로 하여금 다시 한 번 생각하게 하고 서로 얽힌 관계에서 개인적인 책임을 느끼게 한다.

지금이야 말로 우리 부모들이 우리들 자신에 대하여 이 질문을 솔직히 던져야 할 때라고 생각한다. 우리는 자녀 훈련문제 즉 인성교육으로 고심하고 있지만 접근 방법에 있어서 우선적으로 해결해야할 문제들이 있다. 실은 우리가 우리 자신의 해결하지 못할 갈등을 가지고 있으면서 자녀들을 훈련시키고 있다는 생각이 들 때가 있다.

우리 부모가 자신의 문제를 찾아내어 적절히 해결하는데 도움을 주기 위하여 교육과정에 대한 다음과 같은 네 가지 원칙을 제안하고자 한다.

첫째, 긍정적으로 대하라.

긍정적으로 대하라는 것은 부정적인 시각에서 벗어나는 것을 의미한다. 불행히도 어떤 부모들은 자녀를 훈련시키기 위한 지도원리로 부정적인 말로 아침부터 저녁까지 '이것도 하지 말라' '저것은 절대 아니다' '저것도 하지마라' 명령조의 말을 하므로 자녀들은 숨 쉬는 것조차 불안하게 느끼게 하는 경우가 있다. 이러한 자녀는 불안과 공포에 시달려 생을 부정적으로 살게 된다. 얼마나 안쓰럽고 괴로운 일인가?

그러므로 부모는 모든 일에 긍정적으로 대해야 된다. 음식을 손으로 잡으려는 자녀에게 '손으로 먹지마라'하지 말고 '수저로 먹어야 한다'해야 한다. '장난감을 제자리에 정돈하기 전에는 방에서 나오지 마라!'하지 말고 '지금 방을 정돈하면 참 좋겠구나.'라고 말을 해야 자녀들은 순종할 마음이 생긴다.

이처럼 자녀들을 긍정적으로 대하면 신경을 거슬리는 잔소리를 할 필요가 없게 된다. '머리를 빗으로 잘 빗어라' '넥타이를 바로 매라' '똑바른 자세를 취하라' '어깨를 펴라'이러한 부정적 주문들은 아이들의 욕구에서 나오는 것이 아니라 우리들 부모의 욕구에서 나오는 위장된 비판 형태다. 명령이나 지시는 긍정적인 정신에서 나올 때 잘 받아들여지는 것이다. 이는 분명히 많은 부모들이 행하는 부정적인 비판을 없애줄 것이 분명하다.

비판은 인생을 낙담시키는 가장 절망적인 요소 중에 하나이다. 우리가 할 수 있는 일에 최선을 다한 다음 그것에 대해 다른 사람이 잘못을 발견하게 되면 그 기분이 어떤지 우리는 잘 안다. 이러한 기분이 드는 것은 어른이나 아이나 동일한 것이어서 비판을 받으면 열등의식이나 죄악감을 느끼게 되거나 자신이 쓸데없는 존재라는 생각이 들어 비관하게 되고 이것이 끝내는 극단적인 결과를 낳는다.

비판은 신념과 야망을 깨뜨린다. 그러나 자기 자녀에게 부정적인 비판을 꾸준히 공급하는 부모가 있다. 꼭 필요한 영양분을 공급하는 것처럼 조금의 미안함도 없이 말이다. 즉, '고작 그렇게 밖에 못하니' '가서 공부해라, 수학이 고작 B학점이니' '방청소는 제대로 했는지 보자' 이러한 경우보다 더 심한 때도 있다. 어쩔 수 없는 어떤 사고가 생겼을 때 '왜 그랬어' 하고 화를 내고 고함까지 친다.

> 자아自我가 비뚤어진 한 청년이 있었다. 그는 어린 시절 자기 집 지하실 청소하는 것이 맡은 일과였다, 고 한다. 그 바닥은 콘크리트이었는데 온통 석탄 가루, 먼지, 재 등이었다.
> 자기가 청소를 다하고 나면 아버지가 다시 청소를 하는 때가 더러 있다. 청소를 잘못했다는 것이다. 몇 년 후 콘크리트바닥은 네 번, 다섯 번 쓸어야만 된다는 것을 알았다. 그러나 그 때는 그가 이미 잃어버린 신뢰감을 회복하기는 늦었던 것이다.

아이들은 따뜻하고 진실 된 말로 격려해 주고, 자기들이 지닌 능력을 믿게 하고, 자기들의 발전에 대해 낙관적인 태도를 갖도록 해 준다면 얼마나 효과적이겠는가! '애야, 잘 했다. 늘 잘 해내는구나' '이번에는 C학점에서 B학점으로 올라갔군 그래 장하다' 이와 같은 격려가 아이들에게는 필요하다. 사실 이 같은 격려는 아이들이 성장함에 있어서 정서적 성숙과 안정과 가장 중요한 요소일지도 모른다.

우리가 아이들을 비판이나 하고 격려할 줄 모르는 것은 결국 우리 자신의 삶속에 내재하고 있는 어떤 미해결된 문제의 반영일 수 있다. 우리의 비판적 태도는 완전해지려는 욕구일 수도 있고, 자신의 결핍일 수도 있다. 심지어는 아이들의 성취가 우리들이 이룩한 것보다 능가할 것이라는 두려움일 수도 있다. 이 모든 것들은 자존심에 대한 교활한 발로이다.

그러므로 자존심에 대한 문제는 아이들의 약점을 부담 없이 받아들이고 비판으로 약점을 더 심화시키지 않고 격려로 약점을 극복할 수 있도록 도와줄 수 있을 것이다.

둘째, 침착하라.

침착하라는 것은 화를 내지 말고 평상심을 유지하라는 것인데 정말 어려운 일이다. 그렇다면 이 침착성은 무엇을 의미하는가? 침착성은 무엇으로도 잴 수 없고, 무엇과도 비교할 수 없는 것으로 오늘은 있다가 내일은 있을 수도 있고, 없을 수도 있는 것이다. 오늘은 왠지 기분이 좋아 평상심유지가 될 때는 있을 수 있고, 오늘은 왠지 불쾌지수가 높아 컨디션이 안 좋을 때는 없을 수도 있는 것이 침착성이라는 것이다.

부모들은 이 같은 상황에서도 자기들의 분을 의분으로 구분하려 할 때 자신들을 속인다. 이러한 부모들은 평상심의 조절기능을 상실하여 아주 심하게 화를 내며, 남에게 상처를 주고, 울화통이 터짐을 느끼거나 곤경에 빠지거나 불쾌감을 느끼거나 불안하기 때문에 이성을 잃어버린다.

이성을 잃게 되면 아이들의 문제를 다루는 것이 아니라 자기 자신들의 문제를 다루는 것이 되므로 어떤 문제든 성공적으로 다룰 수 없게 된다.

우리의 자녀들은 어른들이 하는 대로 반응을 보인다. 성난 어조의 말을 들으면 원망스러운 생각이 들게 되고 반발을 일으킨다. 마치 아이들의 감정은 비벼대는 사포砂布와 같은 것이다. 그 다음 아이들이 화를 내면 부모들은 더욱 화가나 악순환이 거듭되고 결국 어느 누구에게도 유익이 되지 않는 말다툼으로 끝나고 만다.

또 아이가 화가 난 상태에서 매를 맞으면 공포심이 증가하고 적대감을 심화시키지만, 이런 상태에서 아이가 매를 맞든 맞지 않던 간에 아이는 더욱 음울해지고 어떤 반응도 보이지 않게 되며 부모에 대한 존경심을 상실하게 되는 것이 보통이다.

셋째, 일관성을 유지하라.

잘못된 징계의 본보기를 정말 전형적인 것으로 간주하는 가정이 많다. 아이들은 한 번쯤은 엄마의 명령을 어기고픈 생각이 있다. 이것이 단계가 높아지면 문제가 된다. 단계가 높아지면 그 다음은 엄마의 지시나 명령을 무시하게 된다. 어떤 때는 타이밍을 놓쳐 심한 꾸지람과 매를 맞게 되기도 한다.

일본의 베스트셀러 작가인 시오노 나나미는 역사의 흥망 속에서 훌륭한 어머니상(像)을 말한다. 자녀에게 영향력을 행사할 수 있는 엄마를 요구하면서 '엄마에게 함부로 한다? 바로 응징하라' 자녀가 뭔가 잘못했을 때 '그러면 화낸다'는 말이 필요 없다, 하였는데 그는 사전경고는 반항심만 키운다고 하면서 그렇다고 늘 강한 엄마는 위험하다. 속으로는 강하고 단호한 원칙이 있지만 겉으로는 따뜻하고 부드러워야 한다. 주장하고 있다.

그렇다. 징계는 불순종의 첫 조짐이 보일 때 정식으로 시작되어야 한다. 부모가 정상적인 목소리로 한번 명령을 하면 순종할 수 있도록 확고한 말로 하되 애정이 깃든 말로 명령에 복종하라고 하면 된다.

일관성은 무엇보다도 우리들 자신의 많은 자아 훈련이 있어야 한다. 우리는 불순종의 첫 보일 때 확고하되 사랑이 깃든 징계를 실행하기 보다는 언성을 높이기가 쉽기 때문이다.

일관성은 세워진 기준을 지키는 것으로 무 변화를 의미하기도 한다. 규정은 융통성이 있어야 하고 불가피한 상황 속에서는 예외도 있어야 한다.

그러나 일반적으로 말해서 한날의 어떤 행동 규칙을 강조하면서 그 다음날도 똑같이 강조해야 한다. 어떤 규칙을 한 번은 강조하고 다음번에는 강조하지 않는다면 이것은 일관성이 없는 것이다.

역설적으로 말해서 오늘 강조했던 일을 아이들이 다음번에 할 때 꾸짖고 나무라게 되면 그들의 자아훈련自我訓練목표를 달성하지 못하게 된다. 우선 그들에게 왜 그 행동의 규범을 기대하게 되고 또 그 규범이 필요한지를 설명해 주어야 한다. 그 다음 아이들을 징계할 필요가 있을 때 그들의 복종을 기대한 이유를 다시 상기시켜 주어야 하며, 그것을 기억할 수 있도록 어떻게 도와줄 것인가에 대하여 설명해야 한다. 그래야 자녀들이 행동의 원인이 그 행동으로 인한 단순한 즐거움이나 불쾌감에서가 아니라 그 진의를 알아 그 행동의 결과 때문에가 아니라 부모나 타인의 대한 존경심 때문에 수정하고 변경하여 고쳐 나간다는 것이다.

일관성은 약속의 이행이다. 조건 없이 약속은 반드시 지켜야 한다. 약속의 이행은 곧 징계 수단이 될 수 있기 때문이다.

명심보감 훈자편訓子篇에 이런 명언이 있다. 내무현부형內無賢父兄 하고, 외무엄사우外無嚴師友요, 이능유성자而能有成者는 선의鮮矣니라.

집안에 현명한 아버지와 형이 없고, 밖에 엄한 스승과 벗이 없이 능히 성공하는 사람은 드물다. -여형공呂滎公

『증자曾子의 아내가 시장에 가려하니 그의 아들이 뒤따라오면서 같이 가자고 울면서 떼를 썼다. 이에 증자의 아내는 달래면서 아들에게 말했다. '너는 집에 들어가 있어라! 내가 시장에서 돌아오면 돼지를 잡아서 맛난 고기반찬을 만들어 주겠다. 증자의 아내가 시장에서 돌아오니 증자가 돼지 잡을 준비를 하고 있었다. 아내가 놀라서 그를 저지하며 말하길' 내가 단지 아이를 달랠 생각으로 돼지를 잡는다고 거짓말을 했을 뿐입니다. 증자가 말하길, '아이에게 거짓말은 안 됩니다. 아이는 사정을 알지 못하고 오직 부모만을 믿을 뿐입니다. 또 모든 것을 부모에게 배우는데 부모가 아이를 속인다면 아이도 자라서 남을 속일 것입니다. 또 부모를 믿지 않게 되니 이는 좋은 성인과 군자의 교육방법이 아닙니다.'말을 마치고 돼지를 잡아 아이들에게 먹였다.』

일관성은 아버지와 어머니간의 협약協約이기도 하다. 증자가 돼지를 잡으려 하는데 그 아내가 고집을 부려 돼지를 잡지 못했다면 그 결과는 말할 필요가 없는 결과를 가져왔을 것이다.

일관성은 공평함의 뜻이기도 하다. 아이에 따라 그 성격이나 성숙의 정도가 다르기 때문에 모든 아이에게 항상 똑같은 규율이나 징계방법을 적용하기는 어렵다. 그러나 가능한 한 공평해야 한다.

넷째, 애정愛情을 나타내라.

본장에 전반을 통해 자녀에 대한 사랑을 강조했지만 여기서 다시 한 번 강조한다. 아이들은 매를 맞을 때에도 아픈 만큼 사랑을 느껴야 한다.

우리는 아이들을 징계하기 전에 사랑하기 때문에 징계할 수밖에 없다는 것을 설명해야 한다. 징계한 후에는 계속 사랑한다는 것을 확인시켜 주어야 한다.

부모가 범할 수 있는 가장 통탄할 과오 중의 하나는 아이에게 사랑하지 않겠다고 위협하는 것이다. '그런 짓을 하면 엄마는 너를 사랑하지 않겠다'고 하는 것이 곧 위협이 된다. 이와 같은 단적인 말은 부모 자신의 불안에서 나오는 것이다. 이러한 일로 인하여 생긴 정서적 상처는 치료하는데 오랜 시간이 소요된다.

그러므로 우리에게 유익하고 자녀들에게 유익을 주는 애정 표현 꼭 필요한 것이다.

연구문제

1. 인성교육 중요성과 책임론을 서술하시오
2. 대가족제도와 핵가족 제도를 설명하고 장·단점을 논하시오
3. 성선설, 성악설, 백지설을 설명하시오
4. 실천적 사랑이 인성교육에 미치는 영향을 논하시오.
5. 일관성을 유지하라는 말의 참 뜻을 설명하시오

제2장
신체활동이 청소년의 신체조성과 정서지능(인성)에 미치는 영향

제2장 신체활동이 청소년의 신체조성과 정서지능(인성)에 미치는 영향

* 이 홍 진

청소년인성과 신체활동은 어떤 관계가 있는지를 알아보기 위한 연구이다. 청소년들의 하루 일과를 보면 저녁 늦도록 공부와 씨름하고 잠자리에 드나 숙면이 못 이루어 아침식사가 못하고 있는 실정이다. 여기에서 제시하는 내용은 청소년의 하루일과의 일정을 바람직한 방향으로 바꾸자는 것이다. 낮 시간에는 일광아래서 스포츠 또는 신체활동을 즐기므로 몸을 피로하게 만들어 저녁식사 후 일찍 잠자리에 들게 하고 숙면하여, 아침에 일어나 식사를 하고 하루에 일과를 시작하게 하는 것을 본 장에서 제시하였다.

* 명지대학교 교수
* 교육학박사
* 사) 청소년행복세상 이사장

1. 서론

1) 연구의 필요성

요즘 청소년들을 보면 무척 안쓰럽다. 한창 뛰어 놀 시기에 운동장이 아닌 학원 책상 앞에 앉아 있어야 하는 아이들이 대부분이니 말이다. 아이들 건강은 좋은 음식과 종합영양제면 충분하다고 생각하는지, 요즘 부모들은 아이의 신체활동에는 관심이 없는 듯하다. 아이들의 행복을 위해 진정 무엇이 필요한지 진지하게 생각해보아야 할 것이다.

청소년의 건강을 위해 활발한 신체활동이 필요하다는 사실은 잘 알려져 있고, 신체활동이 주는 이득은 매우 다양하지만, 무엇보다 이 시기의 활발한 신체활동은 건강한 신체 성장을 위해 필수적이다. 규칙적이고 활동적인 신체활동은 골격에 중력이 작용하는 힘을 가함으로써 성장판을 자극하게 된다. 또한 신체활동은 근육을 비롯한 인체 각 기관을 형성하는 단백질 합성을 촉진시키게 된다. 뼈 성장과 근육筋肉 발달은 성장을 자극하는 호르몬(성장호르몬, 갑상선 호르몬, 인슐린, 칼시토닌 등)을 분비하는 내분비계와 근 . 골격계와의 상호작용에 의해 일어난다.

성장에 있어 핵심 호르몬은 성장호르몬(Growth Hormone)으로, 이 호르몬은 인슐린유사 성장인자(IGF-1) 분비를 자극하고 IGF-1은 골 성장에 영향을 미친다. 활발한 신체활동은 성장호르몬과 IGF-1 분비를 자극하여 성장을 촉진시키게 된다. 골격 성장에 도움이 되는 운동은 수영과 같이 중력의 작용이 작은 운동 보다는 달리기, 줄넘기, 중량 운동 등이 더 효과적이다.

이러한 운동들을 최소 일주일에 3일, 1일 60분, 중등도 강도 이상으로 실시해야 아동이나 청소년의 원활한 성장을 이룰 수 있다.

두 번째로 청소년의 신체활동은 과도한 지방축적을 예방함으로써 인체의 구성 성분들을 균형 있게 만들 수 있다. 인체를 구성하는 성분은 크게 지방과 체지방 조직(인체에서 지방을 제외한 구성 성분)으로 구분된다. 다량의 영양섭취로 에너지 흡수는 충분한 반면, 신체활동을 통한 에너지 소비가 적으면, 남는 에너지는 체내 지방의 형태로 축적된다. 이것이 반복되면 인체는 체지방이 과도하게 증가하는 비만으로 발전하는데, 활발한 신체활동을 함으로써 칼로리 소비량과 섭취량을 균형 있게 하여 비만을 예방할 수 있다.

또한 활발한 신체활동으로 충분한 근육을 만들어 두면 기초대사량(활동하지 않아도 생명을 유지하는데 쓰는 에너지대사량)을 증가시켜 그만큼 남는 에너지가 적어서 체중 조절을 쉽게 할 수 있다.

마지막으로 신체활동은 신체적 성장과 발달뿐만 아니라, 정서적 발달(인성)에도 도움을 준다. 특히 요즘 아이들은 성인 못지않게 많은 스트레스를 받고 있다. 극심한 스트레스는 곧 우울증으로 발전하여 원만한 대인 관계를 저해하여 정상적인 성장에 지장을 초래할 수 있다. 많은 연구들이 규칙적인 신체활동이 분노와 우울감을 완화시키고, 자기 존중감을 높여 주어 전반적인 정신건강(인성)에 긍정적인 효과가 있음을 밝히고 있다. 대표적인 예로, 2008 베이징 올림픽에서 수영 8관왕을 차지한 미국의 수영 선수 마이클 펠프스가 있다. 그는 7세 때 ADHD 증후군(주의력결핍 과잉행동장애)를 판정받았는데, 약물 치료와 함께 수영을 시작한 것이 ADHD 치료는 물론 세계적인 수영 영웅으로 자라날 수 있었던 원동력이 되었다고 한다. 전문가들은 신체활동이 분노나 우울증 예방을 위한 약물치료와 복합적 혹은 독립적 효과를 가진다고 보고하였다, 이것이 바람직한 인성형성이다.

또한, 활발한 신체활동은 뇌 세포의 활성을 도와서 기억과 학습 능력을 높인다. 신체활동과 정신건강 및 대뇌활성과의 관계에 관한 더 많은 연구들이 진행되어야 하겠으나, 학습의 집중력과 효율성을 높이는 것뿐만 아니라 내 아이의 정서적 안정을 위해서 몇 시간씩 책상 앞에 잡아두는 것보다는 하루 한두 시간의 운동이 더 도움이 될 수 있지 않을까?

2) 문제의 제기

(1) 청소년과 수면부족

청소년의 가장 큰 문제점이 수면부족이라는 결과가 있다. 충분한 잠을 자지 못한 아이는 주의집중이 곤란하고, 몸의 균형이 맞지 않아 비틀대고, 매사가 부정적이며, 신경질적이라는 것이다. 그 좋은 예로 와세다대학교 마에하시 아키라의 '생활조사에 대한 실시와 조사결과의 분석' 이라는 연구보고에 따르면 TV, 인터넷 및 길거리 방황으로 수면이 부족한 아이들은 수면리듬이 흐트러지므로, 아침밥을 먹을 수 없게 되고, 섭식리듬이 무너져 오전에 활동력이 저하되어 운동부족을 초래한다. 그리고 자율신경의 기능이 약해짐에 따라 체온리듬이 흐트러져 오토매틱시스템에 의해 몸이 조절되는 기능이 무너진다는 것이다.

이러한 상태가 지속되면 머지않아 호르몬 분비의 리듬에도 이상을 초래하여 아이들은 자발적·자주적으로 행동할 수 없게 되며, 결국 신체 컨디션에 부적절한 문제가 야기되고, 정신적으로도 불안정한 상태에 빠져들 수 있어 감수성이 예민하고 청명하고 맑은 정신에서 멀어져 공부에 몰입할 수 없게 된다.

교육세계에서 말하는 '삶의 에너지'를 의학, 생체리듬에서 보면, '자율신경의 기능'이라는 것이다. 이러한 영역 안에 있는 아이들은 대부분 밤 10시 이후에 잠자리에 든다는 것이다. 이 같은 문제점에 그는 다음과 같은 제언을 하였다.

첫째, 초등학교 취학 전부터 아이의 수면, 식사, 운동을 체계적으로 가르쳐야 한다.

둘째, 의욕을 가지고 자발적 . 자주적으로 움직이게 한다.

셋째, 하루의 생활 중에 태양광선이 있는 낮 시간에 충분한 움직임이 있도록 한다.

넷째, 움직임이 많아졌으므로 충분한 식사가 되도록 한다.

상기와 같은 제언의 핵심은 낮 시간에 충분히 움직이면 햇빛으로 일광욕을 하게 되고, 움직임이 많았으므로 배가 고파 저녁시간이 빨라지고 적절한 피로에 의해 좋은 기분으로 취침을 하게 되고, 다음날 아침 일찍 일어나는 것이 가능해지고 이와 관련하여 식사시간과 등교시간도 빨라지고, 든든한 아침식사로 에너지를 얻어 체온이 상승되므로 신체가 워밍업된 상태로 하루의 일과와 활동을 시작할 수 있는 것이다.

이처럼 중요성한 운동을 생활 속에서 어떻게 실현하면 청소년만이 아니라 모두에게 좋을 것인가?

일본에서는 '3033운동'을 펼치고 있다. 1일 30분, 주3회, 3개월 간 계속해서 운동을 실시하면 자율신경의 기능이 좋아져 생체리듬이 활성화된다는 것이다. 여기에 곁들이면 '부모자녀'가 같이 운동하는 것을 생활화하는 것이다. 우선은 부모와 아이가 서로 놀이나 운동을 하는 기회를 만들어 스포츠와 친숙하게 한 후 아이 혼자서 스포츠를 즐길 수 있도록 하는 것도 한 방법이다. 아울러 칭찬과 조언도 있어야 한다.

(2) 10대에게 체육을 허(許)하라.[1]

미국엔 주4회 체육시간이 있다. 2km구보는 기본, 방과 후 활동도 대부분 테니스, 수구, 축구 같은 스포츠다. 각각 하버드대, 코넬대 박사인 한인 부모는 아이에게 스포츠를 적극 권하고 지원한다. 그 이유는 체력적인 강인함과 팀워크, 스포츠맨십이 없이는 미국에선 리더가 되기 힘들기 때문이라고 말한다.

해외생활을 해본 아이들에게 이런 체험은 흔하다. 스웨덴 학교는 점심 시간이 90분, 쉬는 시간이 각 30분이다. 쉬는 시간은 공부 금지다. 교사가 교실 문을 잠가버리고 맑은 공기 마시며 뛰놀라는 것이다. 프랑스 교육행정엔 '체육은 프랑스어, 수학과 비중이 같아야 한다.'는 규정이 있다. 독일 고3에게도 영어는 선택, 체육은 필수이다. 핀란드는 아예 체육 수업을 학생의 기본권으로 본다. 가까운 일본만 해도 고3까지 주4회 체육수업이 의무다.

반면, 글로벌 리더 양성을 외치는 우리나라 교육은 그렇지 못하다는 것이다.

체육 경시가 어제 오늘의 일은 아니다. 1994년 대입 체력장이 없어지면서 고교 체육수업은 자습시간, 혹은 '광합성 시간' 정도가 됐다. 게다가 지난해 본격화한 집중 이수제로 인해 특정 학기에 특정 과목을 몰아쳐 이수해도 되니 1학년 때 체육 학점을 다 이수하게 한 뒤 2, 3학년은 아예 운동장 구경을 안 시켜버리는 추세다.

더 큰 문제는 '지육, 덕육, 체육'이라는 전인교육의 포기에 있다. 우리나라는 교사, 학부모가 나서 체육수업을 막고 있는 현실이다. 인성人性이든 체력이든 일단 좋은 대학만 붙으면 그만이란 식이다. 공부보다 운동이 좋은 아이들은 또 그 영역에서 존경받고 리더가 될 수 있어야 한다. 하지만 자녀 입시에 맹목

---

1) 중앙일보 2012. 1. 18

적으로 몰입한 부모를 설득하기는 힘든 일이다.

세계적 뇌 과학자인 존 레이티 하버드대 교수는 '운동보다 뇌를 활성화시키는 건 없다'고 했다. 국내 최고 인재들이 모인 민족사관고에선 아침 6시 운동으로 하루를 연다. 뇌를 깨우고 집중력을 높이기 위해서다. 좋은 학교는 결국 좋은 부모가 만든다. 운동 안 시키는 부모는 결코 좋은 부모가 아니다.

따라서 본 연구는 청소년에게 지속적인 신체활동의 실시가 체격과 체력, 신체조성에 미치는 영향과 더불어 정서지능에 미치는 영향을 선행 연구를 통해 알아보고, 그 결과를 분석하여 청소년의 신체활동 지도를 담당하고 있는 지도자들에게 신체활동 교육에 대한 기초자료를 제공하고는 것이다.

2. 이론적 배경

1) 신체활동과 체격, 체력, 신체조성 실태

문화관광부에서 실시한 국민체력실태조사에서 신장, 체중, 체지방률은 전반적으로 증가하는 추세를 보이고 있지만, 순발력, 근지구력, 유연성 등은 남녀 모두 정체 또는 쇠퇴한 것으로 나타났고, 금번 문화체육관광부가 실시한 국민체력실태조사결과에서도 초.중.고교생의 체격은 향상되고 있으나 체력은 저하되고 있는 것으로 나타났으며, 우리나라 초등학교 6학년 남자의 경우 동아시아에서 가장 큰 체격을 가진 것으로 조사되었지만, 50m 달리기, 오래달리기 및 걷기, 제자리멀리뛰기 등 기초체력에서는 중국, 일본 학생들에게 뒤쳐져 있다고 보고하고 있다. 이것은 생활이 풍부하게 되고 영양이 개선된 후 체격은 증가되었지만 정보, 통신의 발달로 생활이 편리하게 됨에 따라 신체활동이 매우 감소했기 때문이다(김준모, 2008).

체력이 상대적으로 약화되는 원인을 식습관 및 생활습관 등 환경변화와 깊은 관련이 있는 것으로 분석하고 있으며, 특히 맞벌이 가정이 늘면서 학생들의 무절제한 음식 섭취와 과중한 학습 부담으로 인한 신체활동량 부족과 수면부족이 주요원인으로 지적됐다.

이처럼 비만 아동이 늘어가고 있고 체력이 뒷받침되지 못하여 학습활동에 어려움을 겪고 있는 오늘날 아동들이 활발한 신체활동을 통하여 강인한 체력과 적절한 체형을 유지할 수 있도록 적극적인 지도와 관리를 시도한다는 것은 매우 중요하다 할 수 있다.

성장기 학생에게 적절한 체격, 체력의 발달은 그들의 신체 뿐 아니라 정서적, 심리적인 측면까지 영향을 미치므로 정상적으로 발달 할 수 있도록 뒷받침하는 것이 교육자의 의무이다(박선영, 2010).

충분한 논의 없이 바뀌는 교육정책에 가장 큰 영향을 받는 이는 바로 청소년이다. 바뀐 정책으로 인한 교육적 성과와 변화에 대해 좀 더 심도있는 연구 없이 사회적, 경제적 논리로만 접근하는 교육정책에 대해 다시 한 번 생각해 볼 필요가 있다.

신체건강과 체력의 증진이 학생들의 정서적 안정과 정신건강에 기여하고, 학업성취를 비롯한 지적능력에 미치는 영향을 제시하고자 하는 연구(장세웅, 정구인, 2010)들이 진행되고 있고, 많은 연구(김병준, 김윤희, 2004; 박세윤, 2009)에서 긍정적인 관련성을 보고하고 있음이 선행연구를 통하여 알 수 있다.

〈표〉 선행연구

연구자	제 목	발표기관
김병준, 김윤희 (2004)	중·고생의 인터넷 사용과 체력, 학업성취의 관계	한국스포츠교육학회지
김준모 (2008)	줄넘기 운동이 남녀 초등학생의 체력과 호흡순환기능에 미치는 영향	한국초등체육학회지
박선영 (2010)	운동장 유무가 초등학생의 체격, 체력 및 신체조성에 미치는 영향	부산교육대학교 교육대학원
박세윤 (2009)	청소년의 체력과 학업성취, 자기주도적 학습능력 및 인지능력의 관계	충남대학교 대학원
장세웅, 정구인 (2010)	초등학생의 체력수준에 따른 정시건강 및 학업성취의 관계	한국체육학회 학술발표회

다음은 운동프로그램실시 유무가 초등학생 체격과 체력에 미치는 영향의 결과이다.

(1) 지속적은 운동프로그램의 실시 유무가 초등학생의 체격과 체력에 미치는 영향(이종완, 2010)의 연구결과

이 연구는 오랜 기간의 학교생활에서의 하루 25분의 운동이 학생들의 체격과 체력에 긍정적 영향을 미치는지를 확인하기 위하여 B광역시내 운동프로그램을 실시하는 B초등학교 PAPS(신체능력검사기준표) 프로그램에 대상이 되는 5,6학년 387명과 운동프로그램을 실시하지 않는 G, P, L 초등학교 5,6학년 1100명을 대상으로 연구를 진행하여 얻은 결론은 운동을 실시하는 학생들이 모든 면에서 긍정적 영향을 미치는 것으로 나타났다.

(2) 점증적인 도전 신체활동이 아동의 건강 체력 및 신체조성에 미치는 영향(박용선, 2010)의 연구결과

이전의 연구를 보면 규칙적인 운동이나 신체활동은 초등학생의 비만도 개선과 기초체력의 향상에 긍정적인 효과를 가져 온다고 하였고(Miller, Linderman, Wallace & Nieder-Pruem, 1990); 이미숙, 조정환, 2003), 보조.보강 운동을 통한 각종 트레이닝이 초등학생들의 체력 향상에 영향을 미치는 것으로 보고되고 있으며(박효인, 2001; 정도상, 2005), 특히 학생들의 체력 수준별 학습 프로그램은 체력활동에 참여하는 즐거움과 체력증진의 기쁨을 알게 하여, 운동의 생활화에 긍정적인 영향을 미친다(이수아, 2004)고 보고하였다.

2) 비만과 신체활동 현황

세계보건기구(WHO) 발표에 따르면, 인류 68억 명 중 10억 명이 '과체중 이상의 비만'이라고 한다. 우리나라 비만율도 심각한 상태다. 전 세계 평균 보다 두 배 이상 높다. 국민건강보험공단에 따르면, 2008년도 건강검진 자료 분석 결과, 체질량지수(Body Mass Index; BMI) 25 이상인 비만자가 32.8%인 324만 명에 이른다. 2006년 29.7%, 2007년도 29.8% 대비 매년 증가하고 있다.

성인비만도 우려되지만 소아.청소년들의 비만도 큰 문제다. 미국의 경우, 청소년 32%인 2천500만 명이 과체중 또는 비만상태라고 한다. 급기야 오바마 정부는 '아동비만과의 전쟁'을 선포하고 비만퇴치를 국가 주요정책으로 다루기로 했다. 우리나라는 어떠할까? 보건복지부에 따르면, 만2세부터 18세까지의 소아.청소년 비만율은 1997년에 5.8%에서 2007년 10.9%로 무려 2배 가까이 늘었다. 세계 최대 비만국인 미국의 15%에 바짝 다가서고 있다. 더욱 심각한 것은 청소년기로 접어들수록 비만 유병율이 높아지고 있다는 점이다. 2005년 기준으로 볼 때, 7~12세 비만 유병율은 8.6%였지만 16~18세는 17.5%로 역시 2배가량 높아졌다.

서울시교육청의 조사에 따르면, 2007년 현재 서울시내 초등학생과 중학생의 비만율은 각각 13%였고 고등학생은 15%였다. 7명 가운데 1명이 '뚱뚱보'로, 1997년 대비 남학생은 9배, 여학생은 4배 증가한 것으로 나타났다.

소아.청소년비만이 성인비만에 비해 더 위험한 것은, '세살비만이 여든까지 간다'는 점이다. 인제대 서울 백병원 비만센터에 따르면, 10~13세에 시작된 과체중 및 비만의 80%는 성인비만으로 이어진다고 한다. 소아.청소년비만이 고혈압과 관절질환, 지방간은 물론 열등감과 우울증 등 정신적 문제까지 이어질 수 있다는 사실은 밝혀진지 오래다. 특히 소아·청소년비만은 지방세포의 크기만 커지는 성인비만과 달리 지방세포의 수까지 늘어난다. 이 지방세포는 한번 숫자가 증가하면 다시 줄어들지가 않기 때문에 살을 빼기가 더 어렵고 또 살을 뺀다 하더라도 다시 살이 찔 확률이 그만큼 크기 때문에 성인비만보다 훨씬 더 위험하다는 것이다. 게다가 고지혈증, 지방간, 당뇨, 고혈압 등 성인합병증도 훨씬 일찍 발생할 수 있다. 아이의 허리둘레가 또래보다 많이 크다면, 어른이 됐을 때 '성인병 종합세트'라고 할 수 있는 대사증후군에 걸릴 위험성은 최대 30배까지 높아진다.

소아·청소년들은 자신의 건강을 스스로 관리하는 능력이 부족하다. 결국, 부모가 앞장서서 자녀들의 체중관리에 신경 써야 한다. 성장기 때에는 신체변화도 급격히 이루어지기 때문에 자칫 과하게 살을 빼도 안 되고, 그렇다고 지나치게 운동을 해서도 안 된다.

아이들을 관리할 때는 세심한 주의가 필요하다. '어린이는 작은 어른이 아니다(Children are not small adults)'라는 말이 있다. 어린이는 단순히 어른의 몸을 축소해 놓은 것이 아니다. 소아·청소년기에 발생하는 다양한 정신적·육체적 변화는 성인과는 많은 차이가 있기 때문이다.

고도비만을 제외하고 대부분의 소아·청소년비만은 '체중감량'보다는 '체중유지'에 중점을 둬야 한다. 키가 자라고 있으므로 체중이 늘지만 않으면 금방 날씬해지기 때문이다. 함부로 굶기는 등 어설픈 시도를 해서는 안 된다. 아이들은 어른과 달리 몸과 두뇌가 왕성하게 성장하기 때문에 함부로 굶겨서 살을 뺐다가는 문제가 생길 수 있다. 먹는 양을 줄이되 칼로리가 적은 음식을 먹이고 운동량을 늘리는 것이 필요하다.

억지로 운동시키는 것도 필요하지만, 진작 중요한 것은 자발적인 운동 실천이다. 아이들의 TV 시청은 하루 1, 2 시간 이내로 제한하고 1~2시간가량 또래들과 축구, 농구 등을 하도록 유도하는 것이 좋다. 반드시 스포츠 활동이 아니더라도 레크리에이션 등 신체활동을 늘리는 방법도 있다. 그것만으로도 충분한 운동이 된다. 아이들은 틀에 박힌 운동을 싫어해 15분 이상 하지 않으려고 한다. 이땐 부모가 함께 운동하면 아이가 지루해 하지 않는다. 함께 운동하면 자녀와 유대감도 높일 수 있다. 일주일에 세 번 이상, 하루 30분 운동하는 스포츠 7330! 어른들만의 과제는 아니다.

3) 신체활동과 정서적 발달의 관계

20세기가 혼자서 가는 시대였다면 21세기는 '더불어 함께 나아가는' 공존 공생의 시대이다. 이러한 공동체 형성을 위해 최근 인간의 성공과 건강, 행복의 열쇠는 지능이 아니라 정서지능이라는 주장이 제기되고 있다. 정서지능이란 용어는 1990년 미국의 샐로비와 메이어에 의해 처음으로 사용되었다. 그들은 정서지능을 나타내기 위해 정서지수(emotional quotient : EQ)라는 말을 만들었으며, 그 후 1995년 골맨이 정서지능이라는 책을 발간하면서 정서지능에 대한 관심이 높아지기 시작하였다(문용린, 1997). 정서지능이란 자신의 감정을 인식하고 조절하며 타인의 감정을 인식하고 타인과 인간관계를 맺는 정서증력을 가리킨다(최진희, 2003).

아동기의 교육이나 경험은 청년기로 이어지는 과정 속에서 자아성장에 결정적인 역할을 하며(김경희, 1995), 아동기의 안정된 정서발달은 청소년, 성인기를 통한 전 생애에 걸쳐 개인의 가치관과 행동 양식에 많은 영향을 미치게 된다. 즉 아동기의 정서는 균형있고 긍정적인 방향으로 발달되어야 하는데 이러한 아동기 정서에 신체활동의 경험은 매우 중요한 영향을 미친다. 따라서 이 시기에 아동의 다양한 신체활동 참여 경험은 사회생활의 필수 기능인 지도력, 단체생활, 대인관계, 선의의 경쟁심 등을 학습하게 될 것이며, 이러한 아동들의 신체활동 참여 경험은 전 생애 주기에 걸친 성격특성 및 태도를 결정해주는 중요한 사회화 요인이 된다(김병식, 이우재, 이만석, 2002).

이러한 사실은 선행연구들에서도 잘 나타나 있는데, 유아를 대상으로 하여, 오현수(1999)는 신체활동이 정서지능 중 정서인식 능력과 감정이입 능력에서의 변화가 두드러졌고, 정서조절 능력에서도 차이를 보여, 규칙적인 신체활동이 유아의 정서지능 향상에 도움을 준다고 하였다.

3. 본론

규칙적인 운동이 아동과 청소년의 건강과 체력을 증진시킨다는 것은 주지의 사실이다. 비활동적인 아동에 비해 활동적인 아동들은 심폐지구력과 근력이 더 높다. 또한 낮은 체지방과 함께 더 강한 뼈 성장을 도모할 수 있고, 분노나 우울감 등의 정서적 문제를 잘 이겨낼 수 있다. 또한 활동적인 아동들은 더 건강한 성인으로 성장할 가능성이 높고, 심혈관질환, 고혈압, 제2형 당뇨와 같은 만성질환으로부터 비교적 안전하다고 할 수 있다.

그렇다면 이렇게 다양한 긍정적인 효과를 가지고 있는 운동을 어떻게 실천하는 것이 좋을까? 아무리 좋은 운동도 적절한 수준과 방법으로 해야 효과는 극대화시키고 부작용은 최소화할 수 있을 것이다. 여기에 미 보건복지부에서 발표한 신체활동 가이드라인 중 아동과 청소년 신체활동 처방 지침을 소개하고자 한다.

1) 신체활동 양식(Types of Activity)

아동과 청소년들이 해야 할 신체활동 양식은 3가지로써, 유산소성 활동, 근육 강화활동, 뼈 강화활동이 있다.

- 유산소성 활동(Aerobic activities)

이 활동은 큰 근육 군을 리듬감 있게 움직이는 것들로써, 달리기, 뜀뛰기, 줄넘기, 수영, 댄스, 자전거타기 등을 포함한다.

- 근육 강화 활동(Muscle-strengthening activities)

이 활동은 일상생활 활동들보다 더 활발히 근육을 움직임으로써 근육에 과부하(overload)를 가하는 것이다. 근육 강화 활동은 아동들이 운동장이나 놀이터 등의 기구를 이용하는 놀이처럼 구조화되지 않은 활동들과, 저항기구나 밴드를 이용하는 구조화된 활동들이 모두 포함된다.

- 뼈 강화 활동(Bone-strengthening activities)

이 활동은 뼈에 중력이 작용하는 힘을 가함으로써 뼈 성장과 강화를 얻을 수 있다. 이 활동들에는 달리기, 줄넘기, 농구, 테니스 등이 포함되며, 유산소성 활동의 특성을 포함하기도 한다.

2) 강도별 신체활동 양식

아동의 유산소성 체력 향상을 위해서 중등도와 고강도의 유산소성 활동을 함께 하거나 고강도 유산소성 활동만을 집중해서 실시해도 된다. 중등도의 유산소성 활동만 하게 되면 심폐지구력의 유의미한 향상을 기대할 수 없기 때문에 반드시 고강도 활동을 포함해야 한다.

3) 아동과 청소년을 위한 주요 신체활동 지침

(1) 아동과 청소년들은 매일 하루 60분 이상의 신체활동을 실시하되, 다음의 지침을 포함해야 한다.

- 유산소성 활동 : 매일 하루 60분 이상의 중등도와 고강도 유산소성 활동을 해야 하며, 특히 일주일에 최소한 3일은 고강도 활동이 포함되어야 한다.
- 근력 강화 활동 : 하루 60분의 신체활동 중 일부분은 근력 강화활동을 최소한 3일 포함해야 한다.
- 뼈 강화 활동 : 하루 60분의 신체활동 중 일부분은 뼈 강화 활동을 최소한 3일 포함해야 한다.

(2) 이러한 활동들을 아동의 나이에 맞게 흥미롭고, 다양하게 포함시켜야 아동들이 지속적으로 신체활동에 참가할 수 있다.

4. 결론

본 연구는 청소년에게 지속적인 신체활동의 실시가 체격과 체력, 신체조성에 미치는 영향과 더불어 정서지능에 미치는 영향을 선행 연구를 통해 알아보고자 하였다. 따라서 본 연구를 통해 살펴본 논문들의 분석 결과를 중심으로 논의해 보면 다음과 같다.

첫째, 신체활동이 청소년의 체격, 체력, 신체조정에 미치는 영향에 대하여 연구한 결과 규칙적인 운동이나 신체활동이 청소년의 비만도 개선과 기초체력의 향상에 긍정적인 효과가 있음을 알 수 있었고, 보조보강 운동을 통한 각종 트레이닝이 청소년들의 체력 향상에 영향을 미치는 것으로 보고되고 있으며, 특히 청소년들의 체력 수준별 학습 프로그램은 체력활동에 참여하는 즐거움과 체력증진의 기쁨을 알게 하여, 운동의 생활화에 긍정적인 영향을 미친다고 보고하고 있다.

둘째, 규칙적인 운동을 실시한 결과 신장은 증가하고, 체중은 감소하였으며, 통계적으로 유의한 차이가 있다고 보고하였으며, 운동집단의 비만아동이 운동프로그램에 참여하기 전과 비교하여 참여 후에 평균 근육량은 늘고 체지방률은 낮게 나타나고 있다. 비만 아동들에 있어 비만관리의 궁극적인 목적은 체중감소가 아니라 체지방률의 감소와 운동을 통한 튼튼한 체력의 증가를 돕는 것이 필요하다고 생각된다.

셋째, 운동참여의 장기효과를 설명하면서 운동참여는 스트레스를 비롯한 우울 등의 완화 효과가 유의하다는 사실을 밝힌 바 있고, 운동참여가 스트레스를 감소시키는데 긍정적인 역할을 한다는 사실을 밝힌 바 있다.

이를 고려한다면 스트레스 완화를 위해서는 스포츠참여의 기회를 보다 많이 제공하여야 함을 시사하고 있다.

또한 스포츠참여는 개인의 심리적 행복감을 향상시켜줄 뿐만 아니라 자기-존중감과 자기-효능감을 향상시켜주는 효과를 지님으로서 스트레스에 대한 대처효과를 지닌다 하였고, 운동참여는 불안, 우울, 적대감 등을 줄이는 역할을 한다고 밝히고 있다.

그리고, 운동이나 스포츠 활동 참여자는 긍정적인 정서변화를 경험하게 되며, 특히 지속적이고 규칙적인 운동은 자긍심, 활력감, 성취감, 즐거움, 재미 등의 긍정적 정서를 증진시키는 것을 제시하고 있다. 또한 운동에 따른 신체상에서도 긍정적으로 변화됨을 보고하고 있다.

그러므로 문제를 제기하였던 청소년의 수면부족은 신체활동인 운동참여로 인하여 해소될 수 있다. TV, 인터넷 및 길거리 방황으로 수면이 부족한 아동·청소년들은 수면리듬이 흐트러지고, 아침밥을 먹을 수 없게 되고, 섭식리듬이 무너져 오전에 활동력이 저하되어 운동부족을 초래하였던 신체리듬이 정상으로 회복될 수 있는 결론이다.

청소년 삶에 있어 신체활동은 이처럼 중요하고 필요한 것이다. 건강한 신체에서 건강한 생각이 형성되고 특히 신체활동을 통하여 서로의 협력이 이루어져 경쟁적 관계에서 벗어나 협동적 관계가 성립됨에 여러 연구결과이기 때문이다.

체육사조 제2조류부터는 신체운동을 통한 교육의 시대로서 心身一元論적 존재를 의미함도 여기에 발마추고 있는 것이다.

또 청소년은 신체활동 활성화를 통하여 가치관이 형성되고 사회성이 바람직하게 변화됨으로 타인을 배려하고 공통의 가치와 목적을 위하여 노력하게 되는 것이기에 청소년의 정서적, 신체적 그리고 인격형성에는 신체활동이 무엇보다 중요함을 알 수 있다.

연 구 문 제

1. 청소년은 누구인가 논하시오.
2. 스포츠 또는 체육이란 무엇인지 비교하여 보시오
3. 스포츠참여가 인성에 미치는 영향을 무엇인가.
4. 신체활동이 청소년정서와 인성에 미치는 영향을 객관적으로 논하시오.
5. 스포츠맨십이 대인관계에 미치는 영향은 무엇인가?
6. 청소년 예절 교육이 중요한 이유는 무엇인가?

참고문헌

강지훈(2010). 학령기 아동의 BMI와 신체활동 수준이 자아존중감에 미치는 영향. 한국체육교육학회지 15(3), 139-153.

강지훈(2011). 학령기 아동의 수면시간 및 신체활동량과 심리적 변인의 관계. 한국초등체육학회지 17(1), 63-72.

김인수(2009). 한국과 미국 초등학교 아동의 신체활동에 따른 스트레스요인 비교. 한국스포츠심리학회지 20(1), 139-152.

김인수(2009). 한국과 미국 초등학교 아동의 신체활동에 따른 스트레스요인 비교. 한국스포츠심리학회지 20(1), 139-152.

김창현, 이태현, 이성노(2011). 성공적 경험을 가지는 신체활동프로그램 참여 형태별 아동의 자아존중감 분석. 한국발육발달학회지 19(2), 145-151.

문규진(2010). 방과후 스포츠활동이 초등학생의 신체상과 감성지수에 미치는 영향. 한국초등체육학회지 16(2), 29-38.

박용선, 김지수, 이승범(2011). 점증적인 도전 신체활동이 아동의 건강체력 및 신체조성에 미치는 영향.

제3장 체육지도자 성정이 인성교육에 미치는 영향

제3장 체육지도자 성정이 인성교육에 미치는 영향

* 박 덕 인

현실의 체육지도자 역할을 보면, 신체적 기능만이 아니라 정신적, 사회적 더 나아가서는 인성까지도 감수성이 예민한 아이들을 지도하는 큰 역할을 담당하고 있다.

본장에서는 체육(무예)지도자가 갖추어야 할 덕목으로 선비사상, 도의, 희생정신 등을 문헌을 통하여 알아보고, 그 발전방향을 제시하고자 한다. 옛 문헌을 보면 "고대에는 무사가 상위계급을 점하고 일세의 의법으로서 서민을 지도하고 사회도의를 개설하였다." 는 이 높은 이상을 지표로 삼아 우리 체육(무예)지도자가 한층 더 발전되는데 이 장을 통하여 도움이 되었으면 한다.

* 사) 청소년행복세상 총재
* Ph.D. 인문학
* 청소년인성교육사 1급지도자

1. 서 론

1) 연구의 필요성

우리는 민족역사를 자랑스럽게 여기고 배달의 민족, 배달文化에 긍지를 느끼며 살아가고 있다. 그러나 존경하는 인물상을 외국인이 물어오면 선뜻 대답하기가 여간 난감하지 않다. 한참을 생각하여 역사적인 인물로는 을지문덕장군, 세종대왕, 이순신장군 등을 떠올리며 답변을 한다.

그러나 우리가 살고 있는 당대의 인물 가운데는 이렇다하게 이름을 댈만한 인물이 떠오르지 않는다. 예술가, 기업인, 언론인, 정치인, 학자, 체육인들을 다 헤아려도 "난, 이 사람을 존경 합니다"라고 선뜻 이름을 댈만한 인물이 없는 것이다. 특히 국가의 공직자 인사청문회에서 보면, 검증시 요소요소에서 부도덕성이 드러나 중도에서 낙마하는 현상을 보아도 알 수 있다.

이러한 인물 부재현상으로 인하여 여론형성 과정과 선도先導가 잘 이루어지지 않아 사회가 부정적인 면으로 흘렀고, 집단에서도 참신한 지도자 부재로 사회구성원을 이끌어 갈 수 없는 매우 불행한 사회요, 병든 사회가 되었다. 이러한 악순환이 이어져 사회적 병리현상을 초래하게 되었고 도덕 윤리관이 어둠속 터널에 빠지고 말았다.

그렇다면 장구한 역사를 살아온 우리 민족이 오늘을 사는데 필요한 정신적 지주를 무엇으로 삼을 수 있을 것인가를 신중히 생각하지 않을 수 없으며 이 문제는 우리민족이 쌓아온 문화적 유산으로부터 찾을 수밖에 없는 것이다.

우리 민족은 유사 이래 일천 번 이상의 외세 침략을 받아왔다고 학자들은 말하고 있다(임동규, 1992). 일천 번 이상의 외세침략에도 불구하고 지금까지 우리민족을 지켜 계승해 올 수 있었던 것은 우리 민족의 자존의식과 투철한 사상이 있었기 때문이다.

문화적 유산과 자존의식에 투철한 사상은 무예인武藝人을 중심으로 형성된 무인武人정신이었음을 안확安廓(호:自産, 1886~1946)의 저서 "조선무사영웅전朝鮮武士英雄傳"에서 찾아볼 수 있다.

"고대에는 무사가 상위계급을 점하고 일세의 의범義範으로서 서민을 지도하고 사회도의를 개설하였다. 그리하여 武士적 고유의 성정性情이 사회의 기강을 유지하고 또 발달하여 오매 그 정신이 발달 진보한 역사가 곧 윤리사倫理史이다. 자래로 예의지방禮義之邦이라 칭하여 온 것은 예禮는 문文, 의義는 무武, 곧 문무합일의 도덕으로 된 것이니 이것이 조선윤리의 근본이 된 것이다."하였다.

이러한 사상의 근본을 살펴보면, 예기禮記 유행儒行편에는 다음과 같은 글이 있다.

儒有 委之以貨財 淹之以樂好 是利不虧其義 劫之以衆 沮之以兵 見死不便其守 警蟲攫博不程勇者 引重鼎不程其力 住者不悔來者不像 過言不再 流言不極 不斷其成 不習其謀 其特立有如此者
(유유 위지이화재 엄지이락호 시이불휴기의 겁지이중 저지이병 견사불편기수 경충확박불정용자인중정불정기력 주자불회래자불상 과언불재 류언불극 불단기성 불습기모 기특립유여차자)

(선비에게는 재물을 주어도, 호강에 담그어도, 이권을 보더라도 그 의리를 굽히지 않는다. 뭇 사람의 힘으로 겁을 주어도, 병력으로 이를 저지하여도, 죽음을 보더라도 그 지키는 지조를 바꿔지 않는다, 맹수.맹조가 후려치더라도 그 용기를 헤아리지 않고, 무거운 솥을 끌더라도 그 힘을 예측하지 않으며, 잘못된 말을 되풀이 하지 않고, 뜬소문을 끝까지 추적하지 않으며, 그 위엄을 잃지 않고, 그 책모를 연습하지 않는다. 그 홀로서기를 이와 같이 한다.)

무편(武編)에는 이런 글도 있다.

未曾學藝先識禮 未習武先明德(미증학예선식례 미습무선명덕)

기예를 익히기 전에 먼저 례를 알아야 하고, 무예를 익히기 전에 먼저 덕을 밝혀야 한다.

(禮란 공손하고 삼가는 태도로 사람들을 대하고, 스승을 존경하는 것처럼 자신을 절재하고 다른 사람들을 공경하는 규범이다. 여기서 德은 武德 즉, 상무

숭덕尙武崇德의 정신을 말한다. 그러므로 禮를 아는 사람은 스승을 존경하고, 道를 중히 여기니 무예의 진체(眞諦:참된도리)를 배울 수 있다. 덕이 밝은 사람은 도덕으로 자신을 절제할 수 있으며, 개인의 사욕私慾을 위하여 무예를 사용하는 것을 수치로 여긴다. 예로부터 무예를 전수하는 과정에서는 예의를 모르고 덕이 없는 자를 제자로 거두는 것을 경계하여왔다. 먼저 무예를 가르치기 전에 禮와 德을 가르치고 그 후에 技藝를 전해야 한다) 하였다.

여기에서 우리는 이해관계에 민감한 현대인의 인간상과는 대조적인 그 무엇을 발견하게 된다.

선비는 항상 도의를 중시하고 거시적이고, 역사적인 안목을 갖고 있는데 이는 다음과 같은 글귀에 잘 나타나 있다.

儒有 今人與居 古人與稽 今世行之 後世以爲稽 適弗逢世 上不授 下不推 讒諂之民 有此黨而危之者 身可危也 而志不可脫也 雖危起居 意信其志 猶將不忘 百姓之病也 其憂思有如此者
(유유 금인여거 고인여계 금세행지 후세이위계 적불봉세 상불수 하부추 참순지민 유차당이위지자 신가위야 이지부가탈야 수위기거 의신기지 유장불망 백성지병야 기우사유여차자)

(선비에게는 현세를 살아도 옛 성인과 함께 생각하고 현세를 행하더라도 후세 사람들과 함께 한다〈규범이 된다〉. 때를 못 만나 위에서는 돕지 않고 밑에서는 추대하지 않으며, 아첨하는 무리들이 당을 지어 위해를 가할 지라도 몸은 비록 위태로우나 그 뜻을 빼앗길 수 없다. 비록 위태로운 곳에 기거하더라도 끝내 그 뜻을 펴서 오히려 그 백성의 장래의 병폐를 잊지 않는다. 그 근심하는 사유가 이러하다) 하였다.

역사를 더 거슬러 올라가 보면, 삼일신고三一神誥에 다음과 같은 기록이 있다.

지감止感, 조식調息, 금촉禁觸 등 기무수련氣武修練의 기본지침이 있는데 이를 삼법수행三法修行이라고 한다. 이 삼일신고는 한나라(桓國)때부터 입으로 전해오던 것을 환웅천왕(桓雄天王:B.C.3897~B.C.3804)이 배달나라를 세우면서 글(鹿圖文)로 옮겨 적은 우리의 고유경전이다. 이 삼법 수행의 진의는 이렇다. '지감'이니 삿된 생각을 끊는 것이고, '조식'이니 숨을 고르게 쉬는 것이며, '금촉'이니 삿된 것들을 보지도 듣지도 접하지도 않는 것이다.

이로써 본다면 동서고금을 막론하고 서민을 이끌고 사회적 도의를 개설하는 선비의 성정은 고결하고 정의롭고 례禮를 중시하는 길 그 것이었다고 할 수 있다.

그렇다면 지금 우리의 사회는 어떠한가? 오늘날 우리 사회를 돌이켜 보면 서구의 합리주의, 기능주의, 물질만능주의, 문명의 영향으로 우리가 전통적으로 지켜왔던 바람직한 공동체 문화가 파괴되어가고 그 결과 "동방예의지국"[1] 이라는 극도의 찬사는 흘러간 옛날의 추억과도 같이 되어버리고 이제는 심각한 사회병리현상을 유발하고 있는 현실에서, 정신적 지주의 커다란 역할을 해온 선비정신을 체육지도자 자질 향상의 지표로 삼는 것은 매우 커다란 의미가 있을 것이다.

2) 연구의 목적

우리 민족은 역사상 국난이 있을 때마다 민중이 의병으로 일어났고 이러한 숭무적 민족성이 국가를 보전할 수 있는 원동력이었다. 兵農일치의 고대사회에서는 농민과 병사가 따로 없고 농민이자 무사였다. 여기서 매우 중요한 것은 사회를 이끌어 가는 지도층이 무사武士인 동시에 존경받는 종교지도자였다는 것이다.

화랑오계(忠, 孝, 信, 勇, 仁)를 살펴보아도 잘 알 수 있다. 충忠이라 하였으니 '나라의 충성하는 것이고', 효孝라 하였으니 '집에 들면 부모에게 극진히 효도하고', 신信이라 하였으니 '누구에게든지 믿음을 주는 신의가 있어야 하고', 용

1) 동방예의지국: 後漢書 地理志- 東夷사람들은 천성이 유순하고 어질고 착하며, 道가 행해지는 나라로 도적이 없기 때문에 문을 잠그는 일이 없으며, 부녀자들은 정숙하여 음행하는 일이 없어, 옛날 孔子도 구이(九夷)에서 살고 싶어 했던 순결한 백성들이라고 적혀있다.
三國志 魏志 동이전: 후한서 지리지와 동일한 내용이 적혀 있으며 흰옷을 입고 사는 백의민족이라고 쓰여 있다.

勇이라 하였으니 '전장에 나가면 물러섬이 없는 용맹함을 말하고', 인仁이라 하였으니 '인자하고 덕을 베푼다.' 하였다.

또 조선시대에는 육례교육이 있었다. 그 순서를 나열하면 예禮, 악樂, 사射, 어御, 서書, 수數이다. 여기에서 시사하는 바는 먼저 인성교육이 선행되었다는 것이다.

이러한 교육적 효과로 인한 무인정신이 전통적으로 계승되어 왔으나 일제침략시기 때에 일본통감부는 이러한 우리 민족의 기질을 간파하고 두려움을 느낀 나머지 우리 민족의 무적기질을 말살하기 위한 흉계를 꾸며 우리 민족의 무예를 야만적인 풍속으로 비하시키고 무예를 익히는 자를 폭력배로 몰아 부치고 무예지도자를 조잡한 무술인武術人으로 평가하고 수련을 금지시켰다. 그러나 민족무예는 맥을 이었고 지도자 체계가 갖추어져 끈질기게 명맥을 지켜왔다.

본 연구는 우리의 문화유산인 무예의 가치를 재인식하고 무예정신이 현대를 살아가는 우리에게 인성변화와 예절교육에 미치는 영향을 밝힘으로써 체육인 확산과 아울러 체육지도자의 가치인식 변화를 모색함과 아울러 인성교육의 틀을 마련하는데 있다.

3) 용어의 정의

고대에서는 신체의 다양한 움직임이 일상생활이었으며, 그 중심에 무예가 있었다. 그러므로 무예는 활동이었고, 일상생활이었으며 외부환경과 자극에 대하여 방어의 움직임을 보이는 것이 기본 이었지만 삶을 윤택하게 하였다. 특히 그 중심에는 일세의 의범으로서 사회적 도의를 개설하는 선비(지도자)가 있었다. 그 지도자는 지금의 체육지도자이며, 무예지도자이다.

2. 이론적 배경

1) 시대별 武人像

단군시대의 연대는 지금부터 5천 년 전으로 알려져 있으며 세계에서 가장 오래된 황하黃河문명보다 매우 발달한 사회였을 것으로 추정하고 있다. 단군시대 역시 고대사회와 다름없이 종교의식과 관련한 무예가 있었다.

조선상고사를 보면「해마다 5월과 10월에 人民이 수두(신성한 숲)에 나아가 제사를 지내고 칼로 춤추고, 혹은 활도 쏘고, 혹은 깨금질도 하고, 혹은 턱견도 하며, 혹은 江의 얼음을 깨고 들어가 물싸움도 하고, 혹은 노래하고 춤을 추어 … 여러 가지 내기에 승리한 사람을 선비(무사武士 역자 주)라 일컫고」라고 하여 무예가 능한 자를 뽑아 단체를 만들고 급여를 주었다고(신채호, 조선상고사, 1992) 기록하고 있다.

선비들의 하는 일은 학문과 무예를 닦고 서민을 지도하고 국가를 위한 부역이나 전투에 나가는 것으로서, 명림답무와 연개소문 등 뛰어난 인물들이 모두 이 선비출신들이었다.

단군조선시대의 삼륜구서三輪九誓가 배달倍達(B.C.3897~B.C.2333)나라로 부터 계승되었고, 오상지도五常之道가 있어 경당에서 무예와 같이 익히게 하였다. 오상지도가 삼국시대로 이어져 화랑오계가 되었다(신채호, 조선상고사, 1992). 중국의 위지魏志에 이런 기록도 있다.

기인려대 성강용근후 이궁시도모위병 가가자유철(其人麗大, 性强勇謹厚, 以弓矢刀矛爲兵, 家家自有鐵)이라 하여, "부여인은 큰 체격에 성격은 강용하면서도 조심성이 있고 인정이 두터우며 집집마다 무기를 가지고 있다"하였고, 고구려 전에는 "기인성 위급선관침, 국인유기력, 습전투(其人性 圍急善冠沈, 國人有氣力, 習戰鬪)라 하여 옥저인은 성격이 강용하여 항상 창을 가지고 다니며 보전에 능하다"고 기록하고 있다. 이런 기록들을 당시에 우리 무예가 높은 경지에 있고 기운이 세며 성격이 강용하고 인정이 두터우며 전투에 강하다는 것을 밝힌 것이며 특히 생업에 종사할 때도 항상 무기를 소지하고 연마하면서 전쟁이 있으면 스스로 단결하여 한 단체를 만들어 전쟁에 나갔다(고려도경:高麗圖經)하는 것을 호국정신,

즉 숭무적 기풍이 매우 높았음을 알 수 있다.

삼국시대에도 이러한 기풍이 이어져 왔음을 고려사高麗史를 보면 알 수 있다. 당태종(이세민: 개화開化4년(A.D.645)이 30만 대군을 이끌고 고구려를 침노하니 군사 3만을 내어 이를 격파하였다(고려사, 최영전).

또 조선상고사를 보면 신라 화랑의 기록도 있다.

"선비를 신수두 단壇앞의 경기 회에서 뽑아 학문과 예절에 힘쓰고 수박, 격검, 사예, 기마, 턱견, 백기, 씨름 등 여러 가지 기예技藝를 익히고, 난시에는 전장에 나아가 죽음을 영광으로 알아서 공익을 위해 한 몸을 희생"했다. 또 화랑의 생활을 보면 "서로 도의道儀를 닦고, 서로 노래와 음악을 즐기며 명산대천을 유람하고 아무리 멀어도 아니 가는 곳이 없다"하였다(삼국사기 열전列傳).

중국문헌 위지魏志을 보면, 동방(동이:東夷)은 신선이 사는 나라라 하여 우리 동이민족을 존경하였고 동이족이라고 칭하였다. 이夷자는 대궁大弓의 합자이다. 대궁이란 큰활이라는 뜻도 있고, 활도 잘 쏴 무예 전반에 강함을 표현한 것이다.

이것을 신선, 선비와 같은 개념으로 학문과 무예를 겸한 사람으로 큰사람大人이란 뜻이며, 이 계보가 이어져 남가사상, 조의선인(고구려), 화랑도(신라), 선랑(고려), 선도(조선조)로써 우리 역사의 맥을 이었으며, 우리 민족의 문학과 민족사상의 기둥역할을 했던 것이다.

이처럼 교의의 근원은 선사仙史에 자세히 기록되어 있는데

(1) 군생을 접하여 교화하고

(2) 집에 들면 부모에 효도하고

(3) 나라에 충성하는 것이었다.

이처럼 우리 민족 무예는 근본이 뚜렷하고 희생정신이 내재되어 있다.

무예武藝, 이는 우리의 자존이고 훌륭한 문화유산이다.

무예 속에는 우리 선조들의 기상이 있고, 민족의 얼이 잘 깃들어 있으며 호국정신이 있고, 예禮의 근본정신인 인(仁, 어짊)이 있다.

또 무예의 세계는 끝없이 광대하여 들어가면 들어갈수록 깊고 올라가면 올라갈수록 높으며 끝없는 절경과 선경仙境이 있다. 이것은 본인 자신의 가치인

식을 분명히 할 때만 가능한 것이다. 우리 선조들께서는 선비(文武合一)의 덕목을 높이는 교육으로 여섯 가지를 두었다.

예禮, 악樂, 사射, 어御, 서書, 수數이니, 여기서 "예"와 "악"은 인간의 품성과 정서에 관한 교육이었고, 이것이 선행되어야 그 후 "사(활쏘기)", "어(말 타기)" 즉 무예 연마수준이었고, 마지막으로 "서(글공부)", "수(계산법)"으로서 일상적인 학문을 배웠다.

이러한 육례의 배열 순서를 보아서 알 수 있듯이 예의범절을 배운 후, 몸 공부에 해당하는 무예를 연마하고 실생활에 필요한 교육을 하였음을 알 수 있다. 육례에서 제일 먼저 시작하는 예법禮法은 억지로 강요된 것이 아닌 마음속에서 우러나오는 근본根本과 같은 향기여야 한다.

그러므로 "技藝를 배우기 전에 먼저 예禮를 알아야 하고 무예武藝를 익히기 전에 먼저 덕德을 밝혀야 한다." 하였다, 는 것이다.

"덕"은 무덕武德 즉 상무 승덕勝德이다. "예"를 아는 사람은 스승을 존경하고 道를 중히 여기니 무예의 진체(眞諦: 참된 도리)를 배울 수 있다.

德이 밝은 사람은 도덕으로 자신을 절제할 수 있으며, 나라를 위하고 민족을 위하는 일에는 용감하게 자신의 힘을 다 바치고 개인의 사욕을 위하여 무예를 사용하는 것을 수치스럽게 여겼다. 그러므로 먼저 무예를 가르치기 전에 禮와 德을 가르치고 그 후에 技藝를 전한다 하였다. 이처럼 고대에는 무사가 일세의 의범義範으로서 서민을 지도하고 나라에 충성하는 것이 무인성정武人性情이었다.

2) 現代 체육지도자像

현시대의 무예(체육)지도자는 과학적인 전문지식이 매우 풍부한 반면 더불어, 함께 사는 법, 즉 대인관계 또는 사회집단 적응력이 부족하다.

물질만능주의의 현실 속에서 배우며 생각한 것이 자기 위주의 생활방식이기에 참다운 교육풍조를 갖고 있지 못하고 형식적인 틀에서 안주하고 있으며 숭고한 선조무인들의 武人상 즉 무인(체육인)의 품격을 드러내지 못하고 있는 실정이다.

자기 관리를 위하여 개성을 표출하기 보다는 "나" 위주에서 "우리"로 바뀌어야 사회 구성원들에게 소외되는 일이 없을 것이다.

"나" 위주의 생활로 인하여 각 종목에 단체가 수천갈래로 갈라져 서로가 정통을 주장하고 있으며, 같은 형태의 술기術技 이름을 다르게 명명하고 있는가 하면 "나" 아닌 다른 사람은 사이비로 몰아부쳐 스스로 자멸하고 있는 실정이다.

모든 무예의 뿌리가 하나임을 잘 알고 있으나 나만의 이익을 추구하기 위하여서는 나의 행적을 감추고 교묘히 다른 색깔로 포장하는 일부의 지도자도 있다.

또 마구잡이 승단으로 인하여 불혹의 나이 40 후반에 공인 10단이라는 어처구니없는 일이 일어나고 있다.

이 같은 현상에서는 지도자를 통하여 사회는 더욱 어둠이 드리운다. 사람의 습성은 존경하는 사람의 언어행실을 동일화한다고 주장하기 때문이다.

기경棋經을 보면 9단을 입신入神이라 했다.

인간의 몸으로 신神의 경지에 오르는 것이 한계가 아닌가? 그런데 공인 10단이란 호칭은 무엇이고, 어느 누가 공인을 했는가? 이같이 일부의 몰지각한 사람들로 인하여 무예지도자 모두를 웃음거리로 만드는 일이 일어나고 있는 것이 오늘의 현실이다.

그렇다면 서양에서 수입된 스포츠는 어떠한가? 운동의 효과로 신체는 활성화되지만 禮와 심성을 교육하기에는 너무 경쟁적이고 그 지도자는 승부에 초점을 맞춘 스포츠지도자라는 것이다.

그렇지만 우리의 무예와 스포츠의 장점을 혼합한 태권도는 올림픽 정식종목으로 채택되는 영광을 가져왔고 한국인을 만나면 태권도 코리아를 외치며 찬사를 보내는 국가도 많아져 태권도 및 무예(체육) 지도자가 세계 방방곡곡에서 국위선양을 하고 있고, 스스로 한국 국민임을 자랑스럽게 생각하며 국위를 선양하는 지도자도 많다.

3. 결 론

신체훈련은 신체단련이라는 목적이 있지만 더 큰 궁극적 목적은 정신적 도치와 인격형성을 필수요소로 하며 특히 수련과정에서 배양될 수 있는 "인내력, 자제력, 용기, 담력, 겸양, 관용의 미덕" 등을 추구한다.

특히 희생정신과 협동심 그리고 애국심을 함양할 수 있어야 참교육이 될 수 있는 것이다. 그러므로 무예지도자는 예의와 겸양과 실력을 갖춘 온화하고 원만한 성품으로 공명정대하며 불의와 타협할 줄 모르고 정정당당하게 용기를 발휘하여 약자를 도우는 희생정신과 협동심을 갖춘 옛 선조 무인정신 즉 화랑도와 같은 정신을 본받아야 할 것이다. 그러므로 무예지도자는 무술을 가르치는 사람이 아닌 무예를 지도하는 무예인이어야 한다. 이 두 가지 용어의 차이점이라면 무술武術이란 최하위 개념으로서 싸우는 잡다한 기술을 의미하고 무예武藝란 싸움을 종식시키는 숭고한 신념이 깃든 것이기 때문이다. 누구나 수련생으로 도장에 입문하면 술術을 배우지만 지도자는 예禮로 단장된 차원 높은 인격소유자여야 인성교육 및 정신적 교육을 책임질 수 있기 때문이다.

그러기에 예시예종禮始禮終이라 했다. 즉 예로 시작하여 예로 끝맺는다는 뜻이다. 또 옛글을 보면 "기예技藝를 배우기전에 예禮를 알아야 하고 무예를 익히기 전에 덕德을 밝혀야 한다."는 것이 같은 맥락이다.

그러나 이런 인식능력은 그 사회가 안고 있는 여러 문제와 모순을 이해하고 사회과학적 능력으로까지 확대하여야 한다.

현재 우리사회가 開國이래 최악의 경제위기로 道場과 체육의 장을 경영하는 우리에게 위기를 주고 있다. 이처럼 큰 사회적 문제가 있는 현실 속에서 우리 모두가 변모해야 하는데 그 해결책은 가까운 곳 그리고 조금만 심혈을 기울이면 찾을 수 있는 것이다.

지금은 도장이라는 엄숙함이 사라지고 체육관이라는 포괄적 개념이 형성되었다.

무예수련의 목적중 하나가 신체단련이지만 더 큰 궁극적 목적은 정신수양이라 하였다. 이것이 인격형성의 주된 줄기가 되는 것이다. "인간본래의 성질 속에는 길러서 좋은 자연성이 있는 반면 길러져서는 안 될 자연성도 있다. 내버려 두면 뻗어나야 할 본질은 뻗어나지 못하고 뻗어나서는 안 된 본질은 뻗어난다."

이러한 상태에서 무예수련(교육학적 가치)으로 길러서 좋은 자연성은 키우고 좋지 않은 본질은 억제하는데 가장 효과적인 교육방법이 된다. 이 같은 인성교육이 체육에 활용이 되어야 한다.

생리학적으로 신체에만 국한하는 것이 아니라 정서적 교육이 이루어져야 얻어지는 생리학적 가치는 더욱 높아진다.

이 같은 교육원리가 밑바탕을 이룬다면, 신체의 근력(Strength), 지구력(Endurance), 민첩성(Agility), 유연성(Flexibility), 순발력(Power), 균형성(Balance)등 체력을 골고루 배양할 수 있고 조정력과 이에 따른 지적 활동도 경험할 수 있다. 또 신경, 근육 및 순환계의 기능이 촉진되는 진의眞意도 얻게 될 것이다.

우리 인간은 항상 욕구불만에 쌓여있다. 그 욕구불만은 무예의 선禪으로서 해결할 수 있고 무예를 통하여 억압된 욕구의 발산을 반사회적.비도덕적 방법으로부터 교육학적으로 유도하여 심리적 안정을 기하고 생리학적인 기능을 증진시킬 수 있는 것이므로 체육에 접목하여 그 성과를 높여야 한다.

이 같은 내용을 토대로 현실적응 방법과 올바른 지도법을 나열해보면 다음과 같다.

첫째 : 인성교육(바람직한 성격으로의 변화교육)
둘째 : 예절교육(일상생활에서의 예법교육)
셋째 : 체력단련교육(정확한 체력측정에 의한 처방)
넷째 : 위인전 교육(존경받는 분의 삶 소개)
다섯째 : 지도자 자질향상(전문지식 향상)

첫째 : 인성교육

일반적인 학원에 비해 체육은 무예지도와 같이 옛 선조들의 호국정신이 바탕이 된 忠·孝·禮 사상, 그리고 修鍊時 얻어지는 협동심 등으로 바람직한 성격으로의 변화가 이루어지도록 지도하여야 한다.

내성적인 아이는 활달한 성격으로, 덜렁대는 아이는 차분한 성격으로, 강직한 아이는 부드러운 성격으로 변모되도록 지도하여야 한다는 것이다.

더욱은 또래 집단 적응으로 대인관계가 원만해지는 교육도 병행되어야 한다.

약자나 어려운 사람을 보면 자진하여 도울 수 있는 미덕을 배양할 수 있도록 교육하여야 한다는 것이다.

인성교육이 하루, 이틀에 이루어지는 것이 아니고 많은 시간이 필요한 것이므로 인내심을 갖고 지도하여야 한다.

둘째 : 예절교육

사회적 병리 현상으로 예절은 이미 우리의 것이 아니라고 한탄만 할 것이 아니라 우리가 책임진다는 각오가 필요하다. 예절은 강요로 얻어지는 것이 아니다. 몸 전체에서 자연스럽게 배어 나와야 진정한 예절이고 예법이다.

그러므로 지도자의 평소 바른 예절이 아이들에게 공감대가 형성되어 닮아간다는 것이다. 무인의 예절은 전신에서 풍겨 나오는 향기와 같아야 한다.

예절교육이 무언의 행동철학이라면 체육관의 엄숙함, 도복의 고결함, 띠의 의미인 인격은 유언의 교육이어야 한다.

셋째 : 체력단련 교육

신체활동을 접하고 실천하면 얻어지는 것이 체력이 단련된다는 것이다. 그러나 무예수련으로 얻어지는 것은 근.골.혈.맥이 더욱 견고해지면서 한가지의 보너스가 더 있다. 정신건강이다.

그러나 프로그램은 없고 늘 실시하고 있는 주먹구구식의 스파르타 교육방법이기에 문제가 있는 것이다.

이제는 체력을 측정하여 운동처방을 하고 누구나 언제든지 한눈에 이상 유무를 확인할 수 있는 체제가 필요하다. 지도자 자질에서도 밝히겠지만 끊임없이 연구를 해야 시대적으로 뒤떨어지지 않는다.

넷째 : 위인 알리기

세상에는 사회를 위하여 또는 타인을 위하여 나를 또는 나의 것을 아낌없이 주고 간 많은 위인이 있다. 그 많은 인물들 가운데 매우 바람직한 위인을 소개하라. 세종대왕, 이순신장군, 해외로도 눈을 돌려 보고, 또 타인을 위하여 나를 버린 아름답고 숭고한 이야기를 하라. 아이들은 이야기와 동화로 큰다는 말이 있다.

다섯째 : 지도자 자질 향상

귀하는 한 달에 몇 권의 전문서적을 읽고 있습니까?

귀하는 타 지역 체육관과 지도자를 방문하고 교류를 해 본 적이 있습니까?

이러한 것들의 불이행이 지도자를 제자리에서 안주하도록 하는 족쇄라고 생각하여 이제는 현 위치에서 탈피해야 한다.

내가 배운 대로, 내가 생각하는 대로는 이제 뒤떨어진 발상이기에 전문서적을 읽고 전문가와 상호 방문하여 생각을 토론하고 좋은 점은 실천에 옮겨야 지도자 자질이 향상될 것이기 때문이다.

지도자가 긍정적인 생각과 참다운 사고방식을 가져야 진실 된 인성교육을 실천할 수 있을 것이고, 지도자가 바른 예절이 몸 전체에서 향기가 되어 풍겨나올 때 진정한 예절교육이 이루어질 것이며, 지도자가 전문적 지식이 있어야 체력단련교육의 참의미가 얻어질 수 있을 것 아닌가.

옛글을 보면 무사는 한시대의 의범儀範이 되며 사회에서는 무리를 바른 길로 이끌고…라 하였다. 이런 몸가짐과 마음이어야 한다, 했다.

4. 제언

많은 부모들이 아이들을 도장이나 체육의 장으로 선뜻 보내지 못하는 이유가 지역별로 다를 것이나 많은 부모의 불만족도는 지도자의 자질이 불투명하다는 것이고, 둘째는 신체적 부상이고, 그 다음은 주위환경문제이다.

지도자의 자질은 전문지식을 넓히고 부모를 초청하여 대화의 시간을 넓히고 수련생들에게 비전을 심어주는 것 등이 있다.

신체적 부상은 체력측정을 하여 운동처방을 하고 관리에 중점을 두어 마음

놓고 아이들을 道場과 체육의 장으로 보낼 수 있도록 하여야 한다.

체육 인성교육이란 신체적 리듬을 활성화 시키고 정신건강으로 자신감을 불어 넣는 특수한 영역임을 널리 홍보하여야 한다.

많은 지도자가 참다운 교육풍조를 갖고 교육에 임할 때 수련생들은 자신감을 얻고, 정신집중훈련이 되어 학업에 도움이 되고, 예절바른 아이로 성장할 것이고 또래 집단에서 소외되는 일이 생기지 않을 것이다. 아울러 체육교육을 스포츠로 전락시키지 말아야 한다.

어느 누구와 대결하여 지고, 이기는 것에 치중하다 보면, 아이들의 승부욕만을 불러 일으켜 참된 교육의 본질에서 벗어나는 "우愚"를 범하게 될 것이라 사료되기 때문이다. 그러므로 승부에 치우치는 것은 가급적 피하는 것이 좋다.

이 같은 교육의 목적을 이루기 위해서는 먼저 지도자가 거듭나야 한다. 아리스토텔레스(B.C.384-B.C322)는 '자녀를 가르치는 사람은 자녀를 낳은 사람보다 일층 더 존경을 받아야 한다. 왜냐하면 후자는 그들에게 생명을 주었음에 반하여 전자는 잘 사는 법을 가르치기 때문이다' 하였다.

또 조선시대의 석학 율곡 이이(A.D.1536-A.D.1584)도 격몽요결擊蒙要訣에서 '사람이 사세에 나서 학문이 아니면 사람이 될 수 없다.' 하여 교육자의 역할과 윤리를 주장하고 있다.

연구문제

1. 체육적 인성교육과 지도자의 관계를 논하시오.
2. 맘몬사상이 체육에 미치는 영향은 무엇인가?
3. 스포츠의 경쟁심이 인성에 미치는 장 단점을 설명하라
4. 운동경기 참가가 인격형성에 어떠한 영향을 주는가?
5. 인성교육과 사회성을 설명하라.
6. 무예수련이 인성교육에 미치는 영향을 설명하라.

참고문헌

고동영 : 한국상고무예사	흔 뿌리	1994
김용길 : 사회체육론	현문사	1990
김광석 : 권법요결	동문선	1994
박영규 : 조선왕조실록	들녘	1997
스포츠문화 : 월간 '98. 8월호		1998
신채호 : 조선상고사	형 설	1994
신채호 : 조선상고문화사	형 설	1992
이홍진 : 무예사범학개론	토보콤	1995
한국역사연구회 : 고려시대…	청년사	1998
한국역사연구회 : 조선시대	청년사	1998

제4장

창의 · 체험 · 인성교육

1. 창의적 체험활동 도입배경
2. 창의적 체험활동 목적
3. 창의적 체험활동의 영역
4. 창의적 체험활동의 운영 방법
5. 창의적 체험활동 교육과정 목표에 따른 인성교육 관련성
6. 세계 주요국의 창의적 체험활동과 인성교육
7. 동양 주요국의 창의적 체험활동과 인성교육
8. 시사점
9. 인성교육사 체험학교

제4장 창의 · 체험 · 인성교육

* 공 보 길

2010년부터 교육선진국은 창조 · 경제를 위한 미래인재양성에 집중하게 되었다. 한국교육도 창의성과 인성교육을 상호 독립적인 발달의 단계로 통합되고 창의적 체험활동으로 집중하게 되었다.

창의적 체험활동에서는 특별활동과 재량활동으로 이원화되어 운영하던 학교교육이 일원화되어 그 성과를 높이고 있다.

따라서 본장에서는 체험활동을 통한 인성교육의 중요성을 살펴보고, 창의인성 체험 훈련시스템인 'KidLead 커리큘럼'을 통하여 창의성 교육방법인 '체험활동으로 배운다'를 한국 교육환경에 맞게 실습 · 교육함을 제시한다.

* 글로벌 미래 인재 교육협회장
* 심리상담학박사
* 사) 청소년행복세상 인성교육원 원장

1. 창의적 체험활동 도입배경

지식경제를 위한 지식의 반복학습의 효과는 국제학업 성취도평가(PISA)의 모든 영역에서 한국 학생들은 최 상위권을 차지했으나 “자기주도적 학습능력과 중학교 이하 학생의 삶의 만족도는 OECD 평균 최하위 수준인 상태다.

2010년부터 교육선진국은 창조 경제를 위한 미래인재 육성에 집중하게 되었다. 한국 교육도 창의성과 인성교육을 상호독립적인 발달의 단계로 통합하고 전인적인 접근으로 창의·인성·교육과 창의적 체험활동을 집중하게 되었다.

한국교육은 해방 이후 5차 교육과정으로 개혁을 하였으나 “교과” 와 “특별활동” 등 2대 영역과정 편성이었으나 사회적 요구인 분권화, 다양화, 특성화가 충족되지 않자 제 6차 교육과정으로 “학교 재량시간”인 창의적 활동, 특성화, 다양화로 개혁을 이어왔다.

체험활동 강화로 교실, 학교 밖으로 학생들을 이끌어내 활기찬 학습과 생활을 전개하고 다양한 체험활동을 강화하여 나눔과 배려를 배우며, 학생들의 자발적인 사고와 활동을 통한 창의적 능력을 키우며 협동과 배려를 통하여 즐거운 학교생활을 실현할 수 있는 기반을 조성하였다.

이런 이유로 2009 개정 교육과정이 출발되었다.

키워드는 “창의적” “체험활동”이며 인간상은 ‘글로벌 창의·인재’로 그러나 교육학자나 교과 전문가들이 아닌 관료들에 의해 주도되어 학교교육에서 특별활동이나 재량 활동이 본래의 의도나 취지와 달리 형식적인 운영, 변칙운영에 실효를 거두지 못한 결과가 나타나고 있다.

개선책으로 학생들이 직접 참여하고 활동하면서 스스로의 자율적 활동을 강화하면서 교과 외 활동에 대한 국제적 교육실태의 반영의 필요성이 대두된 것이다.

창의적 체험활동은 지속적이며 충실한 실천으로만 가능한 진로교육을 한 영역으로 도입하는 정당성을 확보하게 되었다.

창의적 체험활동 강화는 “특별활동”과 “재량활동”으로 이원화 되어 운영하던 학교교육과정의 교과 외 영역을 통합, 일원화하여 운영의 자율성과 효율성을 구체화가 이루어지는 결과를 만들어 냈다.

2. 창의적 체험활동 목적

- 앎을 적극적으로 실천하고 나눔과 배려를 할 줄 아는 창의성과 인성을 겸비한 미래지향적 인재 양성을 목적으로 한다.
  창의적 체험활동은 기본적으로 자율성에 바탕을 둔 집단 활동의 성격을 지니고 있으며, 집단에 소속된 개인의 잠재성과 창의성역량을 강화 하려는 교육적 노력이다.
  - 첫째, 전인교육의 실현
  - 둘째, 공동체의식을 함양
  - 셋째, 핵심역량을 강화
  - 넷째, 지식의 '앎'보다는 실제 능력의 '함'을 강조
  - 다섯째, 잠재성 강화 교육 및 여가 선용
  - 여섯째, 창의성을 계발
  - 일곱째, 학교 특성화 교육을 실현

상기와 같은 창의적 체험활동으로 학생들의 학교교육에 대한 흥미가 증가되고, 인성중심의 다양한 체험활동으로 자기 주도적으로 진로 및 적성에 대한 중요성을 갖게 되었으며, 다양화와 특성화를 위한 체험활동에 대한 참여가 높아지기 시작하였다. 이것이 인성교육이 세운 목표이며, 우리 사회가 얻고자 하는 것이다.

3. 창의적 체험활동의 영역

- 창의적 체험활동 교육과정은 자율 활동, 동아리활동, 봉사활동, 진로활동의 4개 영역으로 구성된다.

☞ **인성교육 요소**

- 집단 활동을 통한 공동체의식, 협동심, 나눔과 배려, 자율성, 잠재력

■ 4개 영역을 통하여 직접적인 인성덕목은 추출하기 어려우나 자기주도성, 독립심, 질서, 협동, 공동체의식, 배려, 책임감, 우정, 예절 등 다양한 인성교육의 가능성을 엿볼 수 있음

4. 창의적 체험활동의 운영 방법

■ 창의적 체험활동에서는 학생의 자주적인 실천 활동을 중시하여 학생과 교사가 공동으로 협의하거나 학생들의 힘으로 활동계획을 수립하고 역할을 분담하여 실천하게 한다. 아울러, 지역과 학교의 독특한 문화풍토를 고려하여 특색 있고, 인적 물적 자원과 시간을 폭넓게 활용하여 융통성 있게 운영하는 것이 중요하다.

☞ 창의적 체험활동의 편성 운영의 중점

■ 초등학교의 창의적 체험활동에서는 학생의 기초생활습관의 형성, 공동체의식의 함양, 개성과 소질의 발현에 중점을 둔다.

■ 중학교의 창의적 체험활동에서는 남과 더불어 살아가는 태도의 확립, 자신의 진로에 대한탐구, 자아의 발견과 확립에 중점을 둔다.

■ 고등학교의 창의적 체험활동에서는 학습자의 다양한 욕구를 건전한 방향으로 유도하고, 원만한 인간관계를 형성하며 진로를 선택하여 자아실현에 힘쓰도록 하는데 중점을 둔다.

☞ 인성교육 요소

■ 학생의 자주적인 실천 활동을 통한 독립심, 책임감, 협의와 역할분담에 따른 공정성과 공동체의식, 협동, 배려, 열린 마음, 성실, 준법, 우정, 질서, 정의, 관용 등을 함양 시사

☞ 창의적 체험활동과 기존 인성교육 차이점

교육과정의 성격은 인성교육 전영역의 덕목과 관련성이 있습니다.

전통적이고 소극적인 개념의 도덕교육이나 생활지도 차원의 인성교육이 아닌, 모든 학생들을 대상으로 새로운 가치를 찾아내며 구체적이고 자주적인 실천 활동을 통해 미래 지향적인 바른 인성을 갖추도록 한 것이다.

5. 창의적 체험활동 교육과정 목표에 따른 인성교육 관련성

2009개정 창의적 체험활동은 종래의 재량활동과 특별활동영역을 통합하여 교육과정의 새로운 영역으로 도입한 것으로서, 특히 학생들의 체험적 활동에 초점을 두어 목표를 설정한 것으로 창의적 체험활동 교육과정에서는 초.중.고등학교의 구분 없이 하나로 묶어 다음과 같이 총괄목표와 네 개의 하위목표를 제시하고 있다

〈총괄목표〉

학생들은 창의적 체험활동에 자발적으로 참여, 개개인의 소질과 잠재력을 계발, 신장하고, 자율적인 생활 자세를 기르며, 타인에 대한 이해를 바탕으로 나눔과 배려를 실천함으로써 공동체의식과 세계 시민으로서 갖추어야 할 다양하고 수준 높은 자질 함양을 지향 한다.

〈하위목표〉

- 각종 행사, 창의적 특색활동에 자발적으로 참여하여, 변화하는 환경에 적극적으로 대처하는 능력을 기르고, 공동체 구성원으로서의 역할을 수행한다(자율 활동).
- 동아리활동에 자율적이고 지속적으로 참여하여 각자의 취미와 특기 창의적으로 계발하고, 협동적 학습능력과 창의적 태도를 기른다(동아리활동).
- 이웃과 지역사회를 위한 나눔과 배려의 활동을 실천하고, 자연환경을 보존하는 생활습관을 형성하여 더불어 사는 삶의 가치를 깨닫는다(봉사활동).
- 흥미와 소질, 적성을 파악하여 자기 정체성을 확립하고, 학업과 직업에 대한 다양한 정보를 탐색하여 자신의 진로를 설계하고 준비한다(진로활동).

☞ **인성교육 덕목**

자발성, 나눔, 배려, 자기 주도성, 우정, 협동심, 공동체의식, 세계시민의식, 자율성, 애국심, 정체성, 호혜정신, 책임감, 공정, 자신감 등임.

6. 세계 주요국의 창의적 체험활동과 인성교육

1) 미국

(1) 미국의 창의적 체험활동과 인성교육의 배경

미국의 인성교육에서 제일 먼저 언급되는 사람은 교육개혁가 호레이스 만(Horace Mann)으로 1840년대에 미국의 교육제도에 '인성교육의 중요성'을 강조하였다.

미국 의회는 이러한 인성교육의 중요성을 법제화하여 1994년 Partnerships in Character Education Program을 승인하였다.

현재 인성교육은 미국 연방 교육부가 추구하는 6개 목표 중의 하나로, 그 구체적인 내용은 '미국의 청소년들에게 인성교육과 리더십교육을 강화 하는 것'으로 되어 있다.

80년대 이후 학교 내 폭력사건과 총기사건이 잇따라 발생하면서 인성교육에 대한 관심이 부각되었고 미국 의회는 인성교육의 중요성을 인식하게 되면서 1994년 '미국 학교의 개선을 위한 법(Improving America's Schools Act)'제정을 통해 '인성교육 파트너십 프로그램(Partnerships in Character Education Program)'을 승인하면서, 그 후 2001년 '낙오학생방지법(No Child Left Behind Act)'이 제정하여 인성교육은 더욱 강화 시켰다.

또한 미국은 2007년 경쟁력위원회의에서 창의적이고 첨단적 재능의 활용을 극대화하는 방안을 제시하면서, 창의성을 교육목표로 초등학교 때부터 수준별 수업을 진행하고, 지역사회 및 민간 주도로 종합적인 인성교육 프로그램을 개발하여 진행하고 있다.

(2) 미국의 체험학습과 인성교육의 특징

미국의 인성교육은 현재 교육부 산하의 '안전과 마약 없는 학교 국(Office of Safe and Drug-free School)'에서 총괄하고 있으며, 연방정부와 주정부, 민간단체의 유기적인 협력 하에 추진되고 있으며, 2007년 6월부터 민간부문을 포함하여 약 41개의 프로그램들이 운영되고 있다.

♣ 창의적 체험활동을 통한 인성교육 활성화방안 방법

- 첫째, 인성교육이 창의성 및 시민교육과 결부되어 실시되고 있으며, 존경, 정의, 공평, 배려와 같은 윤리적 덕목뿐만 아니라 다양성, 책임, 신뢰, 시민의식 등과 같은 시민덕목 또한 강조하고 있으나, 최근에는 창의성과 결부하여 윤리교육의 중요성이 강조한다.
- 둘째, 인성교육이 교육과정에 접목되어 시행되고 있다.
- 셋째, 학교차원에서 인성교육원칙을 수립하고, 구체적 실행을 철저하게 감독하고 있다.
- 넷째, 학생, 교사, 학부모의 인성함양과 교육자료 제공을 위해 다양한 형태의 프로그램이 운영되고 있다.
- 다섯째, 민간부문 비영리 전문기관의 활동 매우 강하다.

(3) 미국 인성교육원(American Institute Of Character Education)의 활동

미국 인성교육원은 유치원부터 초등학교 6학년까지에 해당하는 K-6학년을 위한 인성교육 과정을 입안하고 44개 주 18,000개의 교실에서 교육과정을 적용하여 프로그램 시행 결과 학생들의 친사회적 행동이 증가하였고, 알코올·약물 남용이 감소하였으며, 학교 출석률이 향상되었다.

인성교육원 교육적 방법은 교사 자신이 롤 모델이 되어야 하며, 토론, 문제해결방법 등의 방법을 권장하여, 교육의 내용은 도덕적 가치를 윤리적 강령으로 삼고 있으나, 교육의 방법으로는 창의적인 문제해결력, 브레인스토밍, 토론, 역할놀이 등의 창의적 방법을 유용하게 활용하고 있다.

인성교육의 기본원칙은 인성교육이 새롭게 덧붙여지는 과제가 아니라 기존의 학교교육의 틀 속에서 다차원적, 범교과적 활동을 통하여 이루어져야 함을 강조한다. 그 필요성은 한국 교육환경에서 매우 필요하다. 배타적인 공교육이 아닌 지역사회 민간단체와 협력하는 것이 매우 중요하다.

2) 핀란드

핀란드는 수업시간이 짧기 때문에 상대적으로 교과 외 활동에 적극적으로 참여할 수 있는 조건을 잘 갖추고 있으며, 특히 핀란드는 학생들의 사회적 참여를 장려하고 사회활동에서 배제되는 것을 막기 위해 2003년부터 2007년까지 국가 젊은이 참여 프로젝트(National Youth Participation Project)를 실시하였음.

이 프로젝트의 목적은 젊은이들의 참여를 장려하기 위한 지역사회 수준의 체계적인 모델을 개발하는데 있었으며, 지역사회의 요구를 수렴하고 협동적인 접근을 통해 학생들에게 진학과 진로지도의 기회를 제공하며 젊은이들이 참여할 수 있는 많은 기회를 마련해주어 자신이 처한 상황을 향상시킬 수 있는 방향을 제시하는 것을 강조하여 상급 학교와의 연계성을 통해 학생들의 참여가 지속될 수 있도록 기회를 만들어 주었다.

핀란드는 경쟁을 통해 경쟁력을 기르려는 다른 국가들과는 달리, 협동을 교육적 가치로 삼고 여론을 형성하고 사회적 공감대를 마련하고 있는 특징이 있으며, 상대평가 및 우열반 등을 폐지하여 지방 및 학교 자치를 점진적으로 강화하는 방식으로 교육개혁을 하고 있다.

핀란드의 초.중등학교교육체제에서 우리나라의 창의적 체험활동과 대응되는 교육활동을 찾을 수 없지만, 핀란드 초.중등학교교육과정 관련 문서에 제시된 능력요인 중 인성 교육에 해당하는 요인으로는 대인관계, 자기관리, 시민의식, 심미적 감수성, 다문화가 있다.

핀란드는 전통적으로 학교에서는 공동체교육을 실시하고, 인성교육은 가정의 몫이라고 여겨온 전통이 있다.

3) 호주

현재 호주에서는 민주주의 발견 단원(Discovering Democracy Units) 같은 교과과정을 통해 호주 민주주의의 역사와 원칙을 재발견하고 학생들에게 학습시킴으로써 시민교육을 대신하고 있다.

각 학교에서는 이 프로그램을 중심으로 각 학교배경에 알맞은 교과과정이나 활동 등을 고안하고 있으며, 협력과 협동을 중심으로 한 민주주의의 실현을 목표로 삼은 학교, 시민으로서의 권리와 자유, 책임 등에 대한 이론과 실제를 가르치는 학교, 또한 문화교차적인 접근방식으로 시민교육에 접근하는 학교 등 다양하게 학교의 실정에 맞는 시민교육을 실시하고 있다.

호주의 경우 Discovering Democracy라는 대표적인 시민교육 프로그램을 장려하고 있지만 이 프로그램이 학교에 직접 실시될 때는 그 지역적인 사회의 특성을 고려하고 있으며, 시민교육에 대한 이론적인 배경을 중심으로 학교의 교과 외 체험활동을 살펴본 Sue Fullarton(2002)의 연구에 따르면 사회계층이 높고 교육수준이 높은 부모의 자녀가 교과 외 활동에 더 많이 참여했으며, 학교가 체험활동 및 교과 외 활동을 많이 지원하거나 장려하는 학교의 학생일수록 참여도가 높은 것으로 나타났다.

4) 영국

영국의 교육에서는 학습자의 학습적 능력과 주관적인 사고방식을 가질 수 있도록 이끌어주는 다양한 학습방식을 학교교육현장에 도입하여 활용하고, 학교교육에서는 일방적인 수업 방식보다는 다양한 과정의 학습법으로 학생들에게 다가감. 이러한 학습결과는 학생들의 자기개발, 교육개발, 취업으로까지 연결된다는 것이 특징이다.

영국 교육정책의 특징과 방향을 요약하면 다음과 같다.

- 첫째, 학생 개개인의 흥미나 학업성취에 적당한 교육기회를 제공하여, 학생들에게 수세기에 걸쳐 검증된 세계적인 수준의 교육을 제공하는 노력을 하고 있다.

- 둘째, 높은 수준의 실험실, 음악실, 스포츠시설 등 다양한 특별시설을 갖추고 수업 이외의 다양한 과외활동을 통해 교양을 갖춘 엘리트 인재 양성을 한다.
- 셋째, 교육활동을 통해 창의력을 길러줌과 동시에 전통을 가르치는 교육으로, 따뜻하지만 엄격한 보살핌을 병행하는 경향이 있다.
- 넷째, 여러 나라 학생들과의 교류를 통해 국제적 인재로 육성하기 위한 교육을 실시하기 위해 학생들에게 유럽대륙의 관문으로 유럽의 오랜 역사와 문화를 직접 체험할 수 있는 다양한 기회를 부여한다.

영국의 경우 정부를 주도하는 당이 바뀔 때마다 인성교육에 대한 입장도 바뀐 것을 볼 수 있는데, 영국에서는 학교가 인성교육을 담당하는 가장 중요한 기관이라고 믿는 사람은 별로 없기 때문에 학교와 학부모, 각 지역단체, 종교단체 등의 협조가 필수적으로 되어있다. 영국의 인성교육은 합의하기 어려운 정의처럼 많은 논란을 불러일으키고 있는 중이다.

학교에서의 인성교육은 다원화되어가고 있는 사회에서의 공유의 가치에 합의하는 과정일 뿐이지 바람직한 인성을 가진 학생들을 기르는 것이 아니라는 최소한의 동의가 있을 뿐이다.

7. 동양 주요국의 창의적 체험활동과 인성교육

1) 일본

2008년 1월 일본정부가 발표한 교육과정 개편은 2006년 교육법 개정과 학교교육법시행규칙을 개정하는 등 대폭적인 교육개혁 과정의 부산물이라고 할 수 있다.

교육과정 개편 방안의 확정 이후 2011년 4월부터 소학교, 2012년 4월부터 중학교 순으로 '개정 교육과정'을 전면 실시하고 있다.

- 첫째, 개정된 교육기본법에서 강조하는 교육이념, 즉 '살아가기 위한 힘' 미래생활 개척능력-연구자 주)을 육성하는 것에 초점을 두고, 지식기반사

회에서 더욱 중요해진 '살아가기 위한 힘'이라는 이념을 계승하고, 이를 지탱하는 기반으로서 '확실한 학력' '풍부한정서' '건강한 신체'를 조화시키자는 것이다.

- 둘째, 교육과정 개편을 통해 기초적인 지식 · 기능을 습득하고, 사고력. 판단력. 표현력 등을 균형 있게 육성하는 것을 중시하는 경향이 있다.
- 셋째, 개편 교육과정은 도덕교육, 체육 등을 충실하게 운영함으로써 풍부한 정서와 건강한 신체를 육성한다.

이번 교육과정 개편 내용 중에서 가장 핵심적인 내용은 기본 지식교과 중심의 교육체제를 확립한 것으로, 소학교와 중학교의 개편 교육과정은 국어, 수학, 사회, 과학, 외국어, 체육의 수업시수를 대폭 늘린 반면, 기존의 종합학습 시간은 절반 이하로 줄이는 방향으로 추진되고 있다.

특히 언어활동과 관련하여 소학교 6학년 단계부터 외국어교육을 강조하고, 체험교육 등의 현장학습과 교과활동을 이원체계로 분리 · 운영하는 것에 주목할 수 있다.

유토리 교육 실패 후, '008 학습지도요령 개정안'에 따라 상황 판단력, 문제해결력의 함양과 함께 더불어 살 수 있는 능력을 기르는데 초점을 맞추고 '살아가는 힘'을 교육하기 위한체험교육의 중요성을 강조한다.

일본은 우리나라 재량활동과 비슷한 '총합적 학습시간'을 운영하고 있으며, 우리나라와 유사한 '특별활동'을 운영하고 총합적 학습시간의 목적은 각 학교의 창의력을 살려 실시하는 횡단적, 종합적 학습과 아동의 흥미, 관심 등에 기초한 학습을 통해 스스로 과제를 발견하고 문제를 해결할 수 있는 자질과 능력을 키우는 것이며, 학습하는 법, 사고하는 법을 몸에 익혀 문제해결과 탐구활동에 주체적, 창조적으로 참가하는 태도를 키우는데 중점을 둔다.

종합적 학습시간의 학습활동은 각 학교가 창의력을 충분히 발휘하여 결정하는데 이를 미루어 볼 때 우리나라 재량활동과 마찬가지로 학생들의 폭력문제 등 인성교육을 총합적 학습시간을 통해 교육하고 있음을 시사한다고 볼 수 있다.

2) 싱가포르

싱가포르의 경우, 시민교육은 다른 교육과정이 그러하듯이 철저하게 국가 주도로 이루어지고 있기 때문에 다른 국가와는 특이성이 있다. 즉, 사회가 원하는 시민상을 국가에서 정립하고 국제사회와의 경쟁에서 살아남을 수 있게 중앙에서 철저히 규제하는 방식으로 시민교육이 이루어진다.

싱가포르에서는 co-curricular activities라는 개념을 새로이 도입해 기존의 교과 외 활동의 개념을 대치시켜 나가고 있다.

싱가포르의 인성교육은 대표적으로 공민도덕교육(Civics and Moral Education)으로 알려져 있으며, 이 교과에서 지향하는 가치는 존중과 배려, 책임감, 진실성, 조화 등이며 자신과 가정, 지역사회, 나아가 국가에 관련하여 자신이 가진 도덕적인 지식을 적용하는 것으로 되어 있다.

싱가포르 역시 우리나라와 같이 교과교육 외에 활동을 학교교육과정에 포함하고 있으며, 그 목표는 균형적인 인간상을 개발, 전인교육 그리고 학생들의 재능과 관심을 찾기 위한 것으로, 다양한 교과 외 활동을 통해 자신의 가치를 실천하고 다시 내면화시키는 과정을 경험하는 것이다.

8. 시사점

다른 나라의 교과 외 교육 운영 실태와 시민교육을 포함한 인성교육의 실태 분석을 통해 우리나라의 창의적 체험활동 운영에 주는 시사점을 몇 가지로 요약하면 다음과 같다.

- 첫째, 학교에서 교과과목을 학습하는 것 이외에 교과 외 활동을 활성화시켜 머리, 가슴, 몸이 융합적으로 작동하도록 하여 다양한 교육적 목적을 달성하는 것이 필요하다.
- 둘째, 학교와 지역사회가 연계된 다양한 활동이 운영되고, 지역사회 여러 기관의 도움으로 학생들의 다양한 활동이 지원되며 학생들이 자원봉사의 기회를 많이 가질 수 있도록 장려, 홍보할 필요가 있다.

- 셋째, 학생들의 소속감과 소속감을 증대시킬 수 있는 교과 외 활동을 강화할 필요가 있다.
- 넷째, 우리나라 교과 외 활동을 활성화시키기 위해서는 지역사회의 요구에 대한 정확한 진단 그리고 학교, 교사, 학생과 학부모, 지역사회 관계자들의 긴밀한 협조가 선행되어야 한다.
- 다섯째, 인성함양이나 창의적 사고기법을 이론적으로 배우는 것이 아니라, 현실 속의 특정 주제에 맞춰 체계화할 수 있는 체험적 활동 프로그램이 필요하다.

♥ 인성교육을 효과적으로 할 수 있는 창의적 체험활동

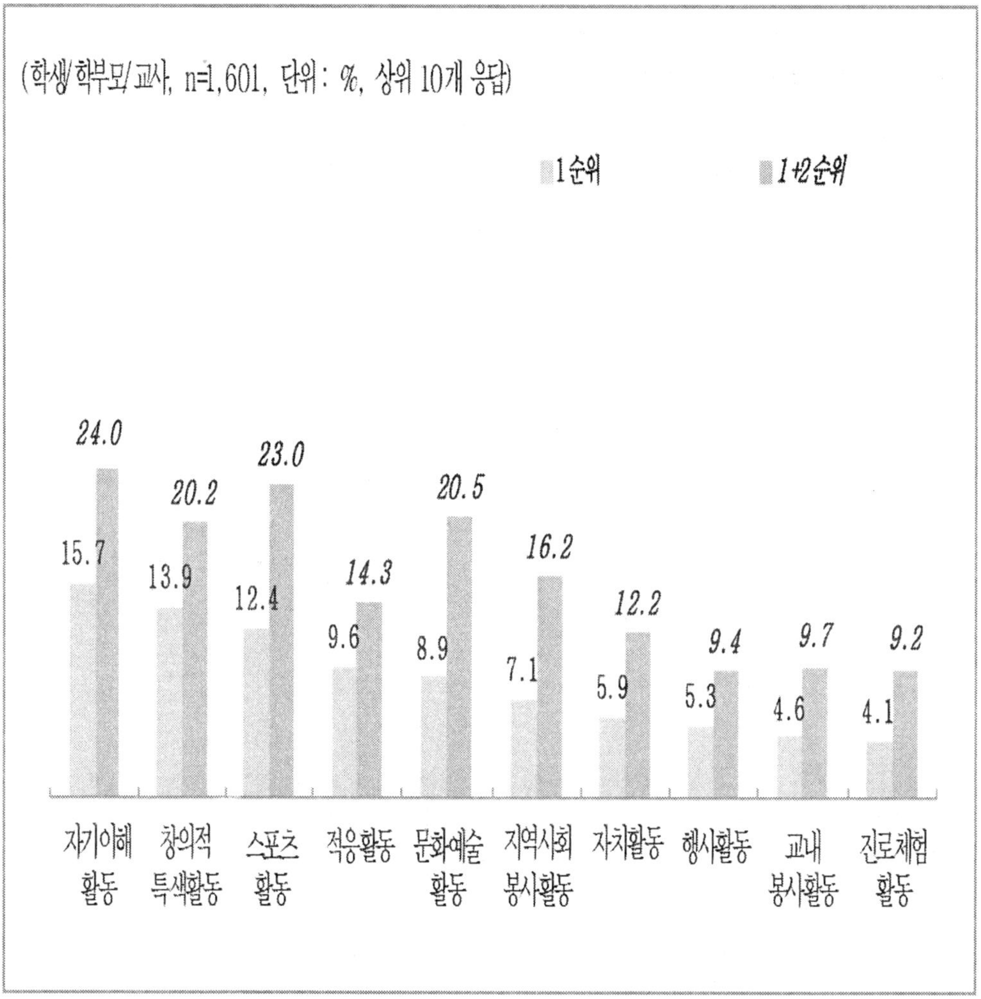

학생들이 선호하는 영역 그 순위를 보면, 자기이해활동〉 스포츠활동〉 문화예술활동〉 창의적 특색활동〉 지역사회 봉사활동으로 나타났다.

♥ 학교에서 창의적 체험활동시간에 주로 하는 활동

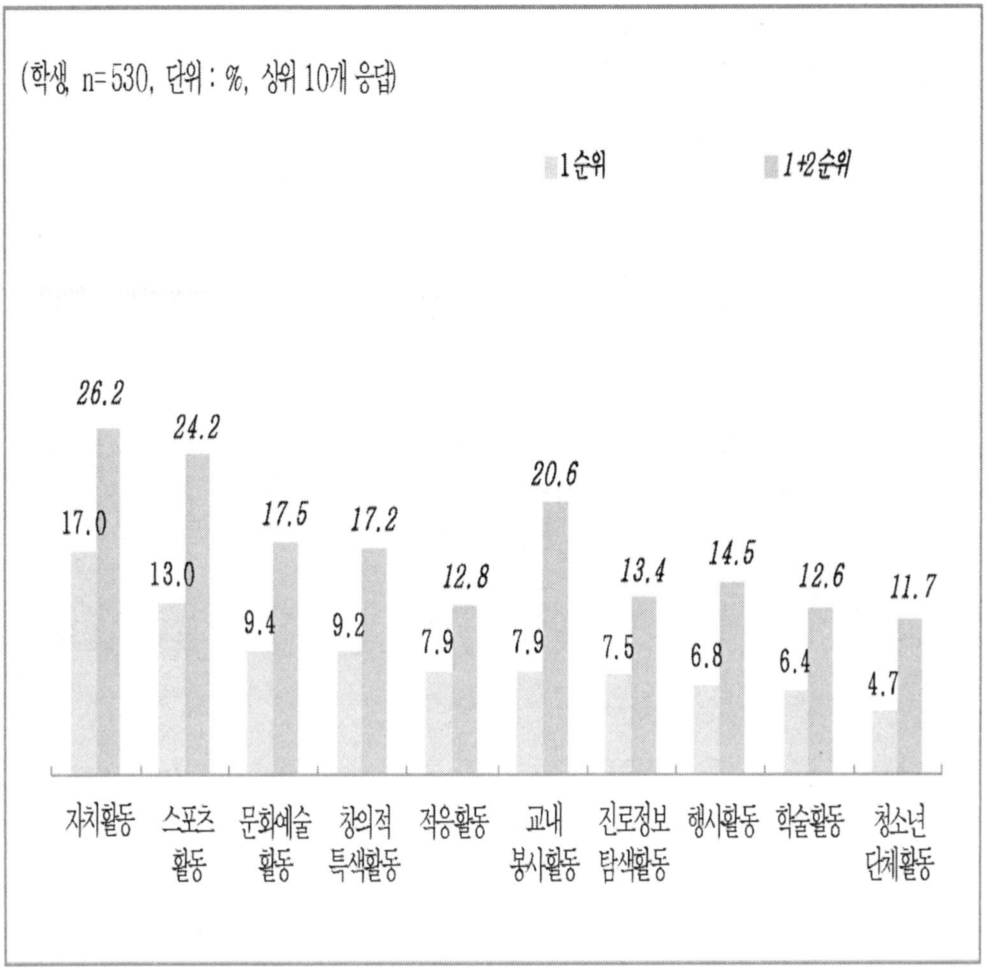

학교에서 실시하는 창의적 체험활동의 그 순위를 보면, 자치활동〉 스포츠활동〉 교내봉사활동〉 문화예술활동〉 창의적 특색활동〉 행사활동 군으로 나타나 학생들은 신체를 움직임을 선호하는 것으로 나타났다.

♥ 창의적 체험활동의 어려움

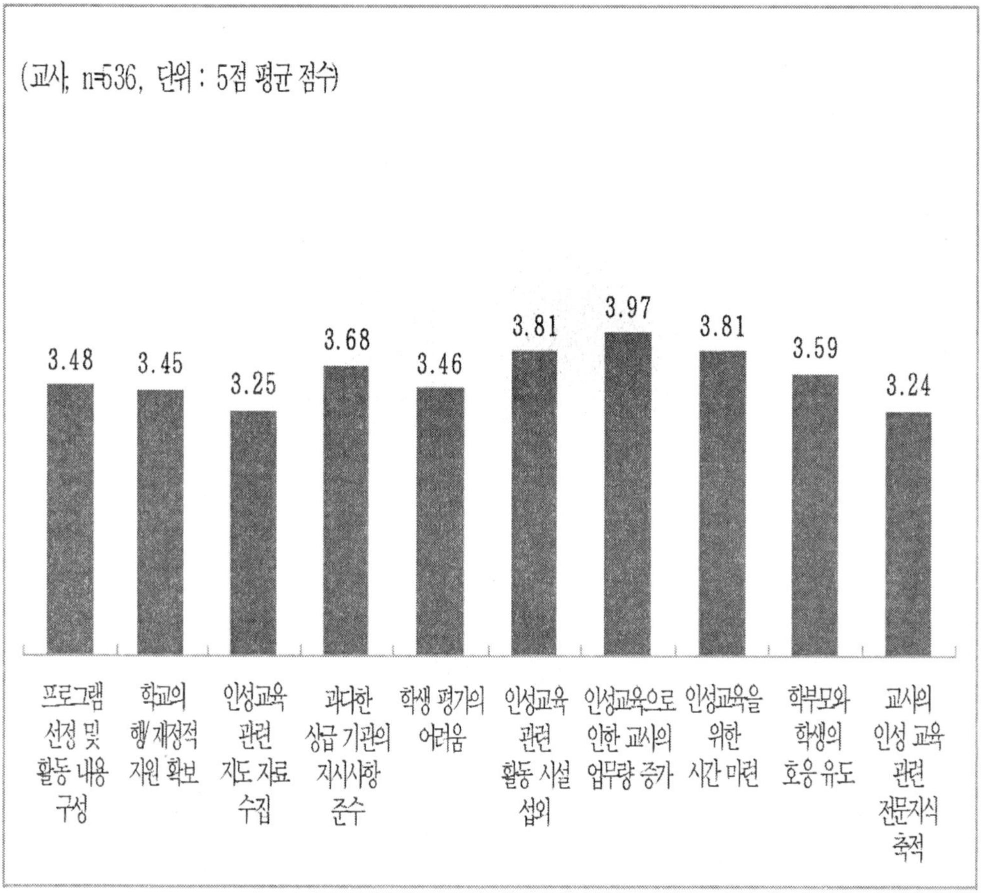

모든 항목에서 초등학교보다는 중·고등학교에서 높은 점수를 나타내어 중. 고등학교에서 창의적 체험활동의 어려움을 더 많이 겪는 것으로 조사 특히 고등학교에서 '프로그램 선정 및 활동 내용 구성'3.77점)과 '학생평가의 어려움'3.73점)은 전체 평균에 비해 다소 높은 점수를 나타낸다.

♥ 학교 운영 창의적 체험활동의 가정 또는 지역사회와의 연계 정도

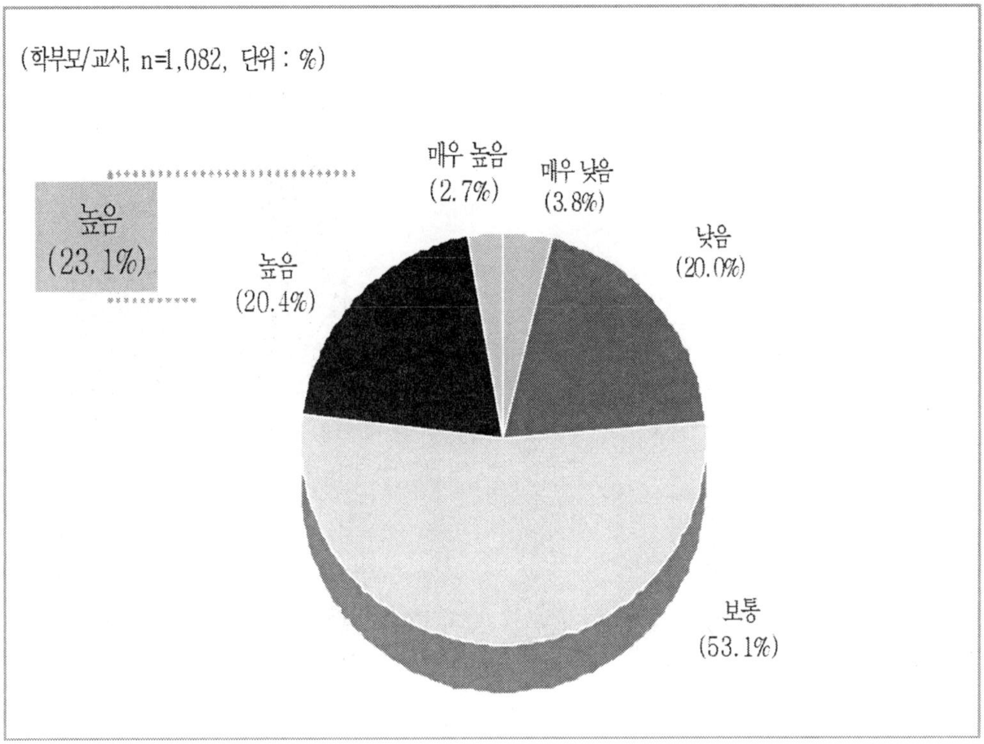

'높음'과 '낮음'에 해당하는 수치가 거의 비슷한 것과 평균점수를 토대로 볼 때 가정 또는 지역사회와의 연계가 많이 일어난다고 보기는 어렵다.

학부모의 점수가 교사보다 높다는 점에서 학부모는 어느 정도 자신들의 참여 및 협조가 있다고 인식하고 있고, 교사들은 연계에 있어 어려움을 느끼고 있어 의견의 차이가 있음을 알 수 있다.

♥ 창의적 체험활동 관련 연수 경험

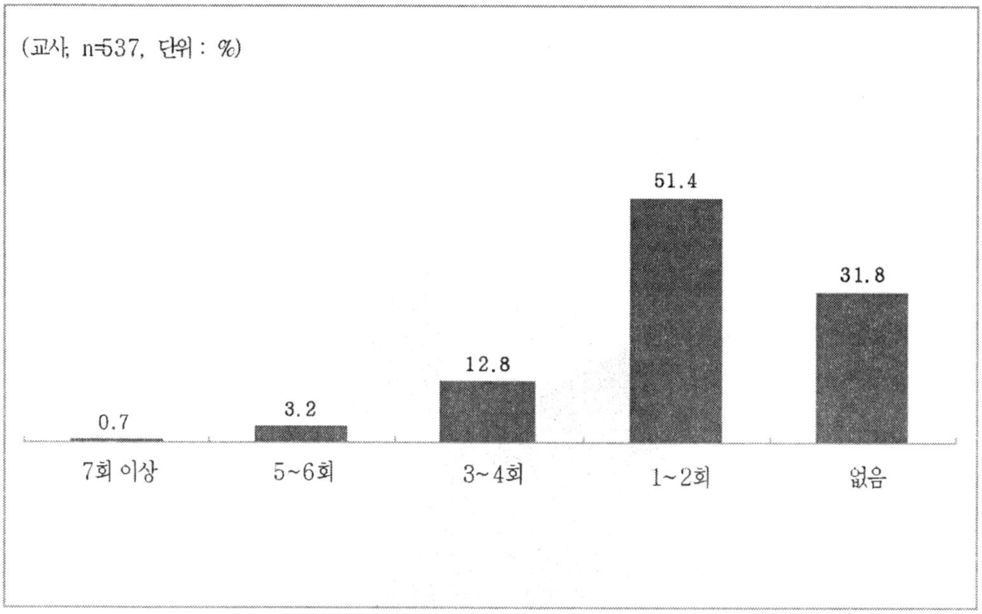

연수 경험 교사들이 대부분 1~2회의 연수를 받았고, 경험이 전혀 없는 경우도 약 30%에 해당함. 창의적 체험활동에서 교사들의 자주성과 높은 참여가 절대적으로 요구되는 것에 반해 교사들의 부족한 연수 현황을 파악할 수 있으며, 또한 연수 대상을 교사 뿐 아니라 학생, 학부모까지 확대하여 창의적 체험활동을 통한 인성교육에 대한 인식 및 참여를 높일 필요가 있는 것으로 나타났다.

♥ 학부모가 교사보다 필요성을 더 많이 느끼고 있다는 점에서 교육 이해당사자간의 차이를 볼 수 있음. 교사 입장에서는 창의적 체험활동은 추가적인 노력 및 업무량 증가 등이 수반되기 때문에 창의적 체험활동을 통한 인성교육보다는 자신들의 전문화된 교과영역을 통한 인성교육이 시간 및 비용적으로 더 효율적이라고 생각할 가능성이 있다.

학교 급별 차이에서는 초등학교에서 인지하는 필요성이 가장 높은데, 이는 보다 전인적인 기본교육을 추구하고 이 시기가 입시부담이 가장 적기 때문이라 추론할 수 있다.

♣ 학교에서의 창의적 체험활동이 재미있게 운영된다.

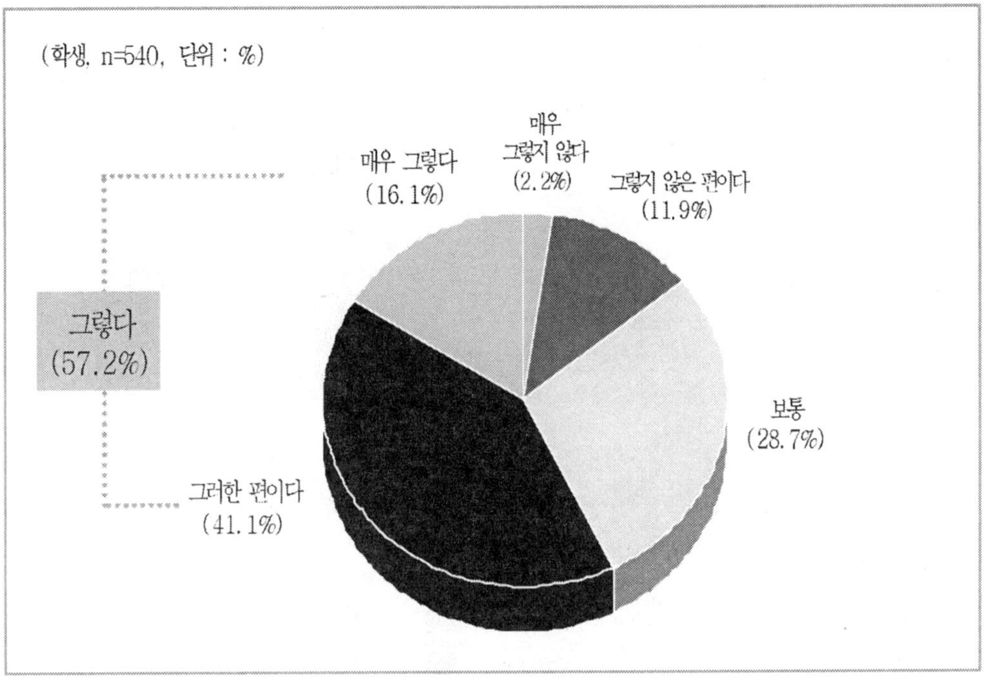

창의적 체험활동은 학생들의 흥미와 요구를 기반으로 하기 때문에 확연히 재미있을 수 있고 또 그래야 함. '매우 재미있다'의 비율이 16%이고, '재미있는 편이다'라는 응답이 훨씬 많은 점은 창의적 체험활동에 대한 기본적인 전제에 비춰 충분하지 않은 것으로 보인다.

♣ 창의적 체험활동에 대한 평가

학교 급을 불문하고 창의적 체험활동의 필요성이 높은 것으로 확인되었으며, '생활에 필요한 것을 배울 수 있다'3.80점)는 항목이 상대적으로 높게 나타났는데, 이를 통해 삶과 앎(배움)의 일원화를 기대하는 창의적 체험활동의 효과를 기대할 수 있다.

(학생, n=545, 단위 : 5점 평균 점수)

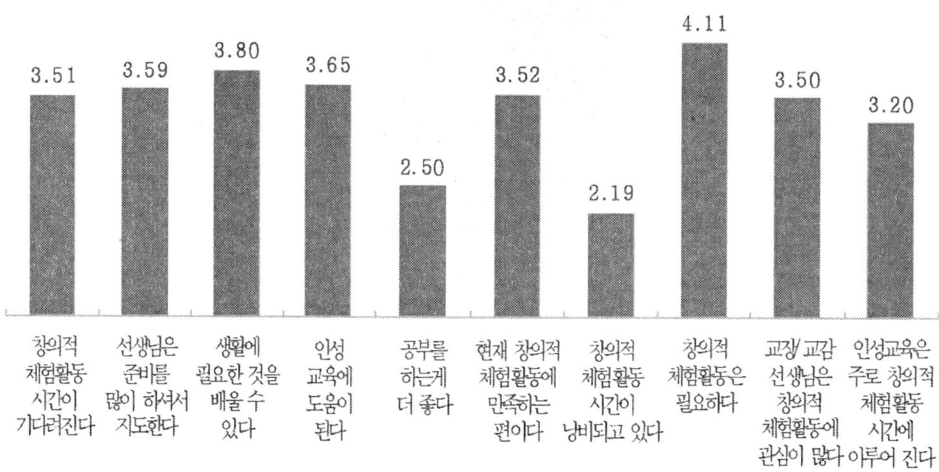

또한 '선생님의 준비'3.59점)를 아이들이 정확히 인지하고 있으며 교사의 준비 정도에 따라 운영과 효과에 큰 차이가 있으므로 이를 통해 교사가 주요한 요인 중의 하나임을 확인할 수 있다.

♥ 자녀의 학교에서 이루어지는 창의적 체험활동 평가

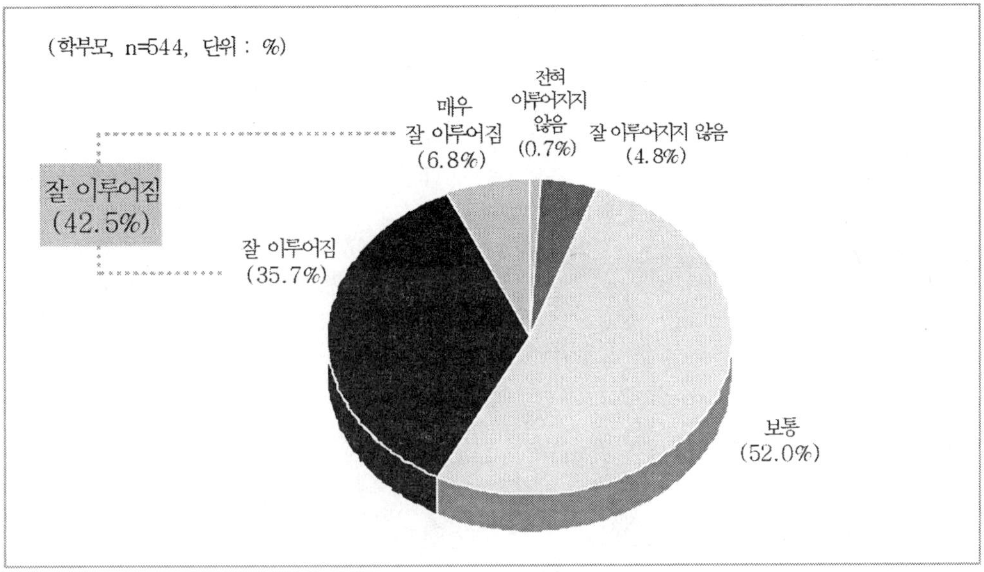

자녀의 학교에서 이루어지는 창의적 체험활동을 평가한 결과 '보통'이 52.0%로 나타났으며, '잘 이루어짐'은 42.5%로 조사, 자녀의 학교에서 이루어지는 창의적 체험활동을 5점 평균 점수로 평가한 결과, 초등학교 3.50점, 고등학교 3.40점, 중학교 3.35점의 순으로 나타났다.

♥ 자녀의 학교에서 창의적 체험활동을 통한 인성교육의 효과

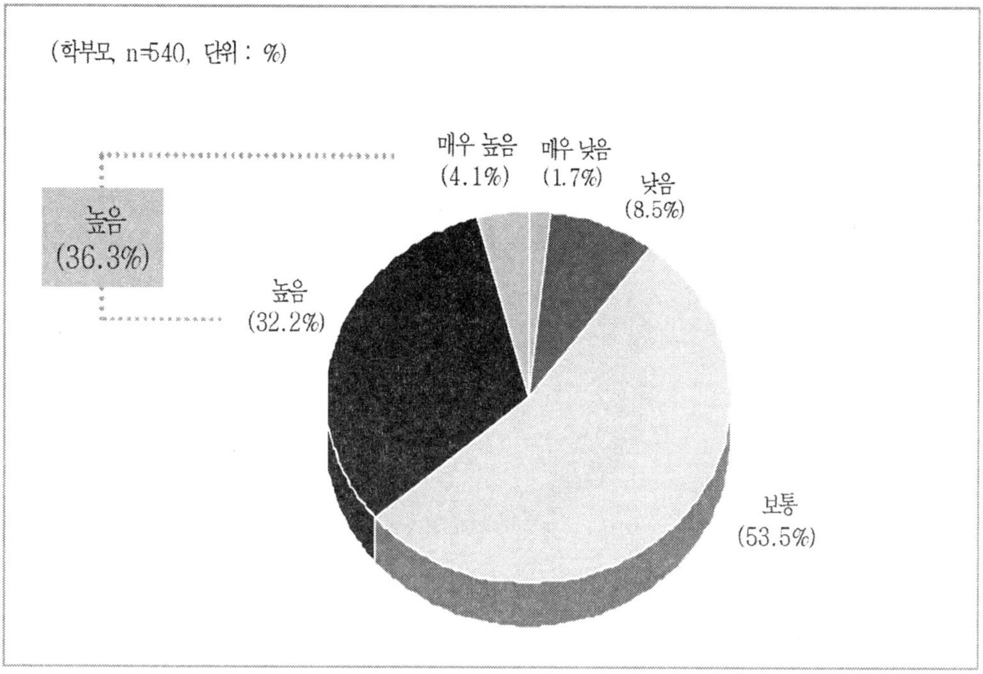

자녀의 학교에서 창의적 체험활동을 통한 인성교육의 효과에 대해 '보통'이 53.5%로 나타났으며, '높음'은 36.3%로 조사됨. 자녀의 학교에서 창의적 체험활동을 통한 인성교육의 효과를 5점 평균점수로 분석한 결과, 초등학교가 3.41점으로 가장 높았으며, 이어 고등학교3.21점, 중학교 3.17점의 순서로 나타난다.

♥ 창의적 체험활동을 통한 인성교육 시 초점을 맞춰야 할 덕목

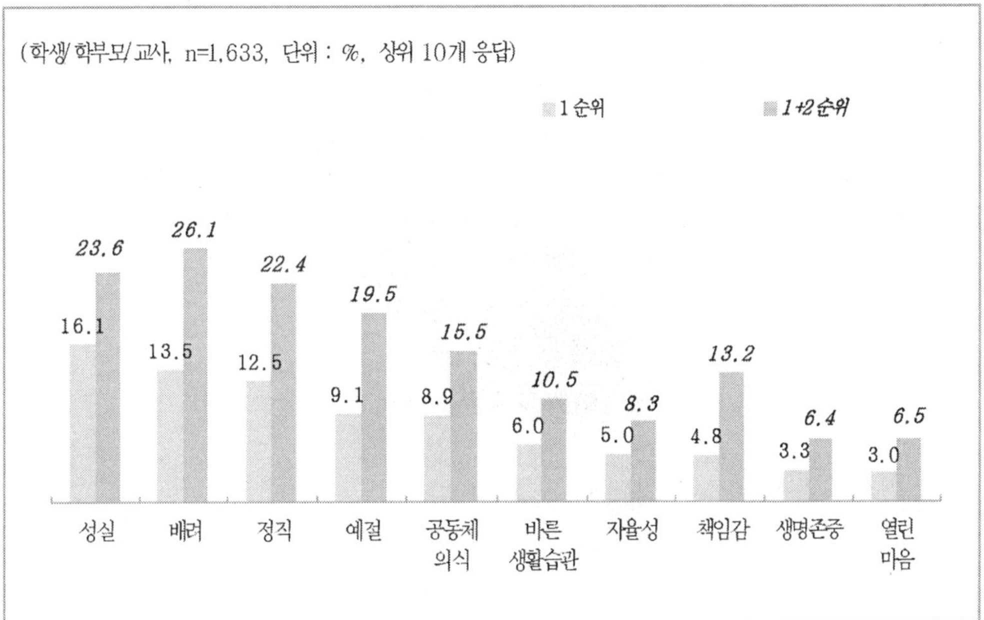

응답자를 학생, 학부모, 교사로 구분하여 보았을 때, 학생과 학부모의 1순위는 '성실'인데 반해, 교사는 '배려'를 가장 많이 꼽았음. 학부모와 교사는 '성실'과 '배려', '정직'을 1-3위로 선택하였으나 상대적으로 학생은 '배려'를 중요하게 여기지 않는 차이를 보인다.

♥ 인성교육 중심 창의적 체험활동 활성화를 위한 개선방안

높은 점수를 얻은 '학급당 학생 수 감축', '재정지원 확대', '프로그램 개발 보급'과 낮은 점수를 얻은 '창의적 체험활동시간 확대', '현장학습 기회 확대'를 비교해 보면 교사들이 업무의 증가로 인한 부담을 많이 느끼는 것으로 추론할 수 있다.

♥ 창의적 체험활동이나 인성교육에 대한 자유의견

학생들의 창의적 체험활동과 인성교육을 많이 하길 바라는 응답이 다른 항목들에 비해 압도적인 것에 반해 교사는 그 필요성을 각각 0.7%, 0.0%로 각 수치 간 차이가 아주 크고, '재미있는'창의적 체험활동을 제공하는 것에 대한 요구 역시 이해당사자 간 확연한 차이를 볼 수 있다.. 봉사활동의 기회와 관련해서는 학부모들의 요구가 크며 학급당 학생 수 감축 및 교사 업무경감 등의 요구 분포를 볼 때 교사들의 업무 부담과 실제 운영에 있어서의 어려움을 추론할 수 있다.

♥ 창의적 체험활동을 통한 인성교육 성공요인

(1) 학교장 리더십

창의적 체험활동을 통한 인성교육의 첫 번째 성공요인은 학교장의 리더십에 달려 있다고 해도 과언이 아니다. 성공적으로 정착되는 학교의 학교장들은 인성교육에 대한 확고한 의지가 있었으며, 이를 학교 구성원들과 소통함으로써 교사들과 함께 협동적인 조직의 과정으로서 교육활동을 펼치고 있었다.

리더십이 뛰어난 학교장은 교직원에 대한 신뢰와 자율성을 중시하며 직원 간 통합을 이끌어내고 있었으며, 또한 교직원과의 원활한 의사소통을 중시하며, 교직원들이 제기한 교육활동에 대한 문제점 및 개선방안에 대해 학교장이 적극 수용하여 학교마다 교육 프로그램이 개선되고 특성화하는데 기여하고 있다. 또한 성공적인 학교의 학교장은 학부모 연수를 활용하여 학교교육활동에 대한 취지와 목적을 충분히 설명하고, 학부모들의 의견수렴 결과를 신속하게 처리하고 있었음을 볼 수 있다.

(2) 지역사회 및 전문기관과의 연계

성공적인 학교들의 공통된 특징은 지역사회의 물적, 인적 자원을 적극적으로 활용하고 있었으며, 방문한 우수학교는 지역사회와의 연계 모습에서 각 학교마다 차이가 있었지만, 대체로 지역 대학과 연계된 경우가 많았다. 또한 지역 공공기관, 각종 단체와 연계하여 다채로운 교육활동을 펼치고 있었으며, 학생들의 교육만족도가 높은 것으로 파악된다.

(3) 잘 조직된 교육과정

우수학교의 공통점은 창의적 체험활동 편성 및 운영이 단위학교 실정에 맞게 교육 과정안에 잘 녹아들어 있다는 점으로, 우수학교에서는 인성교육이 특별 프로그램이 아닌 교육과정 안에 존재하는 것으로서, 창의적 체험활동뿐만 아니라 교과활동에서도 자연스럽게 적용되고 있음을 확인할 수 있었다.

☞ 창의적 체험활동을 통한 인성교육의 과제

학교 구성원들과 면담한 결과, 창의적 체험활동은 물론, 전체 교육활동의 최대 걸림돌은 수능이라는 입시체제임이 많이 거론된다. 따라서 창의적 체험활동을 통한 인성교육의 활성화를 위해서는 입학사정관제를 포함한 다양한 입학 전형의 세밀한 검토가 필요하다고 볼 수 있다.

또한 창의적 체험활동의 성공요인은 교원요인이 크므로 교원들의 마인드와 인식을 전환하고 열정을 이끌어낼 내재적 동기 유발 방안이 매우 필요한 실정이다.

♣ 교육(재능)기부사업과 창의적 체험활동 연계

교육과학기술부에서 추진 중인 교육기부사업을 창의적 체험활동과 연계하여 추진하는 방안의 모색이 필요하다. 그렇게 함으로써 학교에서는 체험활동에 필요한 재정적 어려움을 해소할 수 있고, 학생의 입장에서는 체험활동의 다양성을 구현할 수 있다는 장점이 있다.

교육기부사업과 창의적 체험활동을 연계하여 추진하는 데는 다음과 같은 절차가 이루어져야 한다.

- 창의적 체험활동으로 인성교육 활성화를 위한 교육기부 영역 추출한다.
- 교과부, 시도교육청, 지역교육지원청, 단위학교별로 교육기부 인적, 물적

자원 확보를 통해 창의적 체험활동이나 인성교육과 연계한다.

- 창의적 체험활동 관련 교육기부 CRM(창의적 자원지도)의 제작 지원
- 각종 봉사기관의 특성과 요구를 반영한 봉사 가능 기관 풀(Pool) 조성

재미있고 효과적인 창의적 체험활동 프로그램의 개발과 보급은 무엇보다도 학생의 흥미와 동기를 유발할 수 있는 창의적 체험활동 프로그램이 성공의 관건이다.

기존의 교육방식과는 다른 관점에서 새롭고 다양한 프로그램이 개발될 수 있도록 지원하고, 더불어 현존하는 우수한 프로그램의 발굴과 확산.보급에도 심혈을 기울여야 한다. 이를 위해서는 무엇보다 지역사회를 보다 더 적극적으로 공교육의 자원으로 활용하도록 하는 방안의 강구가 절실함.

9. 인성교육사 체험학교

인성교육사 입문과정

LeadYoung™

글로벌미래인재교육협회

KidLead

Dr. ALAN NELSON & Dr. KONG BO KIL

창의인성 리더를 위한 인성교육사 체험학교

1) Value

Lesson 1. 가치 – 윤리적 가치관으로 리더 역할 체험
"좋은 리더는 올바른 일을 할 수 있는 성품을 지녀야 한다."

Lesson 2. 가치 – 또래끼리 리더 역할 체험을 나눈다.
"좋은 리더는 올바른 일을 할 수 있도록 지원하는 성품을 지닌다."

2) Attitude

Lesson 3. 태도 – 다른 사람을 존중하는 태도가 무엇인가를 체험케 한다.
"좋은 리더는 다른 사람들이 자신을 명예롭게 느끼도록 만든다."

Lesson 4. 태도 – 존중하는 태도가 다른 사람들에 미치는 영향을 깨닫게 한다.
"좋은 리더는 존중받은 사람들의 변화된 모습을 체험한다."

3) Relationship

Lesson 5. 관계 – 의사소통 방법을 깨닫는 체험 기회를 얻는다.
"좋은 리더는 말하고 듣기를 잘한다."

Lesson 6. 관계 – 의사소통 결과가 얼마나 중요한가를 체험한다.
"좋은 리더는 다른 사람들이 말하고 들을 수 있는 기회를 만든다."

4) Decision

Lesson 7. 결정 – "힘이란 무엇인가?"를 깨닫게 한다.
"좋은 리더는 힘을 사람을 돕는 데 사용한다."

Lesson 8. 결정 – 힘의 의미를 깨닫고 어떻게 사용해야 하는가를 체험케 한다.
"좋은 리더는 힘의 다양성을 느끼고 발휘할 수 있어야 한다.

창의 · 인성체험 교육시스템
창의 · 인성교육을 위한 새로운 교수학습입문과정

1) 교육방법 : "체험 활동으로 배운다."

창의인성 체험 훈련 시스템 'KidLead 커리큘럼'은 미국 직업훈련학회가 추천하였으며, 미 포춘지 선정 "500대 기업"에서 실시하는 창의인성 교육방법인 "체험 활동으로 배운다"와 동일한 과정으로 한국 교육환경에 맞도록 준비되었다.

2) 'KidLead 커리큘럼' 효과

(1) 기억력 향상
(2) 이해력 발달
(3) 창의성 개발
(4) 리더십 성품과 실행력
(5) 자기 주도적 학습 효과 극대화
하루 종일 학교에서 배운 내용을 더 활성화시켜 주는 보완적 교육과정이다.

3) 교육효과 극대화 과정

(1) 강사 위주 주입식 교육이 아닌 90%이상 다중감각 체험활동
(2) 동작 기술을 통한 긍정적 자아 형성
(3) 영화 속 주인공 체험
(4) 또래끼리 의견 나눔으로 갈등관리 극대화
(5) 창의적 자기표현 개발

안전한 자기표현 분위기 형성 후, 또래들과의 관계에서 리딩 체험을 통해 인성(성품)과 역량이 내면화되도록 자신을 표현하고 실행력을 키우는 75% 시간을, 나머지 25%만 코치가 이끌어 간다.

4가지 영역에서 인성(성품, 가치와 태도)과 역량(관계와 결정력)을 갖도록 만들어 주는 100가지의 활동(Activity)이 있다.

4) 창의적 문제 해결 능력을 지닌 창의인성 리더 양성

운동선수가 최고의 기량을 발휘하기 위하여 기초 체력과 자세를 배우듯이 본 과정에서는 리더로서 가져야 할 성품과 역량을 발휘할 수 있는 모든 체험을 또래들과의 관계에서 만들어 간다. 혼자 배우고, 혼자 창의력을 키우는 방법이 아닌 안전한 분위기에서 충분한 자기표현을 통한 긍정적 자기 발견 하도록 돕는다.

5) 교육 내용 "달콤한 16"

창의인성리더십 핵심을 연구한 결과 16가지 주제인 인성(성품)과 역량을 배우고 체험하고 정복할 수 있는 새로운 교수 학습 방법이다.

"the Center for Creative Leadership", "Harvard Business Review" 등을 참고하여 알란넬슨 박사가 설립하고, 그의 친구이자 공식 트레이너 자격을 받은 공보길 박사가 한국교육환경을 연구 접목한 노력의 결과이다.(2000년)

6) 교육 기간

(1) 창의인성리더십 인성과 역량인 4가지(레드, 오렌지, 그린, 블루) 영역이다.

(2) 집중 훈련

(3) 코치 추천으로 다른 영역 훈련에 참가 할 수 있다.

7) 수료

(1) 수료증 발급

(2) 다음 단계 훈련기회 제공 (단, 코치 추천 후)

(3) 회비는 훈련 시작 전에 납부 하여야 한다.

Lesson 1. 윤리적 가치관 형성 및 리더 역할 체험

♣ **주제** : 윤리적 가치관 만들기

♣ **목적** :

① 리더 스스로의 선택이 다른 사람들에게 어떤 영향을 주었는가를 체험한다.

② 리더가 왜 올바른 선택을 해야 하는지 그 이유를 알게 된다.

③ 자신이 내린 선택이 긍정적인 영향을 미치는지, 아니면 부정적인 영향을 미치는지를 분별할 수 있게 된다.

★ **윤리의 상징** : 눈금 자(Ruler)

❀ **핵심 개념** : "좋은 리더의 역할은 올바른 일을 하는 것이다."

田 Golden Time

⊙ 등록

🔔 브레인웨이크 & 자기소개

☞ 과정 목표

✂ 영화 주인공 되기(5분)

❀ 핵심 개념 & ✪ 상징물

♣ 핵심 개념과 상징

♣ 배우고 경험하고 그리고 정복하는 창의 인성 체험 활동(L.E.A.D)

#1 "어휘 챔피언" (10분)

☼ 준비물 : 의미를 부여하여 정답으로 맞출 수 있는 단어를 준비한다.

♣ 배우고 경험하고 그리고 정복하는 창의 인성 체험 활동(L.E.A.D)

#2 "뉴스 메이커" (15분)

✩ 준비물 : 풀, 가위, 펜, 마커, 지난 호 잡지와 신문

리더 역할 (페이퍼 클립 Activity)

1) 팀의 목적 달성을 가장 효과적으로 할 수 있도록 협력을 구한다.

✌ 리더들을 위한 리딩 체험 활동(5분)

1. 좋은 리더들은 듣는 훈련을 받아야 한다.

2. 좋은 리더들은 다른 사람을 존중할 수 있어야 한다.

3. 좋은 리더들은 적극적으로 참여하는 자세를 보여야 한다.

4. 좋은 리더들은 추종자들을 위하며 모임을 만들어야 한다.

5. 좋은 리더들은 책임감을 가져야 한다.

Lesson 2. 윤리적 가치관을 가진 행동 및 그 결과 체험

♣ **주제** : 윤리적 행동과 그 결과

♣ **목적** :
① 리더 스스로의 선택이 다른 사람들에게 미친 영향에 대한 분석력 향상
② 왜 올바른 리더가 내린 선택이 중요한가? 그 답을 얻는다.
③ 긍정적 영향과 부정적 영향 그 원인과 문제점은 무엇인가? 를 깨닫는다.

✪ **윤리의 상징** : 눈금자(Ruler)

❀ **핵심 개념** : "좋은 리더는 올바른 일을 해야 한다"

▦ Golden Time

🔔 브레인웨이크 "Measure Me" (5분)

🗁 지난주 과정 리뷰를 위한 리더십 챌린지 (10분)

❀ 핵심 개념 리뷰 (3분)

⌘ 영화 주인공이 되다 (5분)

♣ 배우고 경험하고 그리고 정복하는 창의 인성 체험 활동(L.E.A.D)

#1 "리더, 그 기준 (20분) VARD House 종이로 집짓기"

☼ 준비물 : 눈금자, 가위, 컬러 마커, 테이프, 풀 가위

♣ 배우고 경험하고 그리고 정복하는 창의 인성 체험 활동(L.E.A.D)

#2 "리더의 결정들"

☼ 준비물 : 종이 뭉치 만들기, 미니 드라마

♣ 배우고 경험하고 그리고 정복하는 창의 인성 체험 활동(L.E.A.D)

#3 "비치볼 튕기기"

☼ 준비물 : 가볍고 튕기기 좋은 비치볼 팀 당 1개

리더 역할 (Measure Me)

1. 서로가 서로를 알아가도록 눈금자로 몸 사이즈 재기

2. 팀원들이 서로를 잘 알 때에 교육효과는 최고가 된다.

✌ 리더들을 위한 리딩 체험 활동

1. 리더 판단 결과로 나타난 영향의 좋은점과 나쁜 점에 대하여 발표한다.

2. 리더 판단을 만들어낸 원인은 무엇이라 생각하는가? 그 대답을 한다.

3. 윤리적으로 내린 결정에 대하여 서로의 의견을 나눈다.

Lesson 3. 명예로운 리더십을 위한 태도 가지기

♣ **주제** : 명예로운 태도

♣ **목적** :

① 리더가 되기 위해서는 어떤 행동이 명예로운가를 분명히 알아야 한다.
② 명예로운 태도를 가져야 하는 이유가 무엇인가?를 알아야 한다.
③ 명예스럽지 못한 태도가 습관적으로 나타날 때에 그 해결책을 찾는 방법은?

★ **존중의 상징** : 별(Star)

❀ **핵심 개념** : "좋은 리더의 역할은 사람들을 명예롭게 여기는 것이다."

▦ Golden Time

🔔 브레인웨이크 "Line Up" (10분)

🗀 리더십 챌린지 (10분) 지난주 과정 리뷰하기

❀핵심 개념 & ✪상징물

⌘ 영화 주인공 되기(5분)

♣ 배우고 경험하고 그리고 정복하는 창의 인성 체험 활동(L.E.A.D)

#1 "사람의 눈물" (15분)

☼ 준비물 :

종이 사람에게 장식할 수 있는 컬러 마커, 풀, 옷, 조각, 단추, 가위, 색종이

Lesson 4. 존중 태도 리더십 갖기

♣ **주제** : 존중하는 태도

♣ **목적** :
① 리더는 자기보다 다른 사람을 향하여 존중하는 모습을 가져야 한다.
② 존중의 태도 그 결과는 무엇이라 생각하는가?
③ 다른 사람을 존중하려면 자신을 향한 존중감이 매우 중요하다.

★ **존중의 상징** : 별 (Star)

❀ **핵심가치** : "좋은 리더의 역할은 사람들을 존중하는 것이다."

▦ Golden Time

🔔 브레인웨이크 "I Like" (10분)

🗀 리더십 챌린지 (10분) 지난주 과정 리뷰하기

❀핵심 개념 리뷰 (5분)

✾ 영화 주인공 되다 (해피 피이트) & 상징 심볼 (10분)

♣ 배우고 경험하고 그리고 정복하는 창의 인성 체험 활동(L.E.A.D)

#1 "우리 강점의 가치"

☼ 준비물 : 포스터 1장, 펜, 마커

♣ 배우고 경험하고 그리고 정복하는 창의 인성 체험 활동(L.E.A.D)

#2 "크레이 창작"

☼ 준비물 : 팀당 포스터 1장, 팀당 2개의 색상 크레이

❀ 핵심 개념 & ✪ 상징

★ 별 다섯 가지 날개에 달린 자신의 강점(S.P.L.A.T)을 기록하여 벽에 걸어 두자.

✌ 리더의 모습

1) 리더는 스타 일 경우가 많다.
2) 스타로서의 리더는 자신이 지진 특기와 인격, 외모 관리, 행동과 실행력을 겸비하여야 한다.

★ 자신의 모습에서 발견할 수 있는 부분을 찾아보자.

1. 가장 쉽게 설명할 수 있는 부분은 무엇인가?

2. 사람들을 존중할 때 자신의 어떤 부분을 강조하여 왔는가?

리더십 챌린지 (10분)

1. 자신이 존경하는 2명을 정하여 그들에게 감사의 편지를 쓴다.
2. 부모가 아닌 다른 사람들에게 보내도 좋다.
3. 그들이 다른 사람들에게 긍정적인 영향을 준 것에 대하여 쓴다.
4. 아주 가까운 이웃이 되어준 것에 깊은 감사 표현을 한다.
5. 표현하는 가운데 배울 점을 기록한다.

Lesson 5. 의사소통을 통하여 리더십 발휘하기

♣ **주제** : 의사소통을 통하여 관계 맺기

♣ **목적** :

① 리더는 자기의 말보다는 다른 사람들의 말을 잘 들어야 한다.
② 팀을 재미있게 만들고 잘 협력할 수 있게 만드는 비결은 무엇인가?
③ 원활한 의사소통을 위하여 어떤 훈련을 받을 수 있을까?

★ **원활한 의사소통의 상징** : 펜 (Ball Pen)

❀ **핵심가치** : "다른 사람의 말을 잘 듣고 잘 말하는 것이 좋은 리더다"

▦ Golden Time

🔔 브레인웨이크 "팀 조각품" (10분)

🗀 지난주 리더십 챌린지 리뷰 (10분)

❀핵심 개념 리뷰 (5분)

⌘ 영화 주인공 되다 "베이브" & ✪ 상징 심볼 (10분)

♣ 배우고 경험하고 그리고 정복하는 창의 인성 체험 활동(L.E.A.D)

#1 "도와주세요! 길을 못 찾겠어요."

☼ 준비물 :

팀 당 눈가리개, 마스킹 테이프(출발선 종착점), 장애물(빨간 기둥, 큰 플라스틱)

1. 리더는 몸동작의 의미를 잘 알아야 한다.

2. 리더는 눈높이를 잘 맞추어야 한다.

3. 리더는 말보다는 행동으로 보여 주어야 한다.

4. 리더는 팀원들의 역할을 잘 나누어 주어야 한다.

5. 리더는 계획을 세워 팀을 이끌 줄 알아야 한다.

※ 영화 주인공 되다

1. 개들은 양을 물고 뜯어 복종을 시킨다. 어떤 생각이 드는가?

2. 돼지에게 양몰이 개과 같은 역할이 어울리는가?

3. 돼지는 다른 방법으로 양몰이를 하게 된다. 양들과의 의사소통하는 방법을 배우게 되었다

☺ 토의

1. 돼지가 리더로써 올바르게 한 점은 무엇인가?

2. 일부 리더들이 팀보다 자신을 먼저 생각하는 이유가 무엇이라 생각하는가?

3. 자신과 의사소통이 잘되는 사람에 대하여 어떻게 생각하는가?

❀ 핵심 개념 & ✪ 상징

1. 리더는 다른 사람의 가치를 인정하고 존중해야 한다.

2. 사람과 사람을 연결시키는 방법은 의사소통에 있다.

3. 리더가 사람들의 말을 잘 들을 때 새로운 아이디어가 만들어진다.

4. 팀원 끼리 잘 듣고 잘 말하게 될 때에 팀 정신이 강해진다.

5. 화를 내는 리더의 모습이 자주 나타나면, 팀원들은 공포를 느끼게 되며, 리더를 향한 의사소통은 점점 감소된다.

✌ 리더의 모습

1) 리더는 시각적 의사소통 방법으로 팀원들과 의사를 주고받을 수 있다.
2) 때로는 리더가 간접 의사소통으로 의사 전달을 할 수 있을 때가 있다.
3) 리더인 자신을 이해하지 못하는 사람들이 생길 때에 어떤 결과를 예상할 수 있을까?
4) 의사소통은 본 적이 없는 것을 본 것처럼 느끼게 만들 수도 있다.

(1) 음성언어와 동작언어를 함께 사용한다.
(2) 짜임새 있는 계획으로 의사전달을 한다.
(3) 눈 맞춤은 의사전달을 더욱 효과적으로 할 수 있게 된다.
(4) 자세는 늘 곧게 할 때 신뢰감을 줄 수 있게 된다.
(5) 힘찬 목소리로 표현하여 한다.

리더십 챌린지

1) 사람과 사람 사이에 정보 전달을 잘못하게 만드는 것은 무엇인가?
2) 잘못된 정보를 갖게 되었을 때 어떤 결과가 나타날까?
3) 1분 스피치를 통하여 자신이 전달하고자 하는 내용을 전달 할 수 있는 훈련이 필요하다.

Lesson 6. 효과적인 의사소통으로 리더십 개발

♣ **주제** : 효과적인 팀 운영을 위한 의사소통 방법

♣ **목적** :
① 효과적인 의사소통 능력은 또래들과의 관계에서 만들어진다.
② 또래들과의 관계가 가장 안전한 의사소통을 체험할 수 있다.
③ 설득력 있는 의사전달은 강력한 관계 형성을 만들 수 있다.

★ **강력한 관계 형성의 상징** : 펜 (Ball Pen)

❀ **핵심가치** : "좋은 리더는 말하는 방법보다 먼저 잘 듣는 방법을 중요하게 생각한다."

田 Golden Time

🔔 브레인웨이크 "인간 매듭" (10분)

🗀 지난주 리더십 챌린지 리뷰 (10분)

❀핵심 개념 리뷰 (5분)

⌘ 영화 주인공 되다 "베이브" & ✪ 상징 심볼 (10분)

♣ 배우고 경험하고 그리고 정복하는 창의 인성 체험 활동(L.E.A.D)

#1 "리더의 제스처"

☼ 준비물 : 단어장으로 제비뽑기를 만든다.

♣ 배우고 경험하고 그리고 정복하는 창의 인성 체험 활동(L.E.A.D)

#2 "팀 스피치"

☼ 준비물 : 1분 발표 준비를 하여 서로 다른 공간에서 연습한다.

✌리더들을 위한 리딩 체험 활동

1. 동작 언어와 음성 언어로 표현한다.

2. 계획을 세운다.

3. 청중과 눈높이를 맞춘다.

4. 강조점을 살려야 한다.

5. 정확한 의사전달 방법을 찾는다.

※ 영화 주인공이 되다

1. 청소년 영화 2편을 골라 대화 장면을 정한다. 그리고 소리 없이 장면만 본다.

2. 소리 없는 장면을 보면서 대화록을 작성하도록 리더는 돕는다.

3. 소리 없이 보았던 장면들을 소리를 내게 하여 본다.

4. 소리를 들으면서 보았던 소감을 서로 나눈다.

5. 자신의 경험을 표현하면서 토의를 할 수 있어야 한다.

✌ 리더의 모습

1) 목소리
2) 눈짓
3) 미소
4) 음성 높낮이
5) 거리

리더는 팀원들의 표정과 모습 속에서 그들의 원하는 것이 무엇인가를 알 수 있어야 한다. 사람들은 자신의 의사표현을 말로 하기도 하지만 동작언어, 얼굴 표정과 몸짓으로 할 경우가 많기 때문이다.

Lesson 7. 힘 (결정)

♣ **주제** : 리더의 결정을 가능케 하는 힘에 대한 정보

♣ **목적** :
① 리딩을 가능케하는 힘의 바탕은 무엇인가? 를 알게 한다.
② 긍정적인 힘의 사용 방법을 체험케 한다.
③ 힘을 어떻게 어디서 얻게 되는가? 에 대한 답을 얻게 한다.

✪ **보이지 않는 힘의 상징** : 풍선

❀ **핵심가치** : "좋은 리더는 힘을 사람을 돕는 데 사용한다."
보이지는 않으나 분명히 우리에게 영향력을 행사하는 힘의 존재를 알게 한다. (하나님이 우리에게 주신 것은 두려워하는 마음이 아니요, 오직 능력과 사랑과 근신하는 마음이니, 디모데후서 1장 7절)

Golden Time

주제가 & 브레인 웨이크 "풍선경주" (10분)

리더십 챌린지 리뷰 (10분)

❀핵심 개념 리뷰 (5분)

영화 주인공 되다 "The Incredibles" (5분)

♣ 배우고 경험하고 그리고 정복하는 창의 인성 체험 활동(L.E.A.D)

#1 "줄다리기"

☼ 준비물 : 7미터 길이의 로프, 20cm 측정 가능하면 좋다. 중간 표시를 위한 테이프

Lesson 8. 결정을 이루는 힘의 자원 알기

♣ **주제 :** 리더의 올바른 결정을 이루는 자원들

♣ **목적 :**
① 올바른 결정을 위하여 자신의 자원을 분명히 알아야 한다.
② 어떤 자원이 가장 큰 힘이 될 것인가를 체험한다.
③ 힘에 대한 분명한 정의를 알게 하여 힘을 잘못 사용하지 않게 만든다.

✪ **자신이 가진 힘의 자원의 상징 :** 풍선

❀ **핵심가치 :** "좋은 리더는 힘의 다양성을 느끼고 발휘할 수 있어야 한다." 영향력은 자원으로부터 오며 이것은 팀을 움직인다. 자신의 힘과 힘의 자원들을 사람들을 돕는데 사용해야 한다.

▦ Golden Time

🔔 브레인 웨이크 "바람의 경주" (10분)

🗀 리더십 챌린지 ☞리뷰 (10분)

❀핵심 개념 리뷰 (5분)

⌘ 영화 주인공 되다 "지미 뉴트런" (5분) & ✪ 상징

Lesson 9. 갈등관리

♣ **주제 :** Conflict (Relationship) 관계 속에서의 갈등관리

♣ **목적 :** 리더들은 팀원들과의 관계에서 생길 수 있는 갈등은 무엇인가를 배워야 하며, 그 갈등을 해결할 수 있는 방법을 체험하며, 어떻게 해결하는 것이 최고인가를 배우게 됩니다.

♣ **상징 :** 평화의 동전

♣ **핵심 개념 :** 사람들의 생각은 매우 다양하다. 좋은 리더는 다양한 생각을 일치시키는 갈등관리를 잘하는 사람이다.

☞ 창의인성체험 역량 강화 교수학습 방법

◉ BrainWake : Who Else? 누구 없어? (5분) *
◕ Review Leadership Challenge(5분)
◈ 영화 주인공 되기 : Remember the Titans (7분) *
★ 핵심 개념과 상징 (4분)
☺ L.E.A.D. #1 : 신문지로 만든 강아지 (20분) *
Mini-Lesson: P . E . A . C . E.(5분)
☺ L.E.A.D. #2 : 해결하기 (20분) *
☺ L.E.A.D. #3 : 공 잡기 (15분) *
☀ 리더십 챌린지 (5분)

◉ BrainWake 두뇌 깨우기 : Who Else? 누구 없어? (5분)

◕ 리더십 챌린지 리뷰 (5분)

♣ **과제** : 리더의 역할은 어려운 시간을 겪고 있거나, 격려와 지지가 필요한 사람들에게 쪽지를 보내는 일입니다. 대상이 가족이 될 수가 있으나 필요하지 않을 경우에는 이웃들에게 보낼 수도 있습니다.

아래의 문제에 답을 하세요.

@ 누구에게 쪽지를 보냈는지?
@ 대상을 그 사람으로 택한 이유는 무엇인지 ?
@ 쪽지 내용은 무엇인지?
다음 시간에 발표가 가능하면 1분간의 시간을 드립니다.

자신이 한 일에 대하여 긍정적인 반응을 보일 수 있는 사람이 있다면 3명 정도의 이름을 기록하기를 바랍니다.

☺ L.E.A.D. #1 Newspaper Dog (20분)

♣ **목적** : 이 활동은 트레이너와 코치 사이에 즉각적인 갈등을 만들어, 리더가 갈등이 발생했을 때 긴장을 느끼고, 이것을 토론하기 위해 만들어진 것이다.

♣ **주의** : 트레이너, 여러분은 클럽 세션 몇 일전, 여러분의 코치 중 한 명을 모르게 하고, 이 활동을 준비해야 한다. 이 활동의 효과는 자연스럽고, 현실적인 것에 기반해야 한다. 연기를 잘하는 코치와 CAPS 아래에 있는 원고/신호에 가장 잘 반응하는 코치와 조용하고 수동적인 코치를 한 명 고르시오, 이를 코치 Huddle에서 언급하지 마라.

☞ 코치님들, 팀 리더를 선택해주십시오. 우리는 "Newspaper Dog"라는 활동을 할 것입니다. 여러분의 도시는 도시의 강아지 공원에 있는 종이 강아지 조각상을 청동상으로 변환하기 위해 1만 달러를 상금으로 지급할 예정입니다. 여러분은 상금을 얻기 위해 다른 팀과 경쟁하게 될 것입니다.

은밀히 명령을 받은 코치가 트레이너를 가로막고 말한다. "왜 한 팀만 이기는 활동을 해야 하죠? 맘에 들지 않습니다."

글쎄, 그것은 때때로 그것이 삶에서 잘 활용되고, 이번 활동의 규칙이기 때문이다. 죄송 하다. 여러분은 신문으로 종이 개 조각을 만들 시간 10분을 가질 것입니다. 바로, 팀 리더는 신문 더미와 테이프를 챙기시기 바랍니다. 팀원들은 모두 참여해야 하며, 이것은 여러분이 다른 의견과 잠재적인 갈등을 해결할 필요하가 있다는 것을 의미한다.

은밀히 명령을 받은 코치가 한 초기 반응으로 다음 연출된 언쟁을 준비해야 한다. 8분 후에, 2분 남았다는 신호를 주십시오. 모든 사람이 하던 작업을 그만두고 집중하게 한다. 그들의 조각을 치장하기 위해 매직펜을 사용할 수 있다는 것을 알려주고, 2분 남았다는 신호를 주십시오. 이것은 모든 사람이 효과를 얻기 위해 중요합니다.

그러고 나서, 모든 사람이 트레이너에게 귀를 기울일 때, 은밀히 명령을 받은 코치가 트레이너에게 다가가, 반사적이지만 약간 언성이 높은 대화를 하는 것처럼 행동한다.

목표는 팀들이 여러분들이 대화하는 것을 엿들을 수 있도록 충분히 크게 말하는 것입니다. (연기하는 것에 자신이 없다면, 팀으로부터 조금 떨어져 돌아서 할 수 있다.) 다음 대본을 개인 성향에 맞게 각색해도 되지만, 연출되거나 거짓이라고 느끼지 못하도록, 현실적이고 극적인 것처럼 해야 한다.

시크릿 코치 : "웃기잖아요. 우리는 리드 하는 법을 배우는 거지, 최고의 종이 개를 만드는 것을 배우는 게 아니잖아요."

트레이너 : "쉿!, 이것은 팀 빌딩이야. 코치로서 여러분의 역할은 학생들을 돕는 거야. 그것은 여러분도 동의한거구."

시크릿 코치 : "그래도 전 이 활동에서 얻는 이득을 이해하지 못하겠어요. 전 그만 둬야 할 것 같습니다."

트레이너 : "내가 하고 싶은 말은 여러분이 지시가 맘에 들지 않더라도, 여러분의 이 모든 활동에 모델이 될 필요가 있다는 거야. 그게 여러분의 역할이야."

시크릿 코치 : "알겠어요. 여러분은 여러분 마음대로 하세요." 방을 뛰어 나간다. 가능한 문을 확 닫는다. 트레이너는 코치의 행동에 화나고 당황한 것처럼 보인다. 코치를 따라 방을 나간다. 둘 다 1분 후에 들어온다.

모두 멈춰주세요. 이것은 현실이 아니라 모두 연출된 것입니다. 우리는 연기한 것입니다. 우리는 여러분이 상황의 어색함을 느끼기를 원했습니다. 이제 이것에 대해 여러분 팀과 대화를 나눠보세요. (트레이너 노트: 여러분이 갈등을

느끼는 동안 리더를 방에서 나가게 한다면, 그가 돌아온 후에 무슨 일이 발생했을 지를 이해시켜라)

◕ 팀 타임 Discussion

(1) 갈등이 진행될 때 무엇을 주목했나?
(2) 여러분이 본 유사한 상황은 무엇인가?
(3) 상황을 해결할 수 없을 때, 여러분은 무엇을 할 수 있는가?

팀 시간 후, 말한다.
여러분 팀의 신문지 개(犬)를 마무리 할 시간을 갖고, 우리 조각품을 서로 보여주겠습니다.

연구문제

1. 인성교육론의 가장 기초적인 것이 무엇인지 서술하시오
   ①가치 ②태도 ③관계 ④결정력 ⑤약속
2. 인성교육은 동기부여와 역량을 강화시키는 좋은 교육방법은 무엇인가?
3. 인성교육의 최적나이는 몇 살이 좋은 지와 그 이유를 논하시오
4. 역량강화를 위한 교육방법 중 코칭비율이 가장 효과적인 퍼센트는?
5. 창의 체험 인성교육에서 다섯 가지 날개의 장점을 답하시오

제5장

인성과 예절

1. 인성(人性)
2. 예절(禮節)
3. 결론 및 제언

제5장 인성과 예절

* 이 충 중

인성교육이란 인간존중사상을 바탕으로 인간성과 인간의 태도, 흥미, 가치관을 중시하여 사람다운 사람으로 교육하는 것을 의미한다. 인성의 형성은 선천적, 유전적, 생득적인 영향도 크지만 그보다 후천적, 환경적, 학습적인 영향이 더 크다. 따라서 개인의 성장과 더불어 사는 전인적인 인간 형성만이 바른 인성을 찾는 길임을 제시한다.

따라서 본장에서는 가정, 학교, 사회에서의 이루어져야 할 인성교육, 체험과 실천위주의 인성교육과 일상생활에서의 예절교육을 살펴봄으로써 청소년들에게 함께 살아가는 지혜를 길러 줄 목표를 제공한다.

* 명지대학교 생활체육과 객원교수
* 교육학석사
* 사) 청소년행복세상 이사

1. 인성(人性)

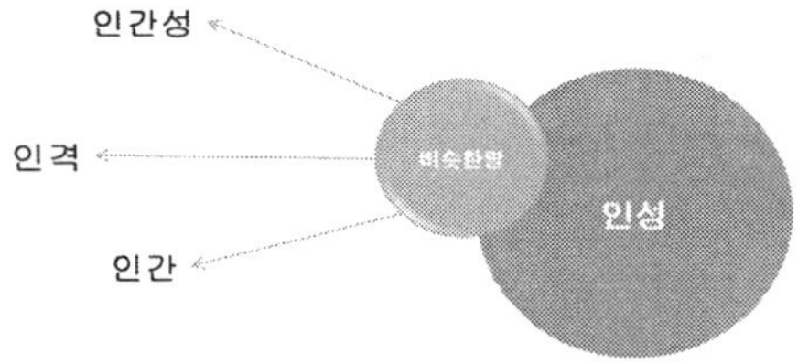

"인성(人性)"이란?

"사람의 성품"

character, personality

- 특정한 개인이 생각하고 느끼고 행동하는 독특한 방식
- 각 개인의 특징을 나타내는 선천적, 후천적 행동특성
- 타인과의 상호작용을 통해 뚜렷이 드러난다.
- 심리학에서는 인성과 성격을 동일시한다.

1) 인성교육이란?

인성교육은 지(知), 정(情), 의(意)의 조화로운 발달이 어우러진 전인적(지, 정, 의를 모두 갖춘 사람)인간의 육성을 교육의 이념으로 삼고 있다. 인성교육은 전인적 인간 교육을 위한 필수적인 과정이며, 인성교육의 목적은 오늘날 사회에서 요구하는 바람직한 인간상을 함양 하는 것이다. 유아기의 인성교육을 통해 유아는 긍정적인 자아감을 형성하고 남을 배려하면 서로가 다름을 인정할 수 있는 소양을 함양함으로서 더불어 즐겁게 삶을 영위할 수 있는 품성의 기초를 형성하게 된다. 인성교육을 통해 유아는 자신에 대한 이해함은 물론 타인에 대해 배려하고 존중하면서 더불어 살기 위한 능력을 배양하도록 해야 한다.

2) 인성교육의 필요성

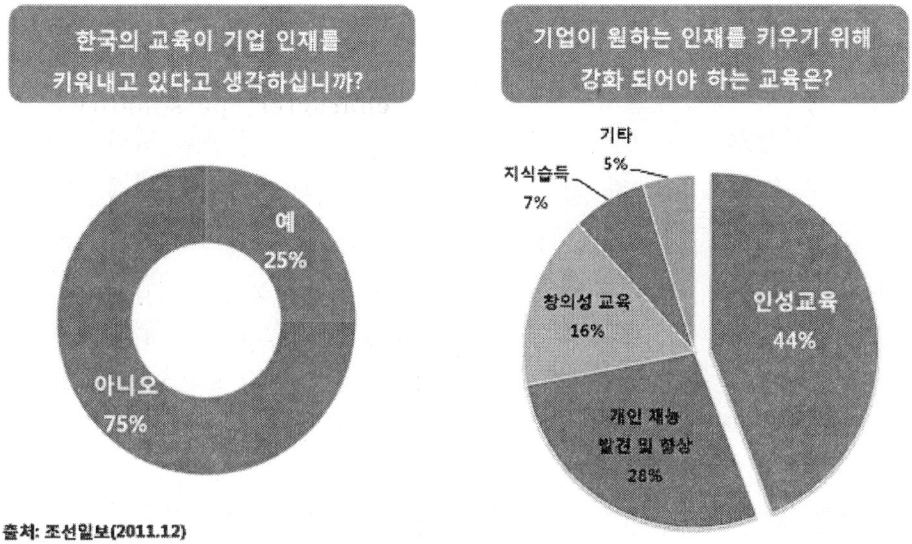

출처: 조선일보(2011.12)

요즈음만큼 인성교육이 강조되는 때도 없었으며, 인성교육의 재구성 또한 요구되고 있다.

그렇다면 이 시점에서 인성교육이 왜 강조되고 있는가? 교육의 목적은 아이들의 전인적인 인격형성과 필요한 지식을 취득하는데 있다. 하지만 우리 교육은 이미 교육의 원래 목적을 망각한지 오래이다. 지혜는 단순한 지식이 아니라 실천하는 지식이라는 말이 있다. 배움은 시작이요, 끝은 행동으로 이어져야 함을 말한다. 그러나 앎과 행이 일치하기는 무척 어렵다. 지행합일의 원리와 깨달음을 많은 성인들이 이야기 하고, 실천을 위해 평생을 바친 것만을 봐도 알 수 있듯 올바르게 아는 것이 바른 행동으로 이어지기 위해서는 선한 마음과 굳은 의지가 필요하다. 지금의 입시위주의 단순 암기 교육과 경쟁체제는 죽은 지식과 죽은 사회를 만들고 있다. 배움이 진정한 지식이 되고 올바르게 실천되는 지혜가 되기 위한 전인교육의 필요성은 누구도 부인 못할 것이다. 한데 입시교육에 도움 되지 않는 과목은 학생과 학부모 모두에게 외면당하고 오직 입시성적 올리는 교육에만 몰입하고 있으며 이는 필연적으로 치열한 경쟁을 유발하고 우등생과 열등생으로 양분되게 하였고, 대학 입시위주의 교육으로 인한 문제가 어제, 오늘일이 아니게 되었다. 이는 학벌위주의 사회풍조와 서열화 된 대학 풍토가 만들어낸 폐단 때문이다.

바른 인성과 서로 돕고 배려하는 마음이 아닌 경쟁 사회에서 남을 밟고 일어서려는 이기주의와, 배움의 즐거움보다는 사회적 배금주의에 먼저 맛 들인 것이다. 이는 개인의 성장과 함께 더불어 사는 전인적 인간 형성만이 해결할 수 있다. 이는 혼자만의 노력만으로는 이루기 어려는 과제다. 사회적인 제도개선과 학교풍토 변화, 교육과 사회를 바라보는 모두의 가치관 변화가 필요하며 하나가 되어 공동으로 평화와 행복을 누리며 살 수 있는 세상을 만들어 가기 위해서는 인성교육이 모든 생활 속에서 종합적으로 실시되어야 한다. 이러한 힘의 원동력은 각 사회마다 모든 구성원이 공동으로 만들어 가는 것이며, 특히 가장 많은 잠재력을 가지고 있는 청소년 자신의 역할 또한 매우 중요하다.

따라서 청소년들이 가정·학교·지역사회 그리고 나라를 사랑하고, 좀 더 좋은 세상을 만들겠다는 생각을 지닌 인간으로 성장해 나가도록 지도해야 한다. 이를 위해서 청소년들에게 다양한 봉사활동, 수련활동 및 체험활동을 통하여 스스로 문제를 해결해내고, 사회의 문제점을 스스로 배우고, 자립심을 가지고 살아갈 수 있는 인성을 심어 주어야 한다. 이러한 기회를 통해 체·덕·지가 조화로운 인성을 육성하며, 그들의 자발적인 의사와 행동을 존중하고 다양한 체험을 통해서 심신의 균형 있는 안정감과 자립심을 키워주어야 한다. 청소년에게 다양한 체험활동을 통해서 자기 스스로의 의사 및 행동결정의 기회를 제공하고, 자발성, 적극성, 창조성, 연대성 등의 기초를 닦아나가는 것이 필요하기 때문이다.

학교 밖에서 가정을 포함한 지역사회와 자연 속에서의 수련활동을 통하여 모든 학생들이 초등학교 저학년에서부터 고학년으로 올라 갈수록 학교공부 및 학원 공부에 쫓기는 생활을 보내게 되므로 지적인 공부 못지않게 매우 중요한 인성과 정서교육이 떠밀려 사회봉사는 물론 사회 및 자연과의 체험기회를 갖지 못하고 생활하기 때문에 청소년들에게 반쪽 교육을 실시하는 결과를 초래하게 된다. 현재 우리나라의 청소년과 학생을 육성하고 교육하는 과정에는 해결해야할 많은 문제들이 있다. 이러한 특징들은 다른 나라와 비교할 때에도 큰 차이가 있다.

다른 나라의 경우는 청소년의 교육이나 육성이 가정 · 학교 · 사회 각 영역에서 잘 이루어지고 있기 때문이다. 실질적으로 인간의 전인적인 인격 형성에 결정적인 영향을 미치는 곳은 오히려 학교보다는 가정과 지역사회가 차지하는 비중이 높다. 그러므로 우리 사회에서 청소년과 자녀 지도의 총체적인 문제를 해결하기 위해서는 학교 교육 안에서만 모든 교육 결과를 얻으려는 사고의 체계에서 과감하게 벗어나야 한다. 우리나라만이 안고 있는 이러한 고질적인 교육병리를 탈피하기 위하여 인성교육과 육성의 새로운 패러다임 전환이 필요하다.

오늘날 학교교육은 본래의 교육목표와는 달리 지나치게 경쟁 지향적이고, 지식 전달위주의 교육에만 편중되어 있어 균형을 잃은 교육 서비스를 제공하고 있다는 비판을 받고 있다. 그 결과 오늘날 청소년들이 급격한 변화의 물결에 효과적으로 적응하지 못하고 낙오자가 됨으로써 갖가지 일탈행동으로 이어지게 된 책임을 기성세대가 면하기 어렵게 되었다.

인간성 상실이 이어지고 있으며 과학 기술의 계속적인 발달로 인간들이 점점 도구화되고 있으며, 물질 만능주의, 개인주의에 휩싸여 본래의 인간다운 인간관계는 물론 남과 더불어 살아가는 본질이 상실되어 가고 있다. 즉 인간성 · 전통적 도덕성 · 윤리성은 위기에 처해 있으며, 이를 가장 극명하게 보여주는 객관적 지표인 청소년 비행이 날로 심각하여 이에 시달리는 청소년들이 가출하거나 심한 경우 자살까지 하는 사태에 이르게 되었다.

따라서 이러한 총체적 사회문제를 해결하기 위해서 인간교육 및 인성교육을 부르짖게 되었고 도덕적 위기라는 차원에서 인간성 회복과 휴머니티가 요구되고 있는 것이다. 이러한 점들을 감안할 때 모든 교육에서 인성교육은 어느 때보다 절실하며 교육을 통하여 인간간의 병리 현상을 치료하고, 실천 위주의 인성교육 강화로 세계화, 정보화 시대를 주도할 차세대 청소년들에게 물질보다는 정신세계를, 자신보다는 이웃과 사회를 더 생각할 줄 아는 즉, 함께 살아가는 지혜를 길러주어야 미래지향적인 모습이 될 것이다.

3) 인성교육은 성적보다 사람을 먼저 만드는 교육이다.

인성의 형성은 선천적, 유전적, 생득적인 영향도 크지만 그보다는 후천적, 환경적, 학습적인 영향이 더 크다는 것을 잊어서는 안 된다.

21세기를 맞이한 오늘날 우리 사회에서는 과거 어느 때보다도 교육의 문제, 특히 인성 교육의 문제가 심각하게 거론되고 있다.

이것은 비단 우리나라만의 문제가 아닐 것이고 또 어쩌면 최근의 문제만은 아닐지도 모른다. 그러나 입시 위주의 교육풍토 때문에 인성 교육이 제대로 이루어지지 않고 있는 현실에서 청소년 자신뿐만 아니라 앞으로 그들이 이끌고 가야 할 이 나라의 장래를 걱정하는 사람들이 늘고 있는 것은 사실인 것 같다.

학생들의 집단동반 자살사건, 학생이 교사를 폭행하는 사건, 자식이 부모를 살해하는 사건, 부모가 자식을 죽이는 일, 기업가의 부도, 정치인의 부도덕성 등등 이루 말할 수 없는 사건들이 매일같이 신문이나 언론을 통해서 보도되고 있다.

또한 미국에서는 학생이 맹목적으로 총기를 난사하여 많은 학생들이 죽거나 다치는 경우가 비일비재하게 늘어나고 있다. 미국의 통계를 보면 1980년대에는 아이들이 10여 년간 TV를 통하여 약 10,000번 정도의 폭력, 살인, 방화 등

등을 보고 자랐다고 한다. 이러한 일련의 사건들은 인성 교육의 필요성과 중요성을 잘 말해주는 좋은 예가 될 것이다.

교육의 목적이 사람을 사람답게 만드는 것이라는 생각은 예로부터 있어왔다.

조선조부터 육례교육이 있었는데 나열하여 보면 다음과 같다. 예(禮), 악(樂), 사(射), 어(御), 서(書), 수(數)였다. 여기서 예(禮), 악(樂)은 예절과 정서교육이고, 사(射), 어(御) 신체훈련이고, 서(書), 수(數)는 일상에 필요한 교육이었다.

그래서 인간 교육이란 말이 생겼고, 동서양을 막론하고 인간 교육을 위한 노력은 오랜 세월동안 지속되어 왔다. 그런데도 유난히 오늘날에 와서 인간 교육을 강조하는 이유를 들자면 대략 다음과 같이 요약할 수 있다.

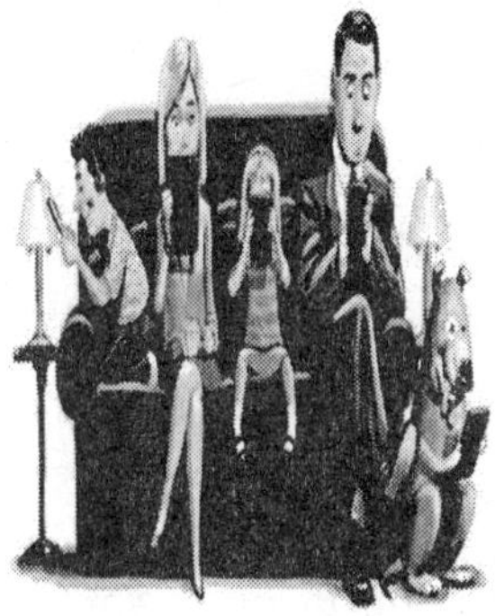

첫째, 과거보다 배우고 익혀야 할 지식의 양이 폭발적으로 증가하고 있기 때문에 인간교육을 위한 관심과 투자에는 소홀해지고 있다.

둘째, 경쟁 위주의 사회 및 교육 풍토에서 더불어 살아가는 지혜를 가르치는 인간 교육에 대한 관심은 소홀해지고 있다.

셋째, 현대 과학의 발달이 인지 능력을 통해서 이루어졌기 때문에, 지식 전달과 지식 습득에 초점을 두는 교육 환경이 지속되어, 인간 교육은 소홀해 질 수밖에 없을 것이다.

따라서 산업이 발달할수록 인간적인 친밀 관계는 줄어들어, 악순환은 되풀이 될 것이다.

과학 기술이 지배하는 산업 사회에서의 교육은 상급 학교로 진학하기 위한 수단으로 편중되어 이루어지고 있다. 교과서의 지식을 외우는 사이에, 자신의 존재나, 인생에 대한 생각, 인간관계와 우정과 사랑에 대해 생각할 여유도 없고, 미래의 꿈과 진로에 대해서 이야기하고 토론하며 배울 여유를 갖지 못하고 있다. 심지어 마지못해 하는 공부로 인해 심한 스트레스와 불안, 좌절, 방황을 하거나 정신적 고통을 겪으면서 가정과 학교생활에 적응하지 못하고 비행을 저지르게 되었고 이것은 청소년 문제와 사회 문제로 대두되었다.

이에 따라 오늘날 인간다운 인간을 기르고자 하는 인간 교육에 대한 필요성이 더욱 절실해지고 있다. 그러나 무엇을 어떻게 가르쳐야 하는지에 대한 논의가 아직도 정착되고 있지 못하는 실정이다.

4) 인성교육의 지도방향

(1) 가정에서의 인성교육

전통적으로 우리의 가정은 자녀들의 교육적 기능의 중추로서 중요한 역할을 담당해왔었다.

그러나 현대의 가정은 그 교육적 기능이 많이 약화되어 있다. 특히 근래에는 과거와는 달리 한 자녀 또는 많아야 두 자녀로 자녀들에게 쏟는 부모의 관심은 지대하여 과잉보호로 이어지고 있어 학교에서 교사들이 학생들에게 올바른 인성을 심어주려 하여도 이미 가정에서 어릴 때부터 형성된 습관을 바꾸기에는 어려운 한계점을 느끼게 되며 일선학교의 교사들은 인성교육을 부모에 의해서 초등학교 때부터 가정에서 이루어져야 가장 효율적이라고 인식하고 있다.

그러나 가정에서의 부모들은 교육적 기능이 학교를 중심으로 한 교육기관의 몫이라고 인식하고, 모든 교육적 기능을 전적으로 교육기관에 일임하려고 하고 있는 것이 사실이다.

특히 여성의 사회참여가 증가하면서 부모 모두 자녀들과 함께 할 시간이 적어지다 보니 어린 자녀들은 일찍부터 교육기관에 의해 자라게 되고 현실적으로 기본적인 교육이 가정에서 이루어지기 어려운 점도 있으나, 이것이 현재의 삶 모습의 일부라고 하여 기본 생활 습관과 같은 중요한 것이 가정에서 소홀히 다루게 된다면 이와 같은 잘못된 습관이 누적되어 성장과정에서 올바른 인성을 함양하기 어렵게 된다는 점을 주목 할 필요가 있다.

특히 가정에서 내 자녀는 남보다 앞서야 한다는 강박관념으로 민주시민으로써 책임과 의무를 다하고, 더불어 사는 지혜를 심어주기 보다는 비정상적인 과외열풍 등으로 잘못된 인성이 형성되고 있다. 그러므로 부모는 자녀들에게 그 시대를 사는 바른 삶과 더불어 살아가는 지혜를 가르쳐주어야 한다.

따라서 인성교육이 그 실효를 거두려면 일차적으로 가정에서 부모들이 먼저 인격적으로, 부끄럽지 않은 부모의 모습으로 변해야 하고, 더 나아가서 교육에 관심을 갖고 진솔한 대화가 이루어져야 하며 자녀에 대한 과잉보호와 남보다 더 편하게, 그리고 남보다 무조건 앞서야 한다는 강박관념으로 교육하기 보다는 가정에서 바람직한 교육이 먼저 이루어져야 하는 실정이다.

교육의 본질적인 목표는 사람다운 사람을 길러내는 것이며 학교는 그 자체가 사람됨의 교육, 곧 인성교육의 장이어야 한다. 따라서 학교교육은 우선 교사들이 앞장서서 교육을 선도해야 한다.

아리스토텔레스는 '자녀를 낳은 사람보다는 가르치는 사람이 일층 더 존경을 받아야 한다면서, 지도자를 높이 찬양하였다.

(2) 학교에서의 인성교육

현 행	개 선 방 안
[닫힌 교육] ① 획일성	[열린교육] ① 다양성, 자율성, 창의성
[지식교육] ① 입시 위주의 교육 ② 강의 설명식 교육 ③ 암기 교육	[인성중심교육] ① 조화로운 인간 교육 ② 심성 교육 ③ 소질·적성 계발 교육 ④ 개인 능력에 맞는 교육 ⑤ 사고력, 창의력, 문제해결능력, 고등 정신 능력 신장 교육 ⑥ 기본 생활 습관 지도(예절, 질서, 청결)

그러나 우리나라 교사들은 사실상 인성교육에 대한 정체성을 확립하지 못하고 있으며 이론적 실천적 교육도 충분히 받지 못한 상태여서 실제로 자신들이 하고 있는 인성교육에 대해 매우 불만족스럽게 여기고 있다. 또한 인성교육에 대한 교사들의 인식은 학교의 교육활동 중에서 학생들의 인성지도를 매우 중요한 교육활동으로 생각은 하면서도 실제적으로 교육현장에서 중심적인 교육활동으로 지도하지 못하고 있는 실정이다.

또한 교육제도 면에서도 초·중·고등학교 교육이 입시교육에 압도되어 있는 것이 현실이다.

학교 교육은 국가와 사회가 필요한 인재양성보다는 입시위주, 암기형, 시험선수의 양성에 치중하고, 창의력이나 인성개발을 무시한 경마형 교육이다. 경마는 오로지 앞만 보고 달리며, 선두에 달려와야만 승자이며, 소수의 승자를 제외하고 모두가 패자가 된다.

따라서 오늘의 교육환경은 학생들에게 협동보다는 경쟁을, 봉사보다는 이기주의를, 질서나 책임의식보다는 단편적 지식교육에만 전념하고 있는 것이 오늘날의 실태이다.

학교에서의 정상적인 교육과정의 운영은 교과활동, 특별활동, 그리고 생활지도 속에서 이루어져야 한다는 것은 누구나 공감할 것이다. 그러나 우리나라의 학교 대부분의 경우 지식전달의 교육에 치중하고 있으며 특히 고등학교의 경우 그 정도가 심해 대학 진학을 위한 목적 달성을 위해 총력을 기울이고 있다 보니 인성교육은 뒷전이게 마련이다.

학생 봉사활동의 경우도 학생들에게 공동체 의식과 이웃에 대한 사랑과 관심을 길러주기 위한 인성교육차원에서 1996년부터 환경보호, 공공질서 계몽활동, 사회복지시설 봉사, 유해환경조사 캠페인 등 대단히 좋은 프로그램을 전국적으로 실시하고 있으나 봉사활동 실적이 성적에 반영되기 때문에 학생들의 인성함양에 대한 본래 취지보다 진학을 위한 점수만 의식함으로써 감수성이 예민한 청소년기의 학생들에게 오히려 인성함양에 부정적 요소로 작용하는 사례가 되고 있다.

(3) 사회에서의 인성교육

현대사회는 많은 사람들과 더불어 살아야 하는 생활 터전이기 때문에 협동 정신과 질서의식, 봉사정신, 책임의식 등과 같은 민주시민 의식이 당연히 필요하다. 그러나 지금까지 우리사회는 민주시민의 자질을 제대로 배양하지 못하고 있다. 특히 우리의 일상 사회생활에서 자행되고 있는 공공질서와 민주시민 의식의 실종은 심각한 지경이다. 차도에서의 보행자의 신호위반, 운전자의 무질서와 교통질서 위반, 피서지에서의 쓰레기 방치, 산업현장에서의 안전 무방비 등으로 강력 범죄와 산업재해는 증가 추세이며 교통사고에 의한 인명피해도 상당하다.

이와 같은 사고와 범죄의 증가는 더불어 사는 공동체 의식의 실종에서 비롯된다. 우리사회의 삶의 모습은 남보다 많은 이윤을 추구하고, 남보다 앞서기 위해서는 수단과 방법을 가리지 않는다. 이로 인하여 우리 고유의 자랑스러운 전통이나 예절을 무시하고 세대간, 지역간, 사회계층간 극심한 갈등으로 불신 풍조가 극에 달하고 있으며 특히 염려스러운 것은 성공한 사람에 대한 존경심이 없다는 것이다.

이와 같은 의식구조를 가지고 있는 우리사회의 청소년들은 사회에 대한 부정적 시각을 갖게 되어 올바른 가치관을 상실하고 있다. 또한 고생이나 어려움이 없이 비교적 경제적 풍요 속에서 성장하였고, 개인 이기주의가 팽배하며, 공공질서의 유지와 준법정신이 결여되고, 이웃과의 경쟁 위주의 편협한 사고방식을 갖고 있어 민주시민으로써 지켜야할 기본윤리의식이 결여되어있다. 이와 같이 사회에서 기본적인 인성이 결여된 상태에서 군에 입대한 신세대 장병들은 군 조직 관리의 문제점으로 대두되고 있다.

이와 함께 인성을 개발하려면 어떤 인성적 특성을 발달시켜야 할 것인지를 결정하여야 한다.

논리적으로 보아 인성교육의 내용은 우리가 어떤 인간을 길러낼 것인가에 대해 숙고한 결과로부터 도출될 수 있을 것이며, 그로부터 적절한 교육방법을 구안해 낼 수 있을 것이다.

인성교육이 교육 현장에서 효과를 거두기 위해서는 명시적 목표를 설정하고 인성교육의 내용 및 구체적인 실천 프로그램이 모색되어야 한다.

5) 효과적인 교육을 위한 체험과 실천 위주의 인성교육

인성을 '다른 사람과 구별되는 사고와 태도 그리고 행동의 특성'이라고 볼 때 인성 교육이란 인본주의 사상과 인간 존중 사상을 바탕으로 인간성과 인간의 태도, 흥미, 가치관을 중시하여 사람다운 사람으로 교육하는 것을 의미한다고 정리할 수 있다. 인성교육에 있어서 고려해야 할 기본 원리를 살펴보면 다음과 같다.

(1) 학교, 가정, 사회 협력의 원리

인성 교육은 생활의 장을 벗어나서 이루어질 수 없으므로 학생이 생활하는 학교, 가정과 사회의 구성원 모두가 협조적 체제를 이루고 학생의 인성 교육을 해야 효과를 거둘 수 있다. 학교, 가정, 사회는 인성 교육을 위한 공동 책임이 있다.

(2) 통합적 접근의 원리

학교에서 기본 생활, 자아 확립, 효도, 경애, 공동체 의식 등의 학습은 학교 교육의 어느 한 부분에만 해당되는 것이 아니라 학교의 전체 활동과 관련되기 때문에 통합적 접근이 요구된다. 인성 교육은 도덕(윤리)과는 물론 각 교과 교육, 생활 지도, 특별 활동, 학교 및 학급 운영 등 학교의 전 영역을 통해 학생들이 인성 덕목의 학습 기회를 갖도록 배려해야 한다. 또한, 인성 교육은 각 영역간의 일관성 있는 지도가 필요하며, 각 영역에서의 교육 활동이 다른 영역에 부정적 영향을 끼치지 않도록 전체적인 관점에서 검토, 조정될 필요가 있다.

(3) 관계성의 원리

인성 교육을 위해서 가장 큰 관심을 두어야 할 부분이 교사와 학생간, 교사와 학부모간, 학생과 학생간의 인간적 만남의 관계가 유지되는 것이다. 교사와 부모는 학생의 모범이 되고 자상한 생활의 안내자가 되어야 하며, 도덕적인 문제를 학생과 함께 고민하고 논의할 수 있는 자질이 있어야 한다. 학교에서 인성 교육을 구현하고자 할 때에는 교사와 학생간의 바람직한 관계 형성을 우선적으로 고려해야 한다. 학생의 인격이 존중되어야 하며 학교에서의 비인간화 현상은 극복되어야 한다.

(4) 지속성의 원리

인성 덕목의 학습은 일시적이거나 단속적이어서는 안 된다. 학생들이 어떤 계기로 바람직한 행동 특성을 학습했다 할지라도 그것이 계속적으로 실현되지 않으면 내면화, 습관화되지 못한다. 따라서 인성 덕목의 학습은 학교에서 꾸준히 학습될 수 있도록 계획되어야 한다. 이를 위해 학년 간 및 학교급간에 덕성 교육이 지속될 수 있도록 계획을 세우고 실천해 나가야 한다. 예를 들어 '기본 생활 습관'을 유치원과 초등학교 저학년 수준에서 주로 지도했다고 해서 중학교나 고등학교 수준에서 이를 소홀히 해서는 안 된다는 것이다.

(5) 자율성의 원리

교육의 장에서는 학습자가 주체가 되어야 한다. 특히 인성 교육의 과정에서는 학생들의 적극성과 능동성에 기초해야만 한다. 인성 교육은 궁극적으로 학생 각자가 스스로 올바른 도덕의식을 갖고 이를 실천해 나가도록 도와주는 과정이라고 할 수 있다. 학생 각자가 인격을 완성시키고 덕성을 갖추는 일은 학생 본인에게 책임이 있기 때문이다. 그러나 자율성을 발휘할 수 있는 능력은 발달 단계에 따라 차이가 있으므로 학년과 학교급 등이 올라갈수록 자율적인 경험의 기회를 늘리도록 해야 한다.

(6) 체험의 원리

인성 교육의 결과가 도덕적 지식을 획득하는 수준에 그치는 것이 아니라 학생의 가치관 형성에 직접적으로 기여하고 내면화되어야 한다. 교과 내용이 학생의 정신세계 속에 완전히 내면화되기 위해서는 생활에서의 체험이 중요하다. 여기에는 부모들의 솔선수범, 언행일치가 먼저이다. 아이들은 본대로 행한다는 성현들의 말씀이다.

여러 교육의 영역을 통해서 가능한 한 덕목과 관련된 행동을 직접 실천해 볼 수 있는 기회를 제공해 주는 것이 필요하다.

이러한 원리에서 볼 때 학교에서 비언어적인 인성 교육의 접근 방법을 보다 더 강화할 필요가 있다고 본다. 행동이나 규범을 일러주거나 인쇄물, 게시물을 통한 교육보다는 긍정적인 환경 조성과 생활 지도를 통해서 체험하거나 활동하는 기회를 많이 제공하는 것이 필요하다.

인성 교육이 교육 현장에서 효과를 거두기 위해서는 명시적 목표를 설정하고, 인성 교육의 내용 및 구체적인 실천 방안이 모색되어야 한다. 인성 교육의 구체적인 실천 방안으로 최근 학교 인성 교육에서 많이 다루어지고 있는 프로그램들을 살펴보기로 한다.

① 실천 위주의 인성 교육

오늘날 현대 사회에서 기본적으로 필요로 하고 있는 규칙적인 생활, 정리정돈, 위생 청결, 물자 절약 등의 기본 생활 습관 지도의 경우는 초등에서부터 철저하게 실천 위주의 인성 교육으로 이루어져야 하겠다. 기본 생활 습관에 관한 '나의 다짐' 또는 '우리들의 약속' '행동 강령' 등과 같은 실천 점검표를 제작하고 매주 또는 매월 1회 점검하는 인성 교육 프로그램, 학교에 따라 가정과 학교생활의 종합적인 생활 지침서가 되는 '생활본'의 제작 활용 등으로 실천 위주의 인성 교육을 강화하고 있다. 이것은 또한 인성 교육의 지속성의 원리로 무엇보다도 우선하는 것이라고 하겠다.

② 체험 중심의 인성 교육

기본예절, 효도와 경애 등의 영역을 지도할 경우는 특히 학생들의 체험 중심의 인성 교육이 중요하다고 하겠다. 각종 수련회를 통한 '극기 훈련'은 나약해지기 쉬운 현대 사회의 청소년들을 위한 훌륭한 프로그램이다. 또한 '예절실'이나 '생활관'을 통한 기본예절 지도와 사회의 유관 시설 견학이나 강연회 등을 통한 체험 중심의 인성 교육도 보다 강화되어야 하겠다.

이미 가정으로부터 높은 호응을 보여 주었던 '가족 신문 만들기'나 '예절 신문 만들기'의 경우도 그 교육적 효과가 매우 높다고 하겠다. 학부모와 학생이 이러한 체험 중심의 프로그램을 통하여 가족 공동체 의식을 직접 체험함으로써 인성 교육에 참여하게 되는 것이다.

또한 '부모님 발 씻겨 드리기', '안마해 드리기'등의 '효 실천 과제 학습', '효행의 날' 행사, '효 일기 쓰기'등도 훌륭한 체험 중심의 인성 교육이 되고 있다.

한편, '봉사 활동'을 통한 인성 교육 또한 그 교육적인 효과가 매우 높다고 하겠다. 특히 사회 시설 단체에서의 자율 봉사 활동은 학생들이 매우 좋은 반응을 보여주고 있다. 신체적 장애자나 불우한 이웃에 대한 봉사 활동은 무엇보다도 학생들 자신에게 보람과 자부심으로 와 닿아 호응도가 무척 높다고 한다. 이러한 색다른 체험은 자아 확립에도 큰 도움이 될 것으로 기대된다.

③ 내면화를 통한 인성 교육

이러한 인성 교육의 근본적인 기저에는 의식의 내면화가 우선한다고 볼 수 있다. 내면화에 의한 인성 교육은 흔히 낡은 것으로 간과되기가 쉽지만 사실 매우 중요한 프로그램이다. 왜냐하면 인성 교육은 단시간에 이루어질 성질의 것이 아니기 때문이다. 명상과 성현의 말씀으로 이루어지는 내면화의 대명사인 '명상의 시간'은 이제 오디오를 넘어 다양한 영상 매체와 자료들로 입체화되고 있다. 학교별로 자체 제작한 다양한 '예화 자료집'의 활용,' 3분 묵상' 자료, '3분 체조'자료, '자기 예언'등의 내면화를 통한 인성 교육의 중요성도 크다고 하겠다. 담임교사와 학교장의 훈화를 통한 내면화 교육도 재검토되어야 하겠다. 즉흥적이고 산발적인 것에서 체계적이고 계획적인 훈화 활동으로 인성 교육의 내면화에 기여해야 하겠다.

④ 자율성을 제고하는 인성 교육

인성 교육이 지향하는 인간상은 궁극적으로 볼 때 자유인이라고 할 수 있을 것이다. 스스로 판단하고 스스로 행동하는 인간이다. 따라서 인성 교육의 모든 프로그램들이 자율성을 바탕으로 해야 하며, 학생들의 자율성을 제고하는 방향으로 이루어져야 한다. 학생들의 친교 활동이나 학급 행사 등이 '자율 학급회'를 통하여 자율적으로 결정되고 행해지도록 지도한다. 물론 각종 다양한 학교 행사에 관한 전교 학생회도 마찬가지이다. 스스로 결정하고 행하며 스스로 반성하는 민주 시민 교육의 장이 되도록 해야 한다. 소풍, 교내 체육 대회, 미술 실기 대회, 알뜰 바자회, 학예회, 불우 이웃돕기 등 모든 학교 행사에 자율성을 제고하도록 한다. 물론 경우에 따라 조금씩 달라지겠지만, 근본적으로 학교는 안내자와 조언자의 역할에 한정해야 하겠다. 지나친 간섭은 타율을 의미하기 때문이다.

'용돈을 아껴 쓰는 우리 반', '시가 있는 우리 반', '고사 성어를 익히는 우리 반' 등 학급에 따라 다양한 특색 작업을 추진하는 '학급 특색 사업' 추진은 담임교사의 학급 경영에 자율성을 제고하는 훌륭한 인성 교육이다. 담임교사와 학생이 하나가 되어 특색 사업을 정하고 실천하며, 사례 발표를 통하여 자부심과 보람을 갖는 계기가 되도록 하고 있다.

⑤ 성취감을 심어 주는 인성 교육

6명 내외의 소집단을 조직하여 학급·학교 활동에 적극 활용하는 '학급 소집단 활동'은 학생들의 자율성을 제고하는 한편, 개인의 성취감을 심어 주는 측면에서 볼 때 그 교육적 효과가 매우 높다고 본다. 다인수 학급이라는 현실적인 문제를 고려할 때 그 교육적 효과가 매우 크다고 본다. 다인수 학급이라는 현실적인 문제에 따른 개별화 지도의 모색과 최근 많이 이야기되고 있는 학습자 중심의 주도적 학습이라는 측면에서 볼 때 '학급 소집단 활동'의 중요성은 매우 크다고 하겠다. 불우 이웃돕기, 소집단 발표 학습 등 학급 활동에서 교과 수업 활동에 이르기까지 다양한 소집단 활동과 '소집단 활동록 쓰기', '모둠 일기 쓰기' 등을 통한 친교 활동과 상담 활동은 학생들의 공동체 의식의 함양에도 크게 기여하는 것으로 나타난다.

다양한 시상 제도를 통한 인성 교육은 성적 위주의 한 줄 세우기를 지양하고 각기 다양한 소질과 특기의 발굴과 함께 성취감을 심어 주는 인성 교육으로 높이 평가할 수 있다. 학교 교육에서 학생 개개인에게 이러한 성취감을 심어 준다는 것은 곧 성적 위주의 학교 교육에서 소외된 학생들의 탈선과 비행을 예방하며 '재미있는 우리 학교 만들기'에 크게 기여하는 것이다.

- 바람직하고 건전한 인성을 지닌 사람은 어떤 사람인가?

① 자기 자신을 바르고 정확하게 이해하는 사람으로서 자신에게 가장 합리적이고 현실적인 행동을 선택하고 실행 할 수 있는 사람.

② 자기 자신을 존중하고 수용할 줄 아는 사람으로서 자신의 가치와 장점을 인식하면서 동시에 자신의 부족함도 인식할 수 있는 사람

③ 자기 자신의 일시적인 감정이나 충동을 통제하고 조절함으로서 감정과 본능을 사회적으로 용납되는 생산적이고 창조적인 방식으로 승화시켜 표현할 줄 아는 사람.

④ 자기 자신뿐만 아니라 타인에 대한 이해와 존중의 자세를 지니며 상대방의 입장을 이해하면서도 결코 자기 자신을 잃지 않는 사람.

2. 예절(禮節)

1) 예절이란 무엇인가?

예절은 "예의禮儀"와 "범절凡節"의 합성어인 '예의범절 禮儀凡節'의 준말이다.

예절이란 더불어 잘 살아가기 위한 인간들의 약속이며, 그 밑바탕이 되는 것은 "인간에 대한 존중"이라는 근본정신이다. 이것은 시대와 장소를 가리지 않고 앞으로도 변치 않을 공통(共通)된 대원칙이다. 인간은 귀한 존재이고 물론, 인간만이 아니라 세상의 어느 것 하나 소중하지 않은 것이 없다. 모두가 우리가 살아가는 데 있어 의미를 주고 있는 것이기 때문이다. 모든 것 가운데에서도 우리 인간은 특히 가장 귀한 존재이다.

인간은 그 어느 것도 지니지 못한 것, 즉 양심과 이성(理性)을 지녔기 때문이다. 모든 예의범절의 근본정신은 이 존귀한 존재에 대한 깊은 믿음과 사랑이 바탕이 되어 나온 것이다.

그것은 또한 인격존중(人格尊重)이라는 말로도 표현할 수 있다. 서로의 인격을 존중하는 것이 바로 예절의 근본정신임은 두말 할 나위가 없다. 이렇게 본다면 예의범절이라는 것은 우리 조상들이 그렇게 여겨 왔듯이 인격완성(人格完成)의 수단이요, 동시에 원만한 인간관계를 이루어나가기 위한 수단인 것이다.

내가 대접받기 위해서는 먼저 그만큼 정성(精誠)을 다해 상대방을 대접해 주어야 하는 것이고 어떻게 대접할 것인가. 일상생활 속에서 우리가 늘 숨을 쉬듯 자연스럽게 몸에 배어 실천할 수 있는 방법은 바로 서로가 예절을 지키는 일이다. 그리고 예절을 지킴으로써 비로소 내가 남의 인격을 존중해 줄 수 있고 덩달아 내 인격도 존중받을 수 있는 것이다.

우리나라는 예부터 "동방예의지국(東方禮義之國)"으로 불리어 왔다.

지금부터 약2300년 전에 공자(孔子)의 7세손(世孫)인 공빈(孔斌)이라는 이가 우리나라에 관해 쓴 동이열전(東夷列傳)에 다음과 같은 글이 있다.

> 먼 옛날부터 동쪽에 나라가 있는데 이를 동이(東夷)라고 한다.
>
> 그 나라에 단군(檀君)이라는 훌륭한 이가 태어나니 아홉개 부족 구이(九夷)가 그를 받들어 임금으로 모셨다. 일찍이 그 나라에 자부선인(紫府仙人)이라는 도에 통한 학자가 있었는데, 중국의 황제(黃帝; 중국인의 시조)가 글을 배우고 내황문(內皇文)을 받아 가지고 돌아와 염제(炎帝)대신 임금이 되어 백성들에게 생활방법을 가르쳤다.
>
> 순(舜)이 중국에 와서 요(堯)임금의 다음 임금이 되어 백성들에게 사람 노릇하는 윤리와 도덕을 처음으로 가르쳤다. 소련(小連)과 대련(大連)형제가 부모에게 극진히 효도하더니 부모가 돌아가시니까 3년을 슬퍼했는데 이들은 동이족의 후예였다. 그 나라는 비록 크지만 남의 나라를 업신여기지 않았고, 그 나라의 군대는 비록 강했지만 남의 나라를 침범하지 않았다. 풍속(風俗)이 부드럽고 도타워 길을 가는 이들이 서로 양보하고, 음식을 먹는 이들이 먹을 것을 미루며, 남자와 여자가 따로 거처해 섞이지 아니하니, 이 나라야말로 동쪽에 있는 예의바른 군자의 나라(東方禮義君子之國)가 아니겠는가? 이런 까닭으로 나의 할아버지 공자께서'그 나라에 가서 살고 싶다.'고 하시면서'누추하지 않은 곳이다'고 말씀하셨다. "

우리의 선조들은 이러한 칭송을 긍지로 삼고 살아왔다. 매사에 동방예의지국의 백성답게 올바르게 살고자 했으며, 그 전통을 길이 남기려고 노력하였다. 따라서 예의범절을 가르치고 배우는 데에 무엇보다도 중점을 두었다.

예절은 문화의 한 부분이라고 하였다. 따라서 예절을 잘 지키는 전통은 바로 우리 고유의 생활문화라고 할 수 있다. 우리는 우리의 조상이 그랬던 것처럼, 우리의 문화인 예절바른 생활을 긍지를 갖고 지켜 나가야 할 것이다.

이렇듯 우리나라는 오랜 유교적 전통을 바탕으로 종적 관계의 인간관계 충, 효, 경, 붕, 애를 중시하였다. 반면 서양에서는 기독교적 전통을 바탕으로 한 횡적관계를 중시하면서 우리와는 대조를 이루었다. 예전 우리나라에서는 예를 중시하여 전통적인 대가족제도 아래서 웃어른으로부터 자연스럽게 예절교육을 받아왔다. 현대 사회에서 그런 예절교육이 이루어지지 못하는 이유로는 우선 너무나 복잡해진 현대 사회의 생활과 핵가족으로 인한 가족제도의 변화로 인해, 예절의 경시현상, 예절교육의 부재 현상을 낳았다. 또한 경쟁만을 중시하는 사회풍토로 인해 학교교육 또한 점수만을 중시하는 입시위주의 교육으로 인해 인성교육은 뒷전으로 하게 되었다. 길거리에서 아무데나 쓰레기를 버린다거나, 지하철에서 할머니, 할아버지를 앞에 두고도 자리를 양보하지 않는 모습, 공공장소에서 휴대폰으로 큰소리로 통화하는 모습을 볼 때 청소년들에게 예절교육이 필요함을 절실히 느낄 수 있다.

이렇게 예의범절에 어긋난 행동을 하는 이유는 예의범절을 잘못 알고 있기 때문에, 혹은 상대방을 경시하기 때문이다. 각자의 생활방식이 사람마다 다르기 때문에 상대방에게 실수를 하는 경우도 있지만 대부분은 예의범절의 근본에 대한 이해부족으로 잘못을 저지르게 된다. 예의범절도 없고 근본태도마저 바르지 않는다면 실수를 할 때 더욱 왜곡되어 해석되어지기 때문에 청소년시기에 바른 예절교육을 받아 몸에 익혀 올바른 인간관계를 형성하도록 해야 한다.

2) 예절교육론

예절교육이란 좁은 뜻으로는 '예의범절을 가르쳐서 익히게 하는 것'이지만 넓은 뜻으로는 '한 사람의 어엿한 사회인으로서 완성시키는 일'이다. 단순히 예의범절을 가르치는 것이 아니라 한 사람이 어엿한 사회인이 되기 위해 필요한 생활 습관이나, 행동, 태도, 가치관(현대 사회를 올바르게 살아가는데 필요한 생활 습관이나 행동, 태도, 가치 형성) 등의 광범위한 내용을 익히게 하는 것이 중점문제이다. 예절교육은 원래 의도적·목적적인 활동이다. 부모나 사회의 아동에 대한 예절교육은 단순한 접촉이나 대화가 아니라 목표를 향한 의도적인 활동이다. 효행, 충절을 중심으로 한 예전의 가족적, 국가적 규범은 현대사회의 급변하는 환경과 더불어 크게 변화되었다. 변화한 가치 규범은 개인을 존중하는 민주주의의 이념이며, 그 이념은 국가적인 강요나 일정한 방향에 대한 주입을 거부하는 것이었다.

예절은 시대에 따라 변한다. 또 민족에 따라, 나라에 따라 다르다. 전 근대의 봉건적 권위주의 시대에는 거기 맞는 예절이 있었고 동서양에 따라 다른 예절이 있었다. 그러나 사회생활을 원만히 하고 사회질서를 유지하기 위해 사람으로의 도리를 다 한다는 점에서 다름이 없다.

우리의 예절교육에서는 우선 전통 예절에 바탕을 두고 민주사회, 국제화 시대에 걸맞는 새로운 예절을 정립하는 일이다. 우리의 전통 예절을 고집할 것이 아니라 새로운 시대 상황과 사회현상에 적응할 수 있게 변용한다는 말이다. 또한 행동적이고 실천적인 예절지도에 앞서 그 내면에 있는 도덕규범, 가치의식, 세계관, 철학이념 등을 알게 하는 단계까지 이르러야 한다.

손님을 맞이하고, 부모에게 효도하고 형제간에 우애 있으며 밖에 나가서는 어른을 공경하고 신의 있게 행하는 것 등은 유교적 전통사회에서 가장 기본적인 예절로 존중되었으나, 오늘날의 안목으로 보면 종적인 개인윤리에 그치는 면이 크다. 오늘의 사회는 자유 민주주의를 신봉하는 횡적이고, 개방적인 사회이다. 그러므로 사회를 구상하는 개개인이 그 사회의 성패에 책임을 분담하는 민주 시민으로서의 공동체 의식과 개방화, 국제화 시대에 걸 맞는 예절을 지니게 하는데 예절 교육의 목표를 두어야 할 것이다. '세살버릇 여든까지 간다.'

는 속담이 있듯이 어린시절의 예절 습득은 일생을 통하여 인격 형성의 기초가 되며, 개성 신장은 물론 사회 발전에 큰 영향을 미치게 된다.

백화점에 새로 입사한 젊은 종업원에게 '어서오십시오'라는 간단한 인사말을 6개월간이나 교육시킨다고 한다. 그리고 또 6개월 정도를 실습시켜야 다소 인사말 사용이 어색하지 않게 된다고 한다. 이것은 예절 습득이 얼마나 어려운가를 일깨워 주는 일화이며, 어려서부터의 예절 지도가 얼마나 중요한가를 일깨워 준다. 또한 가정마다 예절에 대한 생각이나 입장이 다를 수 있다. 어떤 부모들은 낯모르는 사람이 손을 흔들거나 아는 체를 하면 같이 인사를 하고 답례를 해야 한다고 가르치고 어떤 부모는 모르는 체 해야 한다고 가르친다.

부도덕한 사회 현실을 탓해야 되겠지만, 사유가 어떻든 어린이의 입장에서 보면 가치관의 혼란이 일 수 밖에 없다. 가장 가까운 부모들 밑에서 배워온 예절교육과 다른 모든 사람들로 배우는 예절교육 내용이 다를 수가 있어서 어린이들로서는 일관성을 잃게 된다는 뜻이다.

이에 따라 학교나 가정, 사회가 서로 연계성을 갖고 일관성 있는 예절지도를 해야 할 환경 조성이 요구되고 있다.

이러한 가치관의 혼란은 부모들의 사회성의 영향이 크다. 부정적 시각의 부모와 긍정적인 시각의 부모가 자녀에게 주는 교육에는 엄청난 차이가 나는 것이다.

* 예절의 종류

- 혼자 하는 예절 : 스스로 사람다워 지려는 자기관리를 하는 개인 예절이다.
- 남에게 하는 예절 : 남과 어울려 함께 사는 대인관계를 영위하는 의사소통예절이다.
- 함께하는 예절 : 모두가 함께 실천하는, 조직생활 단체생활 공중도덕과 같은 예절이다.

* 예절을 배우는 요령

- 예절은 저절로 배워지는 것이 아니고 끊임없는 노력을 기울여야 한다.

마음가짐	바른 생각을 가지고 더불어 함께 살아야 하겠다는 마음을 갖고 생활한다.
본받기	타인을 통해 그것이 아름답고 좋은 일이면 자기도 그렇게 본받아야 한다.
경계하기	나쁘다고 생각되는 일은 경계해서 그렇게 하지 않도록 노력한다.
잘 듣기	어른 또는 선생님 말씀에 귀를 기울여 그들의 경륜을 배운다.
친구	남에게 칭찬받고 착한 일을 하는 사람을 친구로 사귄다.
예절책과 교육	예절에 대한 책을 참고하거나 예절을 가르치는 곳에서 배운다.

* 예절을 실천하는 요령

예절은 아는 것도 좋지만 실천하는 것이 더 중요하다. 예절을 몰라서 못하면 용서받을 수 있지만 알면서 하지 않으면 모르는 것만 못하다.

● 자기관리 : 개성 (個性)을 돋보이려고 하지 말고 남과 잘 어울리도록 한다. 여름철의 메뚜기가 파란 옷을 입고 가을철의 메뚜기가 노란 옷을 입는 것은 환경과 조화함으로서 자기보호를 하는 것이다.

● 대인관계 : 자기의 방식을 고집하지 말고 모두가 약속해 놓은 방식으로 한다. 언제든지 상대편을 높이고 자기를 낮추는 공손함이 앞서야 한다.

● 공중생활 : 사생활(私生活)을 주장하지 말고 항상 남을 의식해야 한다. 사생활이란 행위의 과정은 말할 나위도 없고 행위의 후유(後遺) 상태까지도 남에게 일체의 영향을 끼치지 않는 것이다. 엄격한 의미에서 사생활은 없다.

● 가까운 데서 먼 데로 : 자기가 원하는 대로 남에게 해야 한다. 부모에게 효도하듯이 다른 어른을 공경하고, 동기간에 우애하듯이 남과 어울리며, 처자를 사랑하는 마음으로 아랫사람을 아낀다.

3) 마음가짐

(1) 감사 - 하나님, 조국, 부모님, 가족, 이웃에 대하여 항상 감사하는 마음이어야 한다.

(2) 성실 - 자신에 대하여 충실하고 동시에 타인에 대하여 정성을 다하는 마음이어야 한다.

(3) 정직 - 매사에 거짓이나 꾸밈이 없고 곧고 올바른 마음이어야 한다.

4) 아름다운 언어생활

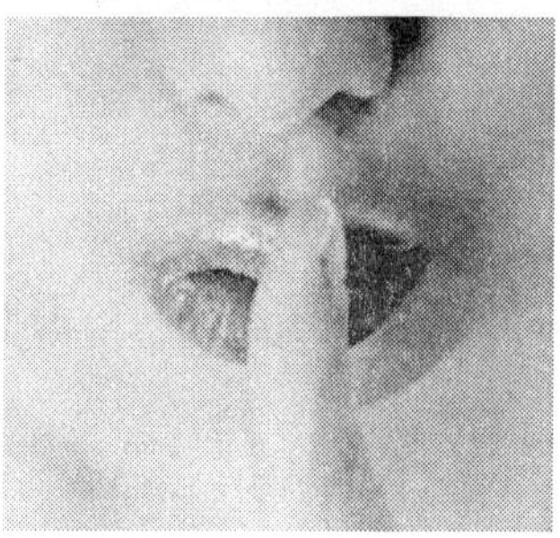

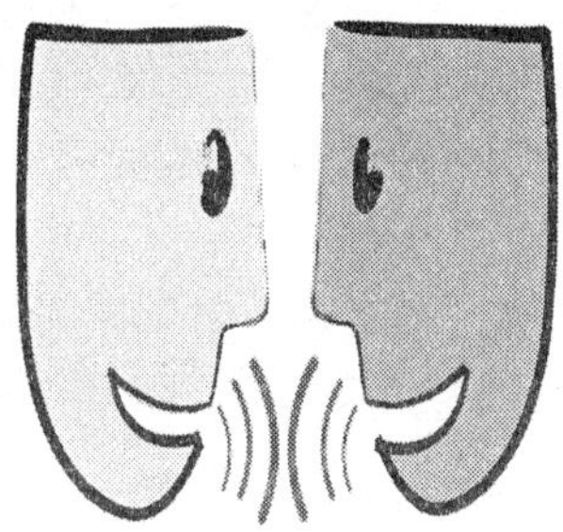

(1) 항상 말을 조심한다. - 필요한 말, 긍정적이고 유익한 말(말하기 전에 7번 생각하기)

(2) 바른 말을 사용한다. - 사실에 맞는 말, 때에 맞는 말

(3) 상냥하고 고운 말을 사용한다.

- 마음을 넓고 깊게 해주는 말 - "미안해"
- 겸손한 인격의 탑을 쌓는 말 - "고마워"
- 사람을 사람답게 자리 잡아 주는 말 - "잘했어"
- 화해와 평화를 이루는 말 - "내가 잘못했어"
- 모든 걸 덮어 하나 되게 하는 말 - "우리는"
- 세상에서 가장 보배로운 말 - "친구야"
- 봄비처럼 사람을 쑥쑥 키워지는 말 - "네 생각은 어때?"
- 언제든지 모든 날들을 새로워지게 하는 말 - "초심, 첫 마음으로 살아가자"
- 날마다 새롭고 감미로운 말 - "사랑해"

5) 생활예절

(1) 규칙적이고 좋은 생활 습관을 갖는다.

• 아침형인간,시간관리

• 바르게 앉기, 서기,
• 경청하기

• 긍정적인 마인드

(2) 바르게 서기 - 몸의 중심을 잘 잡고 발의 뒤꿈치를 붙이고 두 다리를 붙여 선다.

(3) 바르게 앉기 - 의자 깊숙이 엉덩이가 등받이에 닿도록 하며 다리는 수직, 발끝은 가지런히 모아 정면을 향하여 앉는다.

(4) 바르게 걷기 - 걸음을 걸을 때는 조용히 앞만 보면서 소리 안 나게 걷는다.

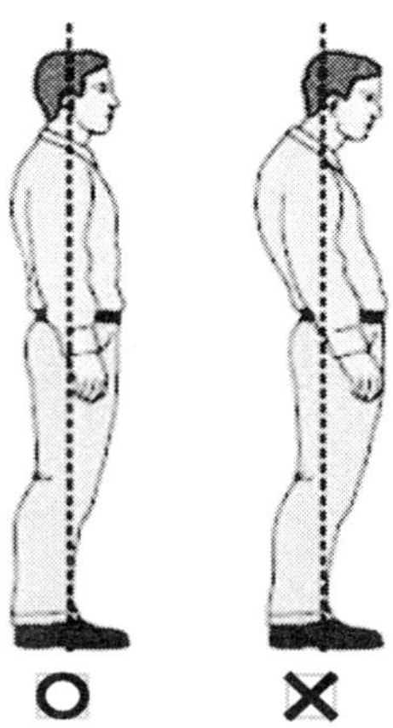

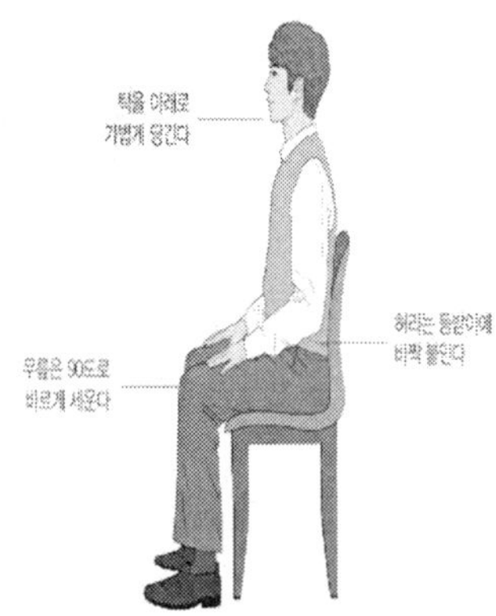

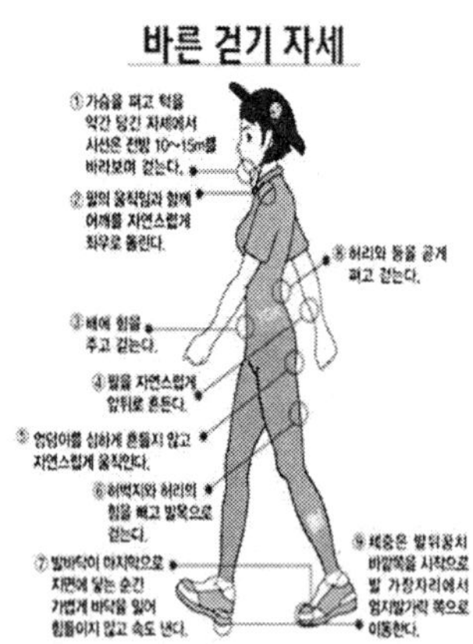

(5) 출입

- 방에 들어갈 때 노크를 두 번 가볍게 한다.
- 문을 열고 닫을 때는 가능한 두 손으로 하며 두 손에 물건을 들었을 때는 물건을 내려놓고 문을 열고 닫는다.
- 문턱(문지방)을 밟고 서거나 밟지 않는다.
- 가능한 방 안에 있는 사람에게 뒷모습을 보이지 않는다.
- 문소리, 발소리가 나지 않게 한다.

6) 인사예절

(1) 마음에서 진심으로 우러나는 인사 - 진정한 마음, 존경하는 마음, 반가운 마음

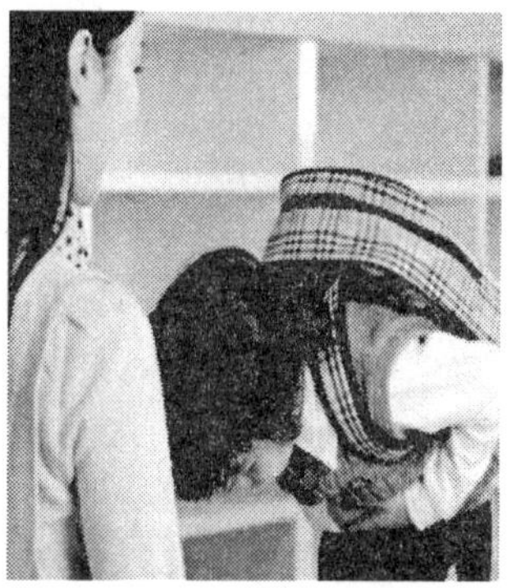

(2) 인사 시 주의할 점

- 먼저 본 사람이 먼저 인사를 한다.
- '안녕하십니까?' 등 인사말을 건네고 고개를 숙인다.
- 인사를 하기 전과 후에는 반드시 눈을 맞추도록 한다.
- 시선 맞춤이 없는 인사는 의례적인 몸동작에 불과하다.
- 인사말은 밝은 음성으로 명랑하고 분명하게 한다.
- 밝은 표정으로 반가운 마음, 존경하는 마음이 표정으로 나타나야 한다.

- 때와 장소, 상황에 맞게 인사한다.

(3) 상황에 맞는 인사

- 걷는 도중에는 반드시 발을 멈춘 뒤 인사를 한다.
- 걷고 있을 때는 상대방 앞과 2~3m정도의 지점에 이르렀을 때 기본 자세를 갖추고 인사를 한다.
- 계단에서 인사할 때 손윗사람이 밑에 있을 때는 옆으로 비켜선 다음, 밑에서 올라오는 손윗사람이 같은 계단에 오면 인사한다.
- 앉아 있을 때는 일어나 자세를 갖추고 인사한다. 부득이한 경우에는 허리를 펴고 바르게 앉은 자세에서 허리를 숙여 인사한다.

3. 결론 및 제언

첫째, 인성교육은 지(知), 정(情), 의(意)의 조화로운 발달이 어우러진 전인적인간의 육성을 교육의 이념으로 삼고 있다. 인성교육은 전인적 인간교육을 위한 필수적인 과정이며, 인성교육의 목적은 오늘날 사회에서 요구하는 바람직한 인간상을 함양하는 것이다. 유아기의 인성교육을 통해 유아는 긍정적인 자아감을 형성하고 남을 배려하면 서로가 다름을 인정할 수 있는 소양을 함양함으로서 더불어 즐겁게 삶을 영위할 수 있는 품성의 기초를 형성하게 된다. 인성교육을 통해 유아는 자신에 대한 이해함은 물론 타인에 대해 배려하고 존중하면서 더불어 살기 위한 능력을 배양하도록 해야 한다.

둘째, 예절교육이란 좁은 뜻으로는'예의범절을 가르쳐서 익히게 하는 것'이지만 넓은 뜻으로는'한 사람의 어엿한 사회인으로서 완성시키는 일'이다. 단순히 예의범절을 가르치는 것이 아니라 한 사람이 어엿한 사회인이 되기 위해 필요한 생활 습관이나, 행동, 태도, 가치관(현대 사회를 올바르게 살아가는데 필요한 생활 습관이나 행동, 태도, 가치 형성) 등의 광범위한 내용을 익히게 하는 것이 중점문제이다.

예절교육은 원래 의도적. 목적적인 활동이다. 부모나 사회의 아동에 대한 예절교육은 단순한 접촉이나 대화가 아니라 목표를 향한 의도적인 활동이다. 효행, 충절을 중심으로 한 예전의 가족적, 국가적 규범은 현대사회의 급변하는 환경과 더불어 크게 변화되었다. 변화한 가치 규범은 개인을 존중하는 민주주의의 이념이며, 그 이념은 국가적인 강요나 일정한 방향에 대한 주입을 거부하는 것이었다.

이상에서 살펴볼 때 모든 교육은 가정에서 이루어지고, 학교에서 다듬고, 사회에서 실천되어야 하는데 현실은 그 틀이 분명하지가 않아 사회적 병리현상이 정체되고만 것이다.

이 같은 사회적 병리현상에서 벗어나고 살만한 세상을 만들기 위해서는 먼저 기성세대가 변화되어야 하고, 물질만능주의에서 벗어나야 하며, 더불어 살아가는 풍조가 일어나야 하므로 성인들도 인성교육의 중요성을 인식하고 실천해야 할 것이다.

연구문제

1. 청소년 예절교육의 중요성을 설명하시오
2. 윤리적으로 가장 중요한 가치는 무엇인가?
3. 타인들을 배려하는 좋은 태도는 무엇인가 논하시오.
4. 인간관계에서 문제해결을 위한 최고의 가치는 무엇인가?
5. 인성교육에서 가정의 역할을 만들어 보시오.

참고문헌

고동영(1994), 한국상고무예사, 흔 뿌리

교육부(1994), 유치원 교육과정 해설, 대한교과서(주)

김형찬번역, 공자(1999), 논어, 홍익출판사

이홍진(2002), 무예원론, 교학연구사

정범모(1974), 교육과 교육학, 배영사

제6장

도덕교육과 무도지도자의 역할

제6장 도덕교육과 무도지도자의 역할

* 이 승 호

'교육의 질은 교사의 질을 능가하지 못한다'는 말이 있다.

지도자는 교육에 있어 성패를 결정한다면 무엇을 어떻게 행동하는가가 교육의 성패를 결정하는 기준이 된다. 위와 같이 도장의 도덕교육이 바른 방향으로 나가기 위해서는 무도지도자의 올바른 인식과 아울러 자질향상이 있어야 한다.

따라서 본장에서는 비 수련생을 관찰하고 수련생들과 심층상담과 관련문헌을 통해 분석하고 도장 도덕교육의 내용, 바업, 특성, 문제점을 통해 얻은 결론을 다섯 가지 영역으로 분류하고 개선방향을 제시하였다.

* 명지대학교 생활체육과 지도교수
* 체육학박사
* 사) 청소년행복세상 이사 겸 지역연맹회장

1. 서 론

본 연구자는 지난 약 15년을 무도지도자로 지내면서 학부모들이 자녀들을 도장에 보내는 목적은 아이들의 건강과 도덕교육을 위해서라는 것을 알게 되었다.

학부모들은 학교에서는 지식 위주의 교육을 기대하고 학교에서 제대로 하지 못하는 도덕교육이나 체육활동은 도장에서 해주기를 원하고 있었다. 이에 본 연구자는 "도장의 지도자들이 학부모들의 이러한 기대에 맞추어 인성교육을 제대로 할 수 있는가?" 하는 의문을 갖게 되었다.

요즈음에는 어느 도장이든 인성교육 전문도장이라는 문구를 흔히 사용하고 있다. 또한 무도 수련을 하면 아이들의 인성교육, 즉 도덕성 발달에 큰 도움이 된다고 말한다. 그러나 보다 구체적으로 어떠한 방법으로, 어떠한 내용을 교육하는지를 질문하면 명확하게 논리적으로 대답할 수 있는 지도자들은 많지 않을 것이다.

'교육의 질은 교사의 질을 능가하지 못한다(허혜경, 1994).'라는 말이 있듯이 지도자는 교육에 있어 매우 중요한 위치에 있으며 이 말은 '지도자가 무엇을 믿고, 어떻게 행동하는가가 교육의 성패를 결정하는 기준이 된다.'라고 바꾸어 말할 수 있다. 따라서 무도 지도자의 도덕교육에 대한 인식을 조사하는 것은 도장에서 이루어지는 도덕교육의 질적 향상을 위하여 꼭 필요한 것이라 할 수 있다.

본 연구는 무도 도장 지도자들의 도덕교육에 대한 인식을 심층적으로 기술. 분석하는데 그 목적이 있다. 또한 본 연구의 목적을 달성하기 위하여 다음과 같은 구체적인 연구 문제를 설정하였다.

첫째, 도장 도덕교육의 내용은 무엇인가?

둘째, 도장 도덕교육의 방법은 무엇인가?

셋째, 도장 도덕교육의 특성은 무엇인가?

넷째, 도장 도덕교육의 문제점은 무엇인가?

다섯째, 도장 도덕교육의 나아갈 방향은 무엇인가?

2. 연구방법

개인의 풍부하고 주관적인 경험을 충분히 이끌어 내기 위해서는 객관적인 양적 접근방법 보다는 주관적인 질적 접근방법이 유용하다. 따라서 본 연구는 무도 지도자의 도덕교육에 대한 인식을 심층적으로 기술하기 위해 질적 사례 연구방법을 적용하였다.

우드와 카탄자로(Woods & Catanzaro, 1998)에 의하면 사례연구는 한 개인, 가족, 집단, 지역사회 또는 다른 단위(단체, 공동체, 조직, 문화, 사건 등)에 대한 철저하고 체계적인 조사이며 배경, 현재 상태(status), 환경적인 특성 및 상호작용 관련의 심층적 자료를 자연적인 상태에서 조사 연구하는 것이다.

오늘날 사례연구법은 1)사회적 현상 가운데서 비교적 적은 경험으로 인하여 학문적으로 정립이 안 되어 있는 분야에 대해 통찰력을 자극하고, 2)조사연구를 위한 가설을 찾기 위해서 소수의 한정된 사례에 대한 집중적 연구에 사용되며, 3)또한 개인, 집단 및 지역사회와 이들의 상황에 관해서 그 특징을 밝히고 설명해 주는 충분한 정보를 얻고, 4)나아가 다른 유사한 사례들과의 공통성을 규명하여 보편화를 시도하는데 사용되고 있다(신경림 외, 2004).

본 연구에서 사용될 구체적인 연구대상 선정방법은 질적 사례연구에서 일반적으로 이용하고 있는 비확율적 표집(nonprobability sampling)의 한 가지 방법인 유목적 표집법(purposeful sampling)을 이용할 것이다.

강상조(1994)는 유목적 표집법이란 연구문제에 적합한 상황에서 특성을 대표할 수 있는 대상자를 표집 하는 것으로서 연구대상으로부터 연구목적에 적합하다고 판단되는 심층적인 정보를 얻으려는 방법이라고 하였다.

따라서 본 연구에서는 위와 같은 방법으로 태권도 지도자 3명, 합기도 지도자 3명, 그리고 검도 지도자 3명을 연구 참여자로 선택하였으며 연구 참여자의 개인적 배경은 〈표 1〉과 같다.

〈표 1〉 연구 참여자의 개인적 배경

구분	나이	학력	지도자 경력	관원수
합기A	42	석 사	20년	130명
합기B	38	석 사	15년	80 명
합기C	28	학사과정	3 년	40 명
태권A	37	박사과정	14년	500명
태권B	37	학사과정	10년	250명
태권C	27	석사과정	5 년	200명
검도A	50	학 사	18년	50 명
검도B	42	석사과정	16년	60 명
검도C	42	박사과정	20년	50 명

3. 연구결과

본 장에서는 비참여 관찰, 연구 참여자들과의 심층면담, 그리고 관련 문서와 문헌을 통해서 얻은 자료들을 심층적으로 기술.분석하였다. 이들 자료들은 도장 도덕교육의 내용, 도장 도덕교육의 방법, 도장 도덕교육의 특성, 도장 도덕교육의 문제점, 도장 도덕교육의 나아갈 방향 등 크게 다섯 가지의 주된 범주로 분류되었다.

1) 도장 도덕교육의 내용

본 연구 참여자들은 도덕교육의 내용에 대하여 다음과 같이 말하였다. 첫째, '사자소학'과 같은 일정한 교재를 가지고 규칙적으로 실시한다고 하였다. 둘째, 컨설팅 회사의 월별 인성교육 자료를 참고한다고 하였다. 셋째, 본 연구의 참여자들은 대부분 생활예절을 중시하였으며 그 중에서도 인사법과 말투에 대한 교육을 가장 강조하였다. 넷째, 도덕적인 내용의 신문 기사나 TV 방송 프로그램을 보고 그것을 내용으로 교육하였다.

(1) 사자소학

합기A 관장과 합기B 관장은 사자소학을 도덕교육의 교재로 사용하였다.

> 우리 도장에서 하는 것이 사자소학인데 사자소학은 여러 가지 내용이 있지만 우리 도장에서는 효행과 형제애에 대한 내용을 주로 합니다(합기A).

사자소학은 주자의 소학원본에서 발취하여 소학과 기타 여러 경전들의 내용을 알기 쉽게 4자 1구로 구성하여 옛 선조들이 서당에서 아이들에게 천자문보다도 먼저 배우게 한 한자의 기초적인 교과서였다. 그 내용은 부모에 대한 효도, 형제들 간의 우애, 스승에 대한 예의, 친구들 간의 우정, 바람직한 대인관계 등 누구나 갖추어야 할 덕목과 행실을 가르치고 올바른 마음가짐을 갖기 위한 기본적인 행동 철학이 담겨져 있는 종합적인 도덕교육의 교과서라고 할 수 있다.

(2) 컨설팅 회사의 월별 인성교육 자료

대부분의 연구 참여자들은 컨설팅 회사나 인터넷을 참고하기도 하지만 그것만을 가지고 인성교육을 실시하지는 않았다. 동료 체육관이나, 문헌, 사회의 이슈가 되는 내용들을 함께 인성교육 자료로 활용하였다.

태권B 관장은 컨설팅 회사의 자료와 동료 관장들과의 교류를 통하여 교육자료를 얻는다고 하였다. 서로 공유하는 웹 사이트에 유용한 자료를 올려서 공유하는 형식이었다. 또한 필요한 자료가 있으면 구체적으로 어떠어떠한 자료를 가진 사람은 올려 달라고 요청하기도 하였다.

> K 컨설팅 회사의 자료를 활용하고 있지만 그것만 가지고는 안 되고 동료 체육관들과 좋은 정보가 있으면 서로 교류하고 교환하여 사용합니다(태권B).

대부분의 연구 참여자들은 컨설팅 회사의 자료를 비롯한 다양한 자료들을 참고하였고, 특히 태권도 지도자들은 여러 컨설팅 회사와 단체의 세미나 등을 통해 가장 풍부한 자료를 접할 수 있었으며 사회의 이슈에 대해 매우 민감한 반응을 보였다. 수련생이나 학부모들이 고객이라 할 때 고객에 대한 서비스 정신이 상당히 투철해 보였다. 반면에 연구 참여자 가운데 검도 지도자들은 그러한 풍부한 자료를 접할 기회가 상대적으로 적었으며 그러한 자료의 활용도도 가장 낮았다.

(3) 생활예절

공자는 도덕성의 본질로 덕(德)과 규범(規範)을 보았다. 덕이란 도덕의 제일 원리요, 도덕실천의 근거로써 그것을 소유한 개인의 내적안목(內的眼目)이다. 공자는 이러한 의미의 덕을 대표하는 용어로 인(仁)을 제시하였다.

또한 문화유산으로서의 규범은 행동을 규율하는 규칙이다. 공자는 이 규범을 대표하는 용어로 예(禮)를 제시했다. 결국 공자에게 있어 '인'과 '예'는 상호보완 관계에 있다. '인'은 '예'라는 절도 및 규범의 본질이 되며 그 본질이 없고서는 표준으로서의 '예'가 존립할 근거가 없다.

그리고 '인' 역시 '예'라는 형식적 규범을 무시하고서는 밖으로 실현될 수 없다. 그러나 맹자는 '인'을 강조하였고, 맹자는 '예'를 더 강조하였다. 특히 순자는 "예"를 도덕의 극치라 하였으며 도덕성의 본질로 보았다(강봉수, 2001). 본 연구의 참여자들은 대부분 예절을 중시하였으며 그 중에서도 인사법과 말투에 대한 교육을 강조하였다. 특히 연구 참여자 중에 태권도 지도자는 '효(孝)'를 가장 중시하였다.

검도A 관장은 언어예절을 강조하였으며, 청소년들이 부모님께 또는 윗사람에게 제대로 존댓말을 쓰지 않는다고 하였다. 또한 도장에서 지도자에게는 잘하지만 밖에 나가면 존댓말을 사용하지 않는 것을 지적하였다.

> 말씨가 제일 중요하다고 생각합니다. 요즘 청소년은 존댓말을 사용하는 경우는 드물지 않습니까. 아무리 관장님이 존댓말을 사용하라고 해도 관장님앞에서는 존댓말을 하지만 나가서는 하지 않잖아요. 이런 부분이 지도하기가 어렵습니다(검도A).

태권도 관장들이 도덕교육에서 가장 강조하는 부분은 '효'였다. '효'에 대하여 말로만 하는 아니라 집에서 '어머니 어깨 주물러 주기', '부모님 발 씻겨 드리기', '감사의 편지 쓰기' 등의 구체적인 행동을 과제로 내 주기도 하였다.

> 첫 번째는 '효'라도 생각합니다. 말로만 하는 효가 아닌 행동으로 행하는 효입니다(태권A).
> 가장 중요한 것은 부모님과 어른들을 공경하고 효도하는 마음입니다(태권C).

본 연구의 참여자들은 이야기를 통한 도덕교육으로 내적안목인 인(仁)의 교육을 실시하였고, 수련시간을 통하여 또는 수시로 눈에 보이는 예절을 지도하였다. 하지만 도장의 특성상 내적안목인 인을 교육하기 보다는 신체활동을 통한 교육으로서 예절을 가르치는 것에 더 중점을 두었다. 한편 태권도 지도자의 경우 '효(孝)'를 가장 강조하였는데, 이렇게 '효'를 강조하는 이유는 마케팅적인 요소도 감안하는 듯 여겨지기도 하고 보이기도 하였다.

(4) 도덕적인 내용의 신문 기사나 TV 방송 프로그램

태권C 관장은 태권도 컨설팅 회사의 자료뿐만이 아니라 그때그때 사회적으로 이슈가 되는 내용 중에 어린이나 교육에 관련된 정보는 적극적으로 수집하여 활용하고 있었다. 특히 필요한 경우 인맥을 활용하여 외부 강사를 초청하는 적극성을 보였다.

> 사회에서 이슈화 되는 부분들을 주제로 합니다. 내일 청와대 백일경비단소속인 경찰분이 저희 체육관에 와서 아이들의 유괴, 납치에 대해 특강을 하고, 지난 번에 대구에서 초등학생 집단성폭행사건이 있었는데 성교육등 사회의 이슈가 되는 것에 대해 인성교육을 실시해요. 신문을 보든 텔레비전을 시청하든지 모든 관심이 그 쪽으로만 쏠려 있습니다. 인간극장, 다큐멘터리 프로그램을 시청해서 교훈적인 내용들을 수련시간에 아이들에게 얘기하고 있어요(태권C).

무도 단체나 협회에서 하는 지도자 교육은 주로 실기나 마케팅 위주이다 보니 도장에서 하는 도덕교육은 지도자들이 각자 알아서 준비해야 한다. 그러다 보니 개인의 능력에 따라 도장에서 이루어지는 도덕교육의 내용의 질은 차이가 많이 날 것이다. 태권도 지도자의 경우 사회적으로 이슈가 되는 기사나 프로그램 중에 수련생의 도덕교육과 관련되는 내용에 많은 관심을 기울였으며 그러한 사회적 이슈에 대한 자료를 다양한 경로를 통하여 입수하였다. 반면에 검도 지도자들은 그러한 노력이 태권도 지도자들에 비하여 많이 부족한 것으로 보였다.

2) 도장 도덕교육의 방법

본 연구의 참여자들은 이해를 통한 규범의 수용, 지도자의 모범, 강화와 벌, 실천과 체험, 반복을 통한 습관화, 자율적 참여 유도 등 다양한 도덕교육 방법들을 사용하고 있었다.

(1) 이해를 통한 규범의 수용

피터스(Peters, 1981)는 도덕 규칙과 원리들을 가르치는 자세 또는 방법을 제시하였는데, 이를 간단히 말한다면 도덕규범의 합리적 이해를 통한 내면화라고 할 수 있다. 학생들이 아직 어려 이성적 사고의 능력이 제한되어 있는 시기에는 규칙의 일방적 수용과 행동 습관화를 도모할 수밖에 없지만, 점차 그들의 인지 능력이 발달하여 합리적인 도덕교육이 실행될 수 있는 때에 이르면, 지체 없이 반성적 숙고와 이해를 통해 도덕규칙과 원리를 내면화하고 행동화할 수 있도록 이끌어야 한다. 따라서 올바른 도덕성의 발달을 위해서는 도덕규범에 대한 합리적인 이해가 선행되어야 한다는 것을 알 수 있다. 본 연구의 참여자들은 정기적인 훈화를 통해서, 수련생의 수준에 맞는 예를 들어서, 개별적 대화를 통해서 수련생들의 도덕규범에 대한 이해를 도왔다.

태권A 관장은 매달 한 가지 주제를 정하고 그 주제의 범위 내에서 매일 아이들의 수준에 맞는 예를 들어 설명하였다. 또한 질문과 답변을 통해서 아이들의 이해를 도왔다.

> 1월에는 목표, 2월에는 우정, 3월에는 인내, 이런 식으로 매달 한 가지 주제를 정하고 주제와 관련된 내용을 얘기 해 주고 연극도 하게 합니다. 저희는

> 50분 수업을 하는데 그중에 10분간 매일 인성교육을 합니다. 질서와 관련된 인성교육을 할 경우엔 질서는 왜 필요한지 질서는 무엇인지, 규칙은 무엇인지를 예를 들어 설명하고 아이들에게 질문하고 답변을 듣고 또한 예의, 예절, 존댓말을 설명할 때도 예를 들어 설명합니다. 예의와 예절, 그런 것들은 부모님과 관련해서 많이 설명을 합니다. 간단하게 아이들에게 접근할 수 있는 내용을 생각해서 수업준비를 합니다(태권A).

연구 참여자 중에 합기도와 태권도 지도자들은 수련생들에게 도덕규범을 이해시키기 위해 노력하는 모습을 볼 수 있었다. 특히 태권도 지도자들은 매일 이야기를 통한 인성교육을 실시할 정도로 열성을 보였다. 하지만 다양한 연령층이 함께 수련하다 보니 연령에 적합한 교육이 이루어지기에 어려워 보였다. 한편 연구 참여자 가운데 검도 지도자들은 타 무도 지도자들에 비하여 이러한 교육에 비교적 많은 노력을 기울이지는 않았다.

(2) 지도자의 모범

프로이드(Freud, 1965)에 의하면 건전한 인격은 동일시와 내면화를 통해 형성된다. 동일시는 자기가 의미 있다고 여기는 인물의 태도, 행동, 인성, 특성 등을 닮는 것을 가리킨다. 또한 밴두라(Bandura, 1986) 역시 인간의 행동 변화와 학습이 강화나 벌에 의하지 않고 시범 행동을 관찰하고 모방함으로써도 이루어질 수 있음을 강조하고 있다. 특히 모델의 지위가 매력적이고 존경과 신뢰의 대상이 되는 정도가 높을수록 더 잘 모방된다는 사실이 밝혀졌다. 본 연구의 참여자들 역시 수련생들이 자신의 말이나 행동을 따라한다는 것을 알고 수련생들에게 모범이 되고자 하였다.

태권A 관장은 성장기에 있는 수련생들은 모방심이 강하여 지도자를 따라 하기 때문에 지도자는 항상 행동을 조심하고 모범을 보여서 수련생들이 믿고 따를 수 있는 지도자가 되어야 한다고 말하였다.

> 성장기에 있는 아이들은 영웅심, 모방심리 등 자기가 존경하는 사람처럼 되고 싶어 합니다. 이 시기의 아이들은 태권도 사범님과 관장님을 상당히 멋있는 존재로 생각합니다. 그런 사람들이 바른 행동과 복장을 하고 교육을 하기

때문에 아이들이 그대로 따라올 수 있다고 생각합니다. 이런 점을 부모님께 설명하면 부모님이 수긍을 합니다(태권A).

본 연구의 참여자들은 대부분 수련생들에게 자신이 모범이 되어야 한다는 것을 알고 있었지만 실제로 행하기에는 많은 어려움이 있다고 호소하였다.

예를 들면 제한된 시간 내에 차량운행을 할 경우 교통법규를 어기는 경우라든가, 도장 근처의 동네를 다닐 때 복장, 말투, 행동 등이 흐트러지는 경우가 흔히 있다고 하였다. 또한 그러한 것이 지도자에게 스트레스로 작용하는 경우도 있었다.

(3) 강화와 벌

행동주의 도덕 심리학은 도덕교육에 있어 적절한 강화를 주의 깊게 사용하는 일의 중요성을 알려 준다. 행동주의 도덕 심리학에 의하면 모든 행동은 강화 받은 경험의 소산이다. 여기서 강화란 어떤 반응이 일어날 확률을 증강시키는 모든 것을 말한다. 학생에게 주는 칭찬, 상, 학생이 좋아하는 일을 하도록 기회를 주는 것 등 강화물은 무궁하다. 반대로 벌은 행동의 빈도를 약화시키는 모든 자극을 말한다. 강화는 그것을 사용하는 사람의 관점과 마음가짐에 따라 도덕적 인간을 길러내는 데 매우 유용한 수단으로 활용될 수 있다(유병열, 2006).

본 연구의 참여자들은 도덕교육의 방법으로 강화와 벌을 대부분 사용하고 있었으며 그 구체적인 내용은 여러 사람들 앞에서의 칭찬과 훈계, 일대일 대화를 통한 격려와 훈계, 칭찬 스티커 부여 등 다양한 방법이 있었다.

합기A 관장은 칭찬을 할 경우에는 구체적으로 누구 어떤 행동을 했는지 알려서 당사자를 여러 사람 앞에서 칭찬해 주고, 훈계를 할 경우에는 특정인을 지적하지 않고 잘못된 행동만을 이야기해서 전체적으로 교훈이 되도록 하는 방법을 사용하였다. 잘못된 행동을 한 수련생의 입장을 배려하는 지도자의 마음을 느낄 수 있었다.

아이들이 올바른 행동을 하면 수시로 칭찬을 해줍니다. 칭찬할 경우에는 직접적으로 당사자를 치켜 올려주고, 반대로 잘못된 행동이 있을 경우에는 특정인을 언급하지 않고 그 행동에 대하여 잘 잘못을 느낄 수 있도록 전체 수련생들에게 이야기 해줍니다(합기A).

연구 참여자 대부분이 강화와 벌을 사용하였지만 그 기준과 내용은 제각기 달랐다. 예를 들면, 수련생의 똑같은 행위에 있어서 어떤 지도자는 칭찬을 했지만, 어떤 지도자는 아무 반응을 보이지 않았으며, 어떤 특정한 수련생의 행동에 대하여 어떤 지도자는 벌을 주었지만 어떤 지도자는 벌을 주지 않는 경우도 있었다. 또한 한 사람의 지도자를 놓고 보았을 때도 똑같은 수련생의 행위에 대하여 어떤 때는 칭찬하고 어떤 때는 그냥 넘어 가는 경우도 있었다.

즉, 강화와 벌에 있어 지도자들의 일관성과 그 판단기준의 보편성이 부족한 것으로 보였다.

(4) 실천과 체험

인간은 행동하면서 배운다. 그러므로 행동주의 도덕 심리학은 직접적인 실천 행동과 체험에 의한 도덕학습을 강조한다. 인간 행동은 경험에 의해 학습되고 조형된 것이다. 반복 실천과 체험을 통한 학습이 이루어지기 위해 학교는 먼저 가르쳐야 할 도덕적 가치규범을 선정하여 학생들에게 적극 제시하고 설득할 필요가 있다.

다음에 그것을 적극적으로 권유하면서 실천하기를 촉구해야 한다. 이는 그러한 가치규범을 실천하고 체험하면서 깊이 내면화할 수 있는 기회를 제공하는 것으로 구체화 될 수 있다. 본 연구의 참여자 대부분은 실천을 중시하였으며 가장 중한 영역인 직접적인 체험의 기회를 제공하기도 하였다.

합기A 관장은 수련생들이 도장에서 배운 것을 밖에서도 실천할 수 있도록 신경 쓰고 있다고 말했다.

결국은 가장 중요한 것은 실천이라고 생각합니다. 특히 도장에서 배운 것을 도장에서는 잘 하는데 학교나 집에 가서는 실천하지 않는 경우가 많이 있습니다. 그래서 도장에서 배운 것을 밖에서도 실천할 수 있도록 신경을 쓰고 있습니다(합기A).

어떤 특정한 행위나 규범을 가르치기 위해서는 우선적으로 이해를 통한 수용을 가능케 하는 설득이 필요하게 된다. 설득이란 그러한 행위를 해야 하는 이유를 알아듣도록 설명하는 것, 즉 '무엇 때문에'를 아이들에게 가르쳐 주는 것을 의미한다(이돈희 외, 1975). 하지만 본연구의 참여자 대부분은 실천과 체험을 중시하지만 그에 선행하는 이해와 설득에 대해서는 큰 관심을 두지 않았다. 이러한 점은 도장 도덕교육의 가장 큰 문제 중에 하나로 생각된다.

(5) 반복을 통한 습관화

행동주의 도덕 심리학에서는 도덕적인 행동에 대해 적절한 보상을 주어 그러한 행동이 꾸준히 반복되도록 함으로써 도덕적 행동의 습관화해 가는 가운데 하나의 품성으로 자리 잡게 해야 함을 주장하고 있다(박병기 외, 1996). 본 연구의 참여자들은 대부분 반복교육을 통한 습관화를 강조하였으며 특히 인사예절을 중시하였다.

> 인사가 습관화가 되도록 교육하고 있습니다. 인사가 안 될 경우는 두 번이고 세 번이고 반복교육을 시켜서 자연스럽게 몸에 익히게 합니다. 처음에는 안 되죠. 하지만 계속해서 반복하다 보면 이루어지게 됩니다(합기A).

행동주의 도덕 심리학자들은 적절한 강화에 의한 도덕적 행동의 습관화를 통하여 그것을 하나의 품성으로 자리 잡게 해야 한다고 주장하였다.

하지만 그러기 위해서 먼저 가르쳐야 할 도덕적 가치 규범을 선정하여 학생들에게 적극 제시하고 설득할 필요가 있다고 하였다.

연구 참여자들은 대부분 반복 교육을 실시하고 있었으며 그러한 반복을 통하여 습관화가 이루어졌을 때 그 효과가 오래 지속된다고 생각하였다. 하지만 그에 선행하는 도덕적 가치 규범에 대한 설득에 대하여는 크게 노력을 기울이지 않는 것으로 보였다. 따라서 반복행동을 통한 습관화도 중요하지만 그에 선행하는 설득의 부족이 도장 도덕교육의 문제로 지적된다.

(6) 자율적 참여 유도

아동들의 도덕성에 대하여 피아제(Piaget, 1932)는 크게 강제적 또는 타율적 도덕성과 협동적 또는 자율적 도덕성으로 구분될 수 있으며 전자로부터 후자로 발전해 간다고 보았다. 타율적 도덕성에 있어 도덕은 어른이나 그 밖의 외적 권위에 의해 주어진 것으로 간주된다. 이에 비해, 자율적 도덕성에서의 도덕 규칙은 외부에서 주어지는 것이 아니라 존중될 만한 가치를 중심으로 상호 합의에 의해 그리고 자유로운 결정에 의해 만들어진 것으로 이해된다. 민주주의 사회에서의 진정한 도덕성은 자율적 도덕성 단계를 기반으로 할 때 이루어지는 것이라 하겠다. 이러한 자율적 도덕성이 시작되는 단계를 피아제는 평균적으로 10세 이후로 보고 있다.

합기B 관장은 가정생활지도의 주제를 학부모가 수련생과 의논하여 직접 정하게 하고, 평가도 학부모가 하도록 하여 체육관뿐만이 아니라 가정에서도 지속적인 인성교육이 이루어지도록 유도하였다. 또한 체육관에서 정하는 인성교육의 주제에 대해서는 수련생들이 세부사항을 스스로 정해서 발표하게 함으로써 자율적인 참여를 유도하였다.

아이들의 올바른 행동을 이끌어 주기 위해 월1회 가정생활지도 가정 통신문을 보내서 부모님과 아이들이 대화를 통해 정해서 1달 동안 실천하고, 그것에 대한 결과를 부모님이 평가해서 체육관으로 보내면 체육관에서는 아이들에게 격려해 주고 있습니다.

연구 참여자들은 수련생의 자율적인 참여도 유도하였지만 그 보다는 학부모와의 커뮤니케이션, 학부모의 적극적이고 자율적인 참여에 더 관심을 가졌다. 그 이유는 도장의 교육과 가정에서의 교육이 연계되어 일관성 있는 교육이 이루어지기 위해서는 부모님의 참여와 신뢰가 필요하기 때문이다. 또한 수련생이 도장에 다니는 것에 대한 결정권을 가진 부모님의 의사를 교육내용에 반영함으로써 수련생이 지속적으로 도장에 나올 수 있도록 하고자 하는 상업적인 의도도 있는 것으로 보였다. 결국 10세 이상 수련생의 도덕성 발달 단계에 적합한 자율적인 참여를 위한 노력이나 프로그램은 매우 부족한 것으로 보인다.

3) 도장 도덕교육의 특성

본 연구의 참여자들은 무도 수련을 통한 도덕성 체득, 객관적 교육의 실시, 무도 지도자에 대한 긍정적 이미지의 활용, 실천과 반복의 중시 등을 도장에서 실시하는 도덕교육의 특징이라고 말하였다.

(1) 무도 수련을 통한 도덕성 체득

연구 참여자 가운데 합기도와 검도 지도자는 무도 수련을 자체를 통하여 도덕성의 체득이 가능하다고 보았으며, 태권도 지도자는 그렇지 않다고 하였다. '별도의 교육이 없이 합기도 수련을 통해서 도덕교육이 가능한가?' 라는 질문에 합기A 관장은 수련생들이 자신 보다 강한 사람, 또는 약한 사람과 수련을 하면서 겸손함, 자신감, 상대방을 배려하는 마음, 그리고 절제 등이 길러 질 수 있다고 하였다.

> 합기도 수련 자체가 인성교육이 된다고 생각한다. 자기보다 약한 사람, 또는 강한 사람과의 연습과정에서 자신감, 겸손함, 그리고 상대를 맞춰 줘야 하는 부분 등을 통해 절제 등을 자연스럽게 받아들여지고 느끼기 때문에 그 자체가 인성교육이 되는 것 같아요(합기A).

합기B 관장은 도장의 규칙을 통해서 그리고 운동을 통해서 자연스럽게 도덕교육이 이루어진다고 대답하였다.

> 합기도 수련만을 통해서도 인성교육이 가능하다고 생각합니다. 체육관 규칙을 통해서, 운동을 하면서 줄을 선다든지 술기연습을 할 때 상대방의 마음을 이해해 주고 호흡을 맞추면서 서로를 존중을 해준다던지 하면서 그러한 것이 자연적으로 이루어지는 것 같습니다(합기B).

'별도의 교육이 없이 태권도 수련을 통해서 도덕교육이 가능한가?' 라는 질문에 태권A 관장과 태권B 관장은 불가능하다고 이야기했다.

> 인성교육이 꼭 필요하다고 생각합니다. 태권도 수련만을 가지고 바른길을 간다는 것은 어렵다고 생각합니다(태권A).

> 약간의 도덕성이나 협동성, 질서, 규칙, 사회성은 배울 수 있지만 인성교육은 안된다고 봅니다(태권B).

'별도의 도덕교육이 없이 검도수련을 통해서 도덕교육이 가능한가?'라는 질문에 대하여 검도A 관장과 검도C 관장은 가능하다고 하였다. 특히 검도A 관장은 오랜 수련을 하면 기본예절이 반복되어 몸에 배어서 자연스럽게 예절교육, 도덕교육이 된다고 했다.

> 가능하다고 생각합니다. 운동을 오래 하면 자연스럽게 몸에 배어서 가능합니다. 그런데 지금은 그렇게 하지 못하는 게 문제죠. 운동을 힘들게 시키면 자연스럽게 교육은 이루어집니다. 그것이 기본적인 운동정신이라 생각합니다(검도A).

연구 참여자 가운데 합기도와 검도 지도자는 무도 수련을 통하여 도덕성의 체득이 가능하다고 보았으며, 태권도 지도자는 그렇지 않다고 하였다. 이러한 생각이 태권도 지도자들이 도덕교육에 신경을 많이 쓰는 것과, 검도 지도자들이 별도의 도덕교육에 큰 관심이 없는 것에 대한 원인으로 볼 수 있다고 생각된다.

(2) 객관적 교육의 실시

가정교육의 한계에 대하여 뒤르껨(Durkheim, 1973)은 가정이란 너무 작고 또 대부분 사적인 관계에 의해 운영되는 집단이기 때문에 사회체계를 반영하는 한 단위가 될 수 없다고 하였다. 본 연구의 참여자들은 도장에서 실시하는 도덕교육은 가정에 비하여 보다 객관성을 갖추고 있다고 하였다.

본 연구의 참여자들은 아이들이 자신의 부모님을 쉽게 생각하기 때문에 행동의 통제가 잘 되지 않고, 부모님은 자기 자식이기 때문에 객관적인 판단에 부족함이 있다고 말하였다.

> 가정에서는 아이들이 부모님을 어려워하지 않고 쉽게 생각합니다. 또한 부모님들도 가정에서는 자기 자식이기 때문에 감정적인 판단을 하는 경우가 많은 것 같습니다(합기C).

도장 도덕교육은 가정에서처럼 한 두 명이 아니라 여러 명의 수련생들을 대하고, 또한 여러 학부모들의 의견을 수렴하여 교육에 반영하기 때문에 가정에 비하여 보다 객관적이고 보편적인 교육을 할 수 있다고 말했다.

> 도장은 연령층이 다양하고 성별이 다양하고, 그리고 태권도, 합기도, 검도, '도'라는 측면에서 아이들에게 옳고 그름을 정확하게 분별할 수 있는 곳이라고 생각을 합니다(태권A).

여러 아이들이 있음으로 해서 객관적인 교육을 실시한다고 하지만 그것은 지도자가 여러 아이들을 모두 관심 있게 지켜보고 골고루 사랑을 베풀어 줄 때 가능할 것이다. 또한 학부모들과의 커뮤니케이션이 원활하고 그들의 의견을 잘 종합하고 분석해야만이 보편적이고 객관적인 교육에 도움이 될 것이다.

(3) 무도 지도자에 대한 긍정적 이미지의 활용

뒤르껨(Durkheim, 1973)은 아동들에게는 명령적 암시에 대한 개방성이 있다고 하였다. 명령적 암시에 대한 개방성이란 무언가 위대한 힘의 존재에 접하면 그것을 경외하고 그것에 내보이는 암시를 큰 저항 없이 수용하는 특성이 있음을 말하는 것이다. 본 연구의 참여자들은 수련생들이 무도 지도자들에 대하여 부모님이나 학교 선생님에 대하여 보다 강하고 의롭다는 이미지를 갖고 있으며, 보다 더 친밀감을 느끼고, 무도라는 특성이 강력한 강화작용을 한다고 말하였다.

연구 참여자들은 수련생들이 자신의 부모나 학교 선생님보다 무도 지도자들에 대하여 좀 더 강하다 또 의롭다는 이미지를 갖고 있으며, 보다 높은 권위를 부여한다고 하였다.

> 어머님들이 "집에서는 말을 잘 듣지 않지만 관장님 사범님 말은 칼 같이 지켜요." 라는 얘기를 많이 하는데 그런 심리를 이용할 줄 알아야 해요(태권B).

연구 참여자들은 영어 학원이나 수학 학원에 비하여 도장이 인성교육에 더 적합한 것은 운동을 통한 교육을 하기 때문이라고 하였다. 특히 무도라는 특성이 강력한 강화작용을 한다고 하였다. 또한 제대로 된 인성교육을 하기 위해서는 신뢰가 바탕이 되어야 한다고 말했다.

> 아이가 사범을 싫어하고 신뢰하지 않고 믿음이 가질 않고 또 지도자가 아이들을 사랑하지 않으면 인성교육은 되질 않는다고 생각해요. 서로 열린 마음이 있어야지만 인성교육이 이루어진다고 생각합니다(태권C).

대부분의 수련생들은 무도 지도자에게 부모님이나 학교 선생님에 비해 보다 높은 권위를 부여한다. 정신분석학적 도덕 심리학에 따르면 이러한 권위가 긍정적이고 지속적인 영향을 발휘하려면 정당하고 도덕적인 권위이어야 한다. 이 말은 첫째, 교사의 권위가 존경으로부터 비롯되어야 한다. 둘째, 교사로부터 오는 권위가 도덕규범 그 자체에 대한 권위와 존경으로 연결, 발전되어야 한다는 것이다. 교사의 권위에만 의존할 경우 그 권위의 힘이 작용하지 않는 상황에서는 도덕 행위를 보장하기 어렵게 된다. 따라서 인간이 아닌 규범 그 자체를 존경하고 그 권위에 따르는 성향을 기를 필요가 있다. 이를 위해서는 교사 자신도 도덕규범에 종속됨을 보여주는 일이 필요하다. 즉, 교사 자신도 규칙에 언행일치 솔선수범하여 반드시 지킴으로서 도덕 규칙에는 누구도 예외없이 복종함을 알게 하는 것이다.

(4) 실천과 반복의 중시

본 연구의 참여자들은 학교 교육은 이론위주의 간접적인 교육인데 반하여 도장의 교육은 직접적이고 실천적이며 또한 반복을 통한 습관화를 유도한다고 말하였다.

본 연구의 참여자들은 학교 도덕교육은 입시위주.성적위주의 교육, 이론 중심의 교육, 같은 나이의 동료들, 그리고 공교육으로서의 소극적인 교육 등의 한계가 있다고 보았다.

> 학교에서는 인사 하나를 가르치더라도 교과서 위주의 이론적인 도덕교육을 하는 편이라고 봅니다(합기C).

> 요즈음 공교육기관에서는 입시위주, 성적위주의 교육만을 신경 쓰고 있잖아요(태권A).

태권A 관장은 도장에서 배운 것을 도장 바깥에서도 실천할 수 있도록 교육하는 것을 중요시하였다. 그러기 위해서는 반복교육을 하여야 한다고 말하였다.

> "배운 대로 행하는 것." 태권도장에서 배운 것을 집안에서도, 학교에서도, 또래집단에서도 규칙을 지키고 질서를 지키는 것, 배운 대로 행할 수 있는 것이 중요하다고 생각합니다. 또한 교육을 매일매일 반복학습을 해야 할 필요가 있다고 생각합니다 (태권A).

행동주의 도덕 심리학에 의하면 인간은 행동을 통하여 배우며 따라서 직접적인 실천과 체험에 의한 도덕학습이 매우 중요하다고 하였다. 또한 그러한 행동이 꾸준히 반복되도록 함으로써 도덕적 행동의 습관화해 가는 가운데 하나의 품성으로 자리 잡게 해야 한다고 주장하고 있다. 무도 지도자들은 이러한 원리에 매우 충실하게 수련생들을 교육하고 있었다. 특히 인사예절을 가장 중시하였으며 많은 반복훈련을 통하여 가르치고 있었다.

4) 도장 도덕교육의 문제점

연구 참여자들이 말하는 도장 도덕교육의 문제점은 가정 도덕교육과 도장 도덕교육의 일관성 부재, 연령별·수준별 교육의 부족, 지도자의 도덕교육에 관한 전문지식 부족 등이 있었다.

(1) 가정 도덕교육과 도장 도덕교육의 일관성 부족

본 연구의 참여자 대부분은 도장 도덕교육의 성과가 나타나기 위해서는 가정에서의 학부모의 협조가 매우 중요하다고 하였다. 수련생들이 보통 하루 1시간을 도장에 있고 그 보다 훨씬 많은 시간을 가정에서 부모와 함께 하는데 도장에서 배운 것과 가정에서 부모가 가르치는 것이 다르면 교육의 효과를 보기가 매우 힘들다고 하였다.

합기A 관장은 도장에서 가르친 것을 밖에서도 수련생들이 제대로 실천하는지 확인을 할 수 있어야 교육의 효과가 더 높아질 것이고 그러기 위해서는 가정과의 연계가 필요하다고 하였다.

> 부모와 지도자간에 커뮤니케이션이 잘 되면 더 효과가 있을 텐데… 도장에서 실시하는 교육을 확인도 하고 실생활에서나 밖에서 실천을 해야 교육의 효과가 있지 여기에서 듣고 마는 것은 교육의 효과가 없다는 거죠(합기A).

하루 한 시간 동안 있는 도장에서 배운 내용과 훨씬 더 많은 시간을 보내는 가정에서의 교육 내용이 차이가 많이 난다면, 수련생들은 그러한 도장 교육에 대하여 확신을 가지기 어려울 것이다. 결국, 수련생들이 도장에서는 지도자가 시키는 대로 잘 따라 하지만 도장 밖으로 나오는 순간 전혀 다른 태도를 보일 수 있다는 것이다. 따라서 학부모와의 원활한 커뮤니케이션과 도장과 가정의 일관성 있는 교육이 도장 도덕교육에 있어서 매우 중요한 문제라 볼 수 있다.

(2) 연령별 · 수준별 교육의 부족

콜버그(Kohlberg, 1981)는 도덕성 발달론에서 도덕교육을 함에 있어 도덕 단계, 즉 도덕적 사고 구조를 중시하는 관점에 기초할 필요가 있다고 하였다. 또한 콜버그의 이론에서 볼 때 도덕교육의 목적은 도덕 단계의 발달이 정지하는 일을 방지하는 동시에 그것의 지속적인 진보가 이루어지도록 하는 데 두어질 필요가 있다. 그 목적을 이루기 위해서는 도덕적 사고와 판단 능력을 발달시킬 수 있는 환경과 경험의 지속적인 제공이 있어야 한다. 하지만 도장의 현실 상 발달 단계에 맞추어 지도하는 데는 많은 어려움이 있는 것이 현실이다. 연구 참여자 가운데 규모가 크고, 다양한 교육 프로그램을 갖춘 태권도 도장은 어느 정도 발달 단계에 맞는 교육을 시도하고 있지만, 그 외의 도장은 현실적으로 그러한 교육을 실천하기에는 어려움이 있었다.

합기A 관장은 도장에서의 교육을 할 때 연령별.수준별로 시간이 정해져 있는 것이 아니라 동시에 한 장소에서 다양한 연령과 발달 수준의 수련생을 지도하는 것이 현실인데, 그렇게 하기에는 공간이 좁고, 지도자의 숫자가 적다고 하였다. 또한 도장에 들어오는 시기가 학교처럼 일정한 시기에 전부 입학하는 것이 아니라 수시로 입학하기 때문에 진도를 맞추기가 어렵다고 하였다.

> 도장 교육의 어려운 점은 학년별 연령별로 가르치기에는 지도자와 공간의 한계가 있다고 봅니다. 따라서 운동을 한 시간 하더라고 개개인별로 봤을 때는

> 충실하지 못한 부분이 있다는 것이 모든 체육관이 안고 있는 문제점이라고 생각합니다. 또한 수시모집이라는 점 때문에 학년 초에 시작해서 1년 과정을 마치고 다음 학년으로 올라가는 것이 아니어서 개개인별로 지도하는데 있어서 진도 관리의 문제점이 있습니다(합기A).

다양한 수준과 연령층의 수련생을 지도하는 문제에 있어서 지도자의 숫자와 넉넉한 공간도 문제이지만 연령에 맞는 교육 프로그램도 찾기 힘들었다. 예를 들어 이야기를 통한 도덕교육을 실시할 경우 하나의 이야기로 유치원생부터 중학생까지 교육을 하였다. 따라서 모든 수련생에게 교육의 효과를 기대하기가 어려운 것이 현실이다.

(3) 지도자의 도덕교육에 관한 전문지식 부족

과거에는 수련생들이 도장에 오는 목적은 주로 건강이나 강해지기 위해서 왔는데 현재는 살을 빼기 위해서, 스트레스 해소를 위해서, 자신감을 키우기 위해서, 사회성을 발달시키기 위해서, 예절교육을 위해서 등 다양한 목적을 가지고 체육관을 찾는다. 특히 학부모들이 가장 중요시 하는 것은 자녀의 건강과 도덕성 발달이다. 하지만 현재 지도자의 역할을 하는 사람들은 과거에 그러한 목적이 아니라 무도 수련 그 자체에 초점을 두고 운동을 한 사람이 대부분이었다. 따라서 교육이나 체육관련 학과를 졸업하지 않은 지도자들은 도덕교육에 관한 전문지식의 부족으로 인해 수련생들의 도덕성 발달에 적합한 교육 프로그램을 만들기 위해 상당한 어려움을 겪고 있었다.

검도C 관장은 검도를 지도하기에 시간이 부족하고, 도덕교육을 하고자 해도 자신이 그러한 능력이 되질 않는다고 하였다. 자신이 수련생시절과 사범시절에 배운 것은 검도인데, 요즈음에는 검도뿐만이 아니라 학교체육에 도덕교육까지 하려고 하니 여러 가지 어려움이 있다고 하였다.

> 도장에서의 도덕교육을 깊이 있게 한다는 것은 불가능하다고 보거든요. 어떤 형식적인 교육을 얕고 넓게는 할 수 있지만 깊이 있는 도덕교육은 자신이 없고 할 수 있는 조건 자체가 되질 않아요(검도C).

합기A 관장은 다양한 지도자교육 프로그램의 필요성에 대하여 언급하였다.

> 지도자 교육을 협회나 모임에서 실시하는걸 보면 술기나 도장경영 부분이 대부분인데 지도자들도 부족한 부분이 많은데 학문적 깊이가 있거나 교육의 노하우가 있는 분한테 교육을 받았으면 합니다(합기A).

본 연구의 참여자들은 자신들이 아이들의 도덕교육을 위한 전문지식이 부족하고 도장에 적합한 도덕교육 프로그램이나 교재가 필요하며, 그러한 문제를 해결하기 위해서 도장 도덕교육을 위한 지도자 교육이 실시되어야 한다고 주장하였다. 하지만 현실적으로 관련 단체나 협회를 통해 이루어지는 지도자 교육은 대부분 실기 교육이나 마케팅교육이 대부분이었다.

5) 도장 도덕교육의 나아갈 방향

연구 참여자들은 도장 도덕교육의 나아갈 방향에 대하여 다음과 같이 말하였다. 첫째, 가정과 도장의 일관성 있는 교육을 실시하기 위해서는 가정과 도장의 연계를 강화하여야 한다고 하였다. 둘째, 연령별.수준별 교육을 실시하기 위해서 그러한 교육을 실시할 수 있는 환경을 조성해야 한다고 하였다. 셋째, 무도 지도자의 도덕교육에 관한 전문지식의 습득을 위해서 도덕교육에 관한 지도자 교육을 실시해야 한다고 하였다.

(1) 가정과 연계 강화

연구 참여자들은 가정과의 연계 강화를 위해서 온라인이나, 정기적인 학부모 모임, 전화통화, 공개심사 등을 이용하였다. 또한 가정, 도장에서 이루어지는 교육이 일관성이 있어야 교육이 잘 이루어질 수 있다고 하였다.

합기A 관장은 가정과의 연계 부족에 대한 해결책으로 온라인이나 학부모들의 모임 등을 통하여 또는 전화통화를 통해서 학부모와의 커뮤니케이션을 원활히 할 수 있을 것이라고 대답하였다.

> 온라인이나 부모들과의 만남의 자리를 자주 가져서 자모회나 학부모회 같은 그런 시스템을 구축을 하면 어느 정도 해결이 된다고 봅니다. 메시지나 전화

통화를 통해서도 가능하죠(합기A).

태권A 관장은 학교, 가정, 그리고 체육관의 교육이 일관성이 있어야 한다고 하였다. 그런 경우의 아이들은 도덕교육이 잘 이루어진다고 하였다.

제가 볼 때 학교, 가정, 체육관의 교육이 일맥상통해야 한다고 보는데요. 부모님과 체육관이 잘 맞아도 되고, 아니면 학교와 맞아도 되요. 가장 잘 되는 체육관은 위 세 가지가 연계가 잘 되는 경우이고 아이가 가장 돋보이는 경우도 위 세가지중 두 가지만 잘 맞으면 되요. 가정이나 학교, 가정이나 체육관, 학교와 체육관이 잘 맞을 경우 아이는 도덕교육이 정확히 되어 가더라고요. 왜냐면 양쪽에서 얘기한 것이 똑같으니까(태권A).

대부분의 연구 참여자들은 학부모와의 원활한 커뮤니케이션을 원하지만 실제로는 학부모와의 관계가 그렇게 원활한 곳은 많지 않았다. 하지만 가정과 도장의 일관성 있는 교육을 위해서는 가정과의 연계 강화가 꼭 필요하다고 할 수 있다.

(2) 연령별 · 수준별 교육의 실시를 위한 환경 조성

합기B 관장은 도장에서의 교육이 연령별·수준별로 이루어지지 않는 것에 대한 해결책으로 학기초에 신입생을 모집하여 1년 과정으로 교육을 실시하고 수준별 분반을 하여야 한다고 말하였다.

대안으로는 유치원에서 학기초에 신입생을 모집해서 1년 과정으로 교육이 이루어지듯이 체육관도 클래스와 레벨을 나누고 무도센타라는 개념을 도입하여 학기 초에 정원제로 모집을 해서 1년 동안 운영이 된다면 더 체계적이고 이상적인 교육이 이루어 질 거라 생각합니다(합기B).

수련생들에 적합한 눈높이 교육을 실시하기 위해서는 수련생들을 연령별 · 수준별로 나누어서 지도할 수 있는 시설, 지도자, 그리고 프로그램이 갖추어져야 할 것이다. 하지만 연구 참여자 가운데 규모가 갖춰진 태권도 도장에서는 어느 정도 가능하지만 그 외의 합기도, 검도 도장에서는 현실적으로 어려움이 있는 것으로 보인다. 다만 최소 2명 이상의 지도자와 시간대별 구분을 통하여 어느 정도는 연령별.수준별 학습의 효과를 볼 수 있다고 생각한다.

(3) 도덕교육에 관한 지도자 교육 실시

연구 참여자들은 도덕교육과 관련된 전문 지식을 습득하기 위해서는 다양한 지도자 교육 프로그램이 있어야 하는데, 현재 실시되는 지도자 교육에서 무도 실기와 마케팅에 관한 교육은 있지만 도덕교육과 관련된 교육은 찾기 힘들다고 하였다. 따라서 도덕교육에 관한 지도자 교육 프로그램의 실시를 통하여 필요한 지식을 습득할 수 있어야 한다고 주장하였다.

지도자의 도덕교육과 관련된 전문지식의 부족을 해결하기 위하여 합기A 관장은 그러한 전문적 지식을 습득할 수 있는 지도자 교육이 필요하다고 말하였다.

> 협회나 관련 단체, 또는 대학의 관련학과에서 그러한 것을 배울 수 있는 지도자 교육을 실시했으면 좋겠어요(합기A).

검도C 관장은 우선 지도자 자질 향상이 이루어져야 하며, 학사나 석사 학위가 있는 지도자는 자체적으로 프로그램을 개발하기도 하지만 그렇지 못한 경우는 대부분 외부의 프로그램을 활용하여야 하는데 현재 협회에서 실시하는 교육은 실기와 마케팅, 그리고 안전에 대한 교육은 있지만 도덕성에 관련된 교육은 없다고 하였다.

> 결국은 지도자의 질을 높이는 것이 선행이 되어야 한다고 생각합니다. 현재 마케팅이나 안전에 대한 교육은 받지만 아이들의 도덕성에 관한 교육은 받을 기회가 없어요. 학위가 있는 지도자는 본인이 주관해서 실행할 수 있는 프로그램을 개발하는 데 그렇지 않는 지도자는 남의 프로그램을 활용하지만 실질적으로 이행하는 부분이 부족하다는 차이가 있어요. 결국 지도자 교육을 실시하는데 마케팅뿐만이 아니라 인성교육에 관련한 교육이 이루어져야 한다는 거죠(검도C).

도장은 어린이들이 가장 쉽게 접할 수 있는 생활체육시설이다. 수많은 어린이들이 수련해 왔고, 현재 수련 중에 있다. 따라서 어린이들의 교육에 대한 도장의 영향력은 상당히 크다고 볼 수 있다. 이러한 도장의 도덕교육의 질을 높이기 위해서는 학교와 가정과는 다른 도장에 적합한 전문적인 도덕교육 프로그램이 있어야 한다. 도장에서 그러한 프로그램을 실시하기 위해서는 대학의 관련 학과나 평생교육원에서 도덕교육과 관련된 내용을 교육하거나, 무도 관련 단체에서 도덕교육을 위한 지도자 교육을 실시하여야 한다.

4. 결론

국내에는 태권도를 비롯한 합기도, 검도 등 많은 무도 도장이 있으며 수많은 아동 및 청소년들이 무도수련을 했거나 하고 있는 상황이다. 또한 학부모들이 무도 도장을 보내는 제일 큰 이유가 도덕교육임을 감안할 때 무도 도장에서 이루어지는 도덕교육은 매우 중요한 의미를 갖는다고 할 수 있다. 따라서 본 연구는 무도 도장 지도자의 도덕교육에 대한 인식을 심층적으로 기술.분석하는데 그 목적이 있다.

본 연구의 목적을 달성하기 위하여 다음과 같은 구체적인 연구 문제를 설정하였다. 첫째, 도장 도덕교육의 내용은 무엇인가? 둘째, 도장 도덕교육의 방법은 무엇인가? 셋째, 도장 도덕교육의 특성은 무엇인가? 넷째, 도장 도덕교육의 문제점은 무엇인가? 다섯째, 도장 도덕교육의 나아갈 방향은 무엇인가?

본 연구의 연구 방법은 무도 지도자의 도덕교육에 대한 인식을 심층적으로 기술하여 무도 지도자 교육에 기초적 자료를 제공하고 바람직한 무도 지도자상을 정립하기 위해 질적 사례연구방법을 적용하였다. 사례 연구는 한 개인, 가족, 집단, 지역사회 또는 다른 단위(단체, 공동체, 조직, 문화, 사건 등)에 대한 철저하고 체계적인 조사이며 배경, 현재 상태(status), 환경적인 특성 및 상호작용 관련의 심층적 자료를 자연적인 상태에서 조사 연구하는 것이다.

본 연구에서 사용된 구체적인 연구대상 선정방법은 질적 사례 연구에서 일반적으로 이용하고 있는 비확율적 표집(nonprobability sampling)의 한 가지 방법인 유목적적 표집법(purposeful sampling)을 이용하였다. 유목적적 표집법은 연구문제에 적합한 상황에서 특성을 대표할 수 있는 대상자를 표집 하는 것으로서 연구대상으로부터 연구목적에 적합하다고 판단되는 심층적인 정보를 얻으려는 방법이다(강상조, 1994). 따라서 본 연구에서는 위와 같은 방법으로 태권도 지도자 3명, 합기도 지도자 3명, 그리고 검도 지도자 3명을 연구 참여자로 선택하였다.

도장 도덕교육의 내용은 사자소학, 컨설팅 회사의 월별 인성교육 자료, 생활예절, 도덕적인 내용의 신문기사나 TV 방송 프로그램 등을 도덕교육의 내용으로 삼았으며, 도덕교육 가운데 예절교육을 가장 중시하였다.

도장 도덕교육 방법은 주로 이해를 통한 규범의 수용, 지도자의 모범, 강화와 벌, 실천과 체험, 반복을 통한 습관화, 자율적 참여 유도 등으로 나타났다.

도장 도덕교육의 특성은 무도수련을 통한 도덕성 체득, 객관적 교육의 실시, 무도 지도자에 대한 긍정적 이미지의 활용, 실천과 반복의 중시로 나타났다.

도장 도덕교육의 문제점은 가정 도덕교육과 도장 도덕교육의 일관성 부족, 연령별.수준별 교육의 부족, 지도자의 도덕교육에 관한 전문지식 부족 등으로 나타났다.

도장 도덕교육의 나아갈 방향은 가정과의 연계 강화, 연령별.수준별 교육 실시, 도덕교육에 관한 지도자 교육 실시 등으로 나타났다.

연구 참여자 가운데 도덕교육에 관련하여 무도 종목간의 차이를 살펴보면, 태권도는 무도수련만으로는 도덕교육이 이루어질 수 없다고 생각하였고 별도의 시간을 배정하여 도덕교육에 많은 노력을 기울인 반면에, 합기도와 검도는 무도수련 그 자체로 도덕교육이 이루어질 수 있다고 생각하였으며, 특히 검도 지도자들은 별도의 도덕교육에 많은 시간을 할애하지 않았다.

도덕교육에 대한 정보나 자료에 대한 접근성에 있어서 태권도 지도자들은 다양한 경로를 통하여 비교적 풍부한 자료를 접할 수 있었던 반면에, 합기도와 검도 지도자들은 상대적으로 제한된 자료에 접근할 수 있었다.

수준별·연령별 학습에 있어서 태권도의 경우 넓은 수련장과 많은 수의 지도자(4~6명)가 투입되어 어느 정도 이루어지고 있는 반면에 합기도와 검도의 경우는 상대적으로 좁은 수련장과 적은 수의 지도자(1~2명)가 투입이 되어 현실적으로 어려움이 있었다.

이러한 태권도와 합기도 및 검도의 차이는 태권도 지도자들의 경우 수련대상이나 목적의 변화에 대하여 수련내용, 수련방법 등을 적절히 맞추어 나간 반면에, 합기도와 검도는 상대적으로 전통적인 무도정신에 더 비중을 두고 소비자(수련생, 학부모)의 요구에 빠르게 부응하지 못하였기 때문에 나타나는 것으로 생각된다. 또한 태권도는 대학에 태권도학과가 있으며 국기원이나 대한태권도 협회와 같은 영향력 있는 큰 단체가 활발한 활동을 하고 있다는 것이 다른 무도와의 상당히 차이가 나는 부분이다.

도장 도덕교육의 문제점을 해결하고 도장의 도덕교육이 바른 방향으로 나가기 위해서는 무엇보다도 무도 지도자의 도덕교육에 대한 바른 인식과 지도자 자신의 자질향상을 위한 지속적인 노력이 필요하다. 수련생과 학부모의 무도에 대한 생각과 무도수련의 목적은 시대가 변함에 따라 함께 변하고 있는데 무도 지도자는 자신이 수련할 당시의 무도에 대한 고정관념에 집착해서는 안될 것이다. 무도가 지속적으로 사랑받고 발전하기 위해서는 어떤 틀에 얽매여 고정된 방식에 연연할 것이 아니라 무도의 근본정신은 살리되 사회의 변화에 맞추어 무도 수련의 목표를 설정하고, 그에 따른 적절한 교육 프로그램을 꾸준히 개발하고 실천해야 할 것이다

연 구 문 제

1. 인성교육 지도자로써 실행방법을 5가지 제시하시오.
2. 한국의 청소년시기는 몇 세부터 몇 세까지 인가?
3. 리더십을 다각도로 논하시오
4. 스포츠수련으로 얻어지는 극기를 논하시오.
5. 맘몬사상이 인성에 미치는 영향을 논하시오

참고문헌

강봉수(2001). 유교 도덕교육론. 서울: 도서출판 원미사.

강상조(1994). 체육연구방법. 서울: 21세기 출판사.

박병기 추병완(1996). 윤리학과 도덕교육1. 서울: 도서출판 인간사랑.

신경림 외(2004). 질적 연구 방법론. 서울: 이화여자대학교출판부

이돈희, 이홍우 공편(1975). 도덕과교육. 서울: 능력개발사.

Bandura, A. (1986). *Social Foundations of Thought and Action: A Social Cognitive Theory*. Englewood Cliffs, N. J.: Prentice-Hall, Inc.

Durkheim, E. (1979). *Contribution to Morality without God : an attempt to find a collectivist solotion*. London: Routledge & Kegan Paul.

Freud, S. (1965). *New Introductory Lectures on Psychoanalysis*. New York: W. W. Norton & Company, Inc.

Kohlberg, L. (1981). *The Philosophy of Moral Development*. San Francisco: Harper & Row, Publishers.

Peters, R. S. (1981). *Moral Development and Moral Education*. London: George Allen & Unwin Ltd.

Piaget, J. (1932). *The Moral Judgment of the Child*. London: Routledge & Kegan Paul Ltd.

Woods, N. F. & Catanzaro, M.(1988). *Nursing research : Theory and practice*. St. Louis, MO : Mosby.

제7장

존중과 인성교육

1. 존중과 인성
2. 존중
3. 나가기

제7장 존중과 인성교육

* 박대선

자기존중과 타인존중이 결여된 현대사회는 청소년들의 일탈과 각종 흉악범죄가 양적 질적으로 증가하고 있다. 배려가 없는 사회분위기는 도덕성회복을 위하여 인성교육의 필요성이 대두되고 있다. 존중을 통한 인성교육으로 타인을 배려하고 평등을 실천하여 존중의 도덕적 가치를 높이는 것이 중요하다.

따라서 본장에서는 먼저 자신의 주체를 인정하고 인성교육에서 요구하는 존중과 신뢰성회복, 더 나아가서는 자기를 존중함이 근본임을 알리는데 중점을 두었다.

* 명지대학교 생활체육과 교수
* 체육학박사
* 사) 청소년행복세상 이사 겸 연맹회장

1. 존중과 인성

1) 들어가며

자기존중과 타인존중이 결여된 현대사회는 청소년들의 일탈과 각종 흉악범죄가 양적 질적으로 증가하고 있는 실정이다. 사람에 대한 배려가 없는 사회분위기는 도덕성회복이 매우 시급하며, 이를 극복하기 위한 해안으로 모든 교육기관을 중심으로 한 사회전반의 분위기는 인성교육[1]의 필요성을 절실하게 공감하고 있는 추세이다.

이러한 현상은 우리사회에 만연해 있는 물질만능주의와 입시위주의 점수교육, 핵가족화와 맞벌이 등으로 인한 가정에서의 인성교육의 부재가 주요 원인으로 작용하고 있다. 돈만 있으면 무엇이든 해결될 수 있다는 물질만능주의는 청소년들이 올바른 가치관을 가질 수 없게 만들고 있으며, 학업성적으로 평가받는 입시위주의 학교교육은 과도한 경쟁을 부축이고 있어, 청소년들의 신체적 정서적 건강에 역기능으로 작용하고 있다. 특히 가장 소중한 인격체로서 자아정체성이 확립되어야하는 청소년시기에 학업성적으로 판단되는 인격의 순위는 열등감과 좌절감을 불러일으킴으로 해서 청소년들의 일탈을 부축이고 있다.

또한 세상과 접하는 방식을 가장 먼저 학습하는 가정에서의 인성교육이 다자녀를 양육하던 예전에 비해, 소수자녀를 둔 요즘 양육방식은 모든 생활측면에 있어 사회성을 기르는데 크고 작은 차이를 보이고 있다. 다자녀를 양육하던 예전에는 대가족구성원으로 이루어진 환경에서 자연스러운 위계질서를 통해, 존중, 존경에 대한 인성교육이 자연스럽게 이루어진다.

반면, 현대사회의 핵가족으로 인한 소수자녀의 귀함은 과잉보호형태로 무절제하게 양육되고 있어, 자신밖에 모르고, 남을 존중하고 배려할 줄 모르는 버

---

1) 인성이란 덕성 함양을 통하여 인간성과 도덕성을 회복하고 인간 신뢰의 정신을 일깨워주며 건전한 인성을 가진 인간을 육성하는 교육을 말한다. 여기서 덕성이란 덕스러운 성품, 어질고 너그러운 성품을 말한다. 즉 각 개인이 바람직한 덕목을 자기 수양과 도덕적 훈련을 거쳐 내면화하여 자신의 인격 속으로 통합시킨 결과 드러나는 것이 덕성이다. 인간다운 덕성을 육성하기 위하여 지도하여야 할 교육내용 중 하나는 자기존중의식과 타인존중의식이다(허미화, 김인전, 2001).

릇없는 아이로 자라고 있는 것을 주변을 통해 흔하게 볼 수 있다. 이러한 가정에서의 인성교육의 부재를 학교나 학원 등의 교육기관에 떠넘기며 자녀교육의 책임을 전가하고 있다.

사랑스러운 내 아이가, 모두에게 사랑받는 사람으로 성장하기 위해서는 타인과 어우러져 살아가는 사회 속에서의 예의범절을 지킬 줄 알아야하며, 그 바탕이 되는 인성교육이 가정에서부터 먼저 제대로 자리 잡아야 할 것이며, 학교와 학원 사회전반에 걸쳐 일관성 있게 이루어져야 할 것이다.

따라서 필자는 이러한 측면에서 나타난 문제점들을 볼 때 도덕성 회복을 위한 인성교육의 핵심은 존중의식의 배양으로부터 출발해야 한다는 필요성을 제기하고자한다. 왜냐하면 인간은 신체적 정서적 사회적으로 건강한 삶을 살아갈 때, 비로써 인격적으로 행복한 삶을 영위할 수 있기 때문이다. 그러므로 사회성의 주재료인 존중감이 배양되지 않는다면 위에서 나타난 가정과 사회의 문제점들은 질적으로 개선될 수 없기 때문이다.

우리의 삶은 자신과 자신이 조화롭게 상호작용하고, 자신과 타인과의 관계가 조화롭게 상호작용 할 때, 조화로운 사회가 이루어 질 수 있기 때문이다.

그것의 첫 번째가 자신을 통해 자신을 알아가는 상호작용이며, 둘째, 부모와 가정에서의 상호작용이며, 셋째, 학교나 학원에서 동료와 선후배, 스승과 제자의 상호작용으로 이루어져야하며, 넷째, 이러한 영향이 사회전반으로 확장될 때, 국적과 인종과 종교를 초월한 모든 사람과의 상호작용이 원만하게 이루어 질 수 있기 때문이다.

이러한 상호작용의 귀중한 매개체가 존중이며, 존중을 통한 서로의 배려에서 이루어질 때, 우리가 바라는 도덕성이 고양된 바람직한 사회가 이루어질 수 있기 때문이다.

2) 존중을 통한 인성교육의 목적

인류가 더불어 살아가는 지구촌 공동체의 현대사회는 인권존중의 상호작용이 절실하게 필요한 시기이다. 그럼에도 불구하고 우리사회는 개인주의와 물질만능주의 입시위주의 교육환경 등으로 인해, 청소년의 일탈과 각종범죄가

난무하며 공동체의 가치를 손상시켜가고 있어 사회 전반에 있어 도덕적 성숙에 대한 인성교육이 필수요건으로 대두되고 있다.

따라서 존중을 통한 인성교육의 목적은 자신을 존중하고 사랑하는 소중한 인격체를 배양하고, 타인을 배려하고 존중하는 고양된 도덕성[2]을 기르고자 하는데 있다.

2. 존중

존중(尊重)이란 높이어 귀하게 대 한다는 뜻으로, 서로가 평등함을 이해하고 의식적으로 행하는데서 쓰이는 사전적 의미가 있다. 이러한 의미는 그 존재의 마땅한 대접을 하는 정서로 볼 수 있다. 그러므로 인간은 인격체로서 평등하며 존중받아야 마땅하다는 의미를 내포하고 있는 것이다. 이러한 존중은 고양된 도덕성을 갖는 귀중한 의미를 지니고 있으며, 그 가치는 우리사회를 보다 질적으로 윤택한 사회로 만들어 갈 수 있는 도덕적 성숙의 원동력으로 충분할 것이다.

Kant(1968)는 "사람은 누구나 존중받을 가치가 있다고 주장한다. 그 이유는 우리가 자신을 소유하기 때문이 아니라, 이성적 존재이기 때문이다. 또한 우리는 자율적 존재이며, 자유롭게 행동하고 선택할 능력이 있다." [3]칸트식 존중은 "인간 그 자체에 대한 존중이며, 우리 모두에게 비차별적으로 존재하는 이성적 능력에 대한 존중이다. 그렇기에, 나를 존중하지 않는 것도 다른 사람을 존중하지 않는 경우와 똑같이 용납될 수 없다. 또 그렇기에 칸트의 존중원칙은 보편 인권원칙과도 통한다. 칸트가 생각하는 정의에 따르면 우리는 상대가 어디에 살든, 우리가 상대를 얼마나 잘 알든, 모든 사람의 인권을 옹호해야 한다. 단지 인간이기 때문에, 이성적 능력을 갖고 있기 때문에 따라서 존중받을

2) 도덕성이란 자신의 감정, 판단, 태도, 행동, 그리고 다른 사람과의 관계에 있어서 나타낼 수 있는 감정, 판단, 태도, 행동에 있어 그 사회에서 바람직하고 가치롭다고 인정한 문화규범, 준칙을 내면화한 상태를 말한다(이윤실, 2001).

3) Kant. Grundlegung zur Metapysik der Sitten. Band Ⅶ, BA 17, Anm. hg von Wilhelm Weischedel, Frankfurt aM. 1968.

가치가 있기 때문에 그래야 한다(Sandel, 2009)."[4)]

흄(David Hume)은 이성론자의 주장과는 달리, 윤리란 이성이라는 절대적 존재에 의탁하지 않고 감정에 바탕을 둔 경험주의이다. 윤리란 선호, 선택 등의 합의경험을 통해 확립된 것에 불과하고, 이러한 선호와 선택에서의 합의는 공감(sympathy, 도덕적 감수성) 때문에 일어난다고 보았다. 공감이란 말 그대로 타인과 똑같은 감정을 느끼는 것이다. 특정상황에서 타인과 똑같은 감정을 느낄 때가 있고, 같은 감정을 느끼기 때문에 타인과 소통이 이루어지고 타자와 공유하는 윤리적 법칙이 생겨난다는 것이 감정론자의 입장이다. 가령 배고플 때 눈앞에 고기가 떨어지면 누구라도 먹고 싶어 하고, 건강한 상태에서 아름다운 꽃을 보면 누구나 아름답다고 느낀다. 이렇듯 동일한 감정인 공감이 존재하기 때문에 타자와 나 사이에 보편적 윤리가 세워질 수 있고 타인과의 연대, 규칙, 존중이 활성화된다는 것이 감정론자의 주장이다.

Schmitz(1981)는 "존중은 사람의 관계가 분노와 부끄럼으로 표출되는 것을 예방하고, 합법적인 상태에 머물도록 하는 역할을 하는 앞선 감정"[5)]이라고 한다. 슈미츠의 존중은 단순히 겸손한 정서만도 아니고 사람에 대한 배려를 강조한 열린 추진력을 포함한다. 그러므로 슈미츠에게 있어서 존중은 법상태의 균형을 유지하는 능동적 기능을 수행할 수 있는 것이라 할 수 있는 것이다.

따라서 존중(尊重)이란 인간을 이성적 감성적으로 차별하지 않는 인격체 그 자체로 평등하고 귀하게 높여야 마땅하다는 의미이며, 그 가치는 윤리적 도덕적으로 고양된 능동적 기능을 수행할 수 있는 능력으로 작용하며, 자신과 타인의 관계를 인격적으로 형성하게 하는 원동력이라 할 수 있다.

1) 생명 존중

생명 존중은 인간 존엄성의 믿음에서 나오며 도덕성의 기본 바탕이 된다. 현대 사회는 과학 기술의 발달에 따른 편리함은 증가되었으나 인간성 상실을

---

4) 마이클 샌델(Michael J. Sandel)의 하버드 명강의 - Justice『인터넷종합일간지, 문화저널21』, 종합보도자료, master@mhj21.com.

5) Schmitz, Der Gefuehlsraum, Bonn 1981.

가져왔고, 생명에 대한 올바른 이해의 부족과 잘못된 가치관으로 인해 유괴와 살인, 자살, 패륜범죄가 일어나고 인간을 도구화하고 생명을 경시하는 풍조가 대두되었다.

동양의 생명존중사상을 보면 우리 조상들은 천, 지, 인의 조화 속에서 온 누리를 온전하게 한다는 성현들의 가르침에 따라서 인간과 자연이 본래 하나라고 생각해 왔다. 동양 사상은 생명을 존중하고 자연과의 조화를 매우 소중하게 생각하였다. 동양에서는 인간을 대자연의 일부로서 자연의 질서 속에 있는 존재로 보았으며, 영원하게 지속되는 자연의 운행 속에서 생동하는 생명의 모습을 발견하였다.

그러므로 동양 사상의 자연관은, 인간이 자연과 대립하고 다투는 것이 아니라, 서로 도움을 주고받는 존중의 관계로 파악하였다. 또, 자연은 생명의 장(場)이며, 인간은 자연 속의 생명으로서, 생명을 통해 인간과 자연이 연계되어 있음을 강조한다. 인간뿐만 아니라 다른 생명체에도 똑같이 존중하는 생명의 존엄성을 부여하였다. 그것이 홍익인간의 이념이라 할 수 있다. 홍인인간의 이념은 인간의 삶을 존중하고 그들이 잘 사는 생명존중의 의미가 들어있다. 즉, 모든 사람이 하늘의 은혜를 고르게 누리도록 하겠다는 이념은 생명에 대한 존중과 인본정신을 잘 나타낸다. 화랑도의 세속오계 중 살생유택은 자연의 미물까지도 분별없이 무자비하게 살생하는 것을 금하고 있다.

동학의 인내천(人乃天)사상은 인간의 본성에 영원한 존귀성이 있으며 사람의 마음속에도 하늘과 같은 보편성이 있다는 것으로 인간존중 사상의 극치를 보여준다.

서양의 생명 존중 사상역시 동양과 다르지 않다. 슈바이처는 "인간은 자기가 도울 수 있는 모든 생명체를 도와주고 어떤 생명체에도 해가 되는 행동을 하지 않을 때, 비로소 진정한 의미에서 윤리적이라 한다. 윤리적인 인간은 이 생명 혹은 저 생명이 얼마나 값진가를 묻지 않으며, 그것이 나에게 얼마나 이익이 되는가를 묻지 않는다. 그에게는 생명 그 자체가 거룩하다. 그는 나무에서 나뭇잎 하나를 함부로 따지 않고 어떤 꽃도 망가뜨리지 않으며, 어떤 곤충도 밟아 죽이지 않도록 항상 주의 한다." 살아있는 생명을 상해하거나 살생하지 않고 생명을 돕고 고양시키는 것. 인간의 삶을 위해 불가피한 경우를 제외하고 무차별 살생하는 것은 죄악이다. 생명은 그 자체로 고귀한 것이다. 윤리적으로 올바른 행동이란 생명을 보존하고 촉진하는 것이라고 한다.

그러나 현대사회는 이러한 생명존중의 원칙을 벗어나 생명 경시풍조가 만연해가고 있는 실정이다. 그러한 실태는 뇌사와 장기이식, 태아의 성감별, 임신중절, 대리모, 안락사나 자살의 문제 등으로 들어나고 있다. 이러한 원인으로는 산업화에 따른 정신적가치전도의 사회에서 인간은 익명화, 수단화 되었다. 황금만능주의 자기반성 없이 충동적으로 생활하고 배금주의로 외면적 가치만을 중시한다.

대중매체의 해악성害惡性 상업주의와 감정적 충격이 큰 음란, 살인, 폭력 장면의 방영, 생명 존중 의식의 약화와 교육의 부재, 입시위주의 기능적 교육으로 생명의 고귀함을 잊고 무관심해져가고 있기 때문이다.

따라서 생명 존중 윤리를 확립하여 인간과 자연의 모든 생명체가 존중받는 가치를 인식하고 확립해야 할 것이다. 자연계의 모든 생명체가 고유한 가치를 지닌다는 것을 인식하고, 자연계의 모든 생명체를 인간이 살아가기 위한 수단으로만 생각하지 말고 모든 생명을 보존하고 존중하는 자세를 지녀야 한다. 인간과 자연은 '적대' 혹은 '지배관계'가 아닌 '동반자' 혹은 '형제관계'로 인식하고, 항상 절제하며 살아간다. 인간의 생명은 그 어떤 것과 바꿀 수 없는 존귀한 존재임을 인식한다. 순간적이고 충동적인 생명 경시 풍조를 지양하고, 생명존중에 대한 강한 의지를 길러 나가야 할 것이다.

2) 인정과 존중

모든 개인은 사회 속에 살 수밖에 없다. 관념 속에서 개인은 단독자일 수 있지만, 현실 속에서 모든 개인은 사회적 존재이기 때문이다. 사람은 생존 그 이상을 원한다. 사람은 자기 존엄을 추구하는 존재이기 때문이다. 악셀 호네트(2011)[6]는 인정이라는 개념을 통해 사람과 사람의 관계는 타인으로부터 인정을 얻고 그를 통해 자긍심을 획득하지만, 무시에 의해 자긍심이 훼손되었을

6) 악셀 호네트 지음, 문성훈·이현재(역), 『인정투쟁』, (경기: 사월의책, 2011).

때 투쟁하는 끊임없는 인정 투쟁의 과정이라고 말한다. 인간의 행위는 항상 타인을 전제로 한다.

타인을 전제로 하지 않은 행위는 없다. 정도의 차이는 있다 하더라도, 타인은 항상 우리의 행동에 영향을 미친다. 그러므로 인정이란 개인이 타인과 긍정적인 상호 주관적 관계를 맺으면 그게 인정이고 매우 바람직한 커뮤니케이션이다.

개인 간의 상호 관계는 그래서 인정의 관계일 수밖에 없다. 하지만 개인은 항상 타자로부터 긍정적인 상호주관적 관계를 맺지는 못한다. 인정의 대척점에 모욕이나 굴종과 같은 '무시'라는 무시무시한 범주가 도사리고 있다.

인정은 긍정적인 자아 정체성을 형성시키는 힘이지만, 반면 무시는 주체에 엄청난 심리적 훼손을 가한다. 인정은 개인의 삶을 윤택하게 만들지만, 무시는 개인을 사회적으로 사망에 이르게 할 수도 있다.

인정 형태의 고양이 일어나지 않을 때 혹은 각각의 인정 형태들이 무시라는 인정에 대한 거부와 만날 때 사회는 분열되고 사회는 투쟁이 벌어진다.

무시의 형태는 다양하다. 폭력, 고문, 폭행 등 개인의 신체적 불가침성을 건드리는 무시가 있는가 하면, 굴욕의 경험을 안기며 개인의 자기 존중을 훼손하는 무시도 있고, 특정한 생활 방식을 평가 절하함으로써 사회적 가치를 무시하는 경우도 있다. 모든 형태의 무시, 즉 인정에 대한 부정은 해당 당사자에게 무시나 모욕으로 이해되고, 이는 분노라는 심리적 반작용을 불러일으키고, 분노라는 심리적 반작용은 사회적 투쟁을 추진하는 심리적 동기가 된다고 한다.

호네트의 인정투쟁을 보면, 단지 사회적 투쟁에 대한 틀에서 벗어나고 더 나아가 도덕적 자기 성숙형성 과정에 대한 해석의 틀로 이해 할 수 있다.

최근에는 모든 사물과 사람에 대한 존재를 지금여기 있는 그대로는 인정하는 자체에 의미를 우선시하고 있다. “현대 도덕철학적 논의에서 칸트의 존중 개념 대신 상호 인정 개념이 주요하게 다뤄진다.

그러나 상호 인정은 감정이나 정서를 고려하지 않고 서로의 태도와 입장을 우선시 하는 면이 있다. 그러므로 상호 인정 개념이 심화된 도덕적 의미를 갖기 위해서는 존중을 토대로 해야 한다. 따라서 존중을 상호 인정보다 더 근원적인 도덕 가치로 보아야 한다."[7]

모든 생명은 살아있는 그 자체만으로 인정받아야 하며, 나아가 존중받아야 마땅하다고 많은 학자들이 이구동성으로 외치고 있다. 그것을 긍정적으로 인정하는 인정이 존중이기 때문이다. 따라서 인정의 개념은 존중의 의미를 내포하고 있으며, 인정보다는 더 근원적 도덕성을 나타낸다고 할 수 있다.

3) 존중의 도덕적 가치

박해용(2013)[8]에 의하면 존중은 사람의 감정적 정서와 이성적 규범을 동시에 포함하고 있으며, 또한 존중이 모든 덕의 도덕적 가치의 토대가 된다고 판단하기 때문에 도덕적 근원 가치로서의 존중 개념의 필요성을 주장한다. 그에 따르면 존중을 도덕적 근원 가치로 주장하는 이유는 존중이 사람의 감정적 정서와 이성적 규범성을 동시에 포함하고 있으며, 또한 존중이 모든 덕의 도덕적 가치의 토대가 된다고 판단하기 때문이다. 존중은 감정으로서 정서적 측면에서 작동하며, 동시에 사람과의 관계를 합리적으로 구성할 수 있게 한다.

그래서 존중은 다른 덕들의 충실성을 담보하며, 다른 도덕규범에 비하여 태도에 영향을 미쳐서 도덕의 활성화에 더욱 큰 공헌을 할 수 있다. 그러므로 존중은 다른 사람의 생각과 행위에 절대적인 영향을 주는 근원적 도덕 가치를 갖는다는 것이다.

또한 존중은 일방통행적 존중이 아니라 상호 인정적 존중이어야 할 것을 강조하며, 존중은 타자에 대한 존중과 자신에 대한 존중이 반드시 결합되어야 함을 확인한다. 존중은 존중에 대상에게 유익함을 줄 뿐만 아니라 존중하는 사람의 품성을 고양시킨다는 것이며, 따라서 존중은 가장 근원적 도덕 가치를 갖는다는 것이다.[9]

이처럼 존중이 가지고 있는 도덕적 근원가치는 현재 우리가 알고 있는 도덕성에 대한 개념을 이해하는데 없어서는 안 될 것이다. 지금 우리가 이해하고

7) 박해용, 「존중의 도덕적 가치에 대하여」, 『사회철학 연구회 논문집』, 25호(2013), p.3.
8) 박해용, 「존중의 도덕적 가치에 대하여」, 『사회철학 연구회 논문집』, 25호(2013), pp1-3.
9) 박해용, 「존중의 도덕적 가치에 대하여」, 『사회철학 연구회 논문집』, 25(2013)호, pp1-5.

있는 도덕성이란, 다른 사람과의 관계에 있어서 나타낼 수 있는 감정, 판단, 태도, 행동에 있어 그 사회에서 바람직하고 가치롭다고 인정한 문화규범, 준칙을 내면화한 상태를 말하고 있는 것인데, 이러한 보편적 개념 안에 존중의 추가역할이 절실하게 필요하다고 보며, 우리사회에 있어 고양된 도덕성을 회복하는데 무엇보다 크게 기여할 것으로 본다.

4) 자기존중감(self-esteem)

최근 들어 자기존중감의 중요성에 대한 인식이 전 세계적으로 폭넓게 확산되고 있는 추세이다. "우리가 건강한 자기존중감을 가지고 있지 않다면 우리가 지니고 있는 잠재 능력의 실현을 바랄 수도 없고, 우리가 소속된 사회가 우리 자신에게 가치를 부여하지도 못할 것이며, 우리의 마음을 믿지도 못할 것이라는 사실을"우리는 잘 안다(강승규, 1994). 이러한 의미에서 자기존중감은 정신적 심리적으로 가정과 학교, 단체, 모든 종류의 사회 조직에 긍정적인 작용을 통해 바람직한 사회를 만들어 나아가는데 중추적인 촉매역할을 하고 있다.

자기존중감이란 자신의 가치, 존엄성에 대한 인식으로, 자기를 존경할 줄 아는 능력, 건전한 자기사랑의 능력이며 한마디로 말한다면 자신에 대한 확고한 믿음이라고 할 수 있다. 자기존중감이란 자기 자신에 대해 얼마나 가치를 부여하는가를 말하고 자기개념에 좋고 나쁨, 즉 가치가 반영된 개념이다. 자신이 얼마나 가치 있는 사람인가에 관한 종합적인 평가이다. 또한 행복한 삶을 살아가는데 매우 중요한 역할을 한다. 자기 존중감이 높으면 독립심이 강하며, 리더십을 발휘하고, 적응력이 우수하며, 스트레스에 대한 저항력도 강하고, 학업 성취도, 직무 수행력, 대인 관계 등 긍정적인 모습을 보여 준다. 반면 자기존중감이 낮으면 우울증, 불안, 공포 등을 겪을 가능성이 높다고 한다.

"자기존중감은 각 개인이 내면에 지니고 있는 강력한 힘이다. 그것은 인간이 원천적으로 자기 스스로 중요한 가치가 있다는 천부인권적인 중요성보다도 더 큰 것이다. 우리 스스로는 정신 치료자나 교사인 셈인데, 우리는 여기에서부터 자신을 움직일 수 있는 추동력을 찾는다(강승규, 1994).

"우리가 더불어 살아가는 것이 정당하다면, 우리는 자기 가치에 관한 느낌을 풍부하게 해주는 자기존중감을 체험하도록 해야 한다.

자기존중감은 우리의 인생 생활에서 필수적이며 마땅히 가져야 할 검험"이다.[10] 이러한 구체적적인 가기존중감은 다음과 같다.

> 우리 자신에게는 생각하는 능력이 있으며, 인생의 역경에 맞서 이겨낼 수 있는 능력이 있다는 자신에 대한 믿음이며, 우리 스스로가 가치있는 존재임을 느끼고, 필요한 것과 원하는 것을 주장할 자격이 있으며, 행복해질 수 있고, 또 자신의 노력으로 얻은 결과를 스스로 즐길 수 있는 권리가 있다는 자신에 대한 믿음이다.

만약 우리가 우리의 마음과 가치를 진실로 신뢰한다면, 그게 열려 있는 세계를 경험하고 다가오는 도전과 기회에 대하여 적절히 대응하게 될 것이다. 자기존중감은 권한을 부여하고, 활기를 복돋우고, 동기를 일으킨다. 그것은 우리에게 무엇을 성취하도록 자극하고 그 성과에 대하여 자랑할 수 있도록 하고, 즐거움을 누릴 수 있도록 한다. 그것은 우리에게 만족을 경험할 수 있도록 해준다. 따라서 이러한 자기존중감은 미래를 위한 심리적 자원이 분명하다. 그러나 그것이 결핍된 상태이면 어느 정도의 근심과 좌절과 절망이 뒤따르게 된다. 자기존중감의 상대적인 결핍은 능력 발휘를 약화시킨다는 사실 그 자체만으로도 중대한 것이다. 이러한 자기존중감의 형성은 아동기와 청소년기에 가정에서 부모와의 관계로부터 가장먼저 바르게 형성되어야 한다. 부모가 다음과 같은 행위를 할 때에, 아이들은 건전한 자기 존중감을 형성하는 데에 큰 지장을 받는다고 한다.

- 아이가 뭔가 부족하다고 생각하는 것이 전해지는 경우
  납득할 수 없는 감정을 표현했다고 야단을 치는 경우
- 아이를 놀리거나 비웃는 경우
- 아이들의 생각이나 감정은 별로 중요하지 않고 가치가 없다고 여기는 태도가 전해지는 경우

---

10) 나사니엘브렌드지음, 강승규(역). 『나를 존중하는 삶』 (서울: 학지사, 1994).

- 창피를 주거나 벌로써 아이를 통제하려고 하는 경우
- 아이를 과잉보호하여 자만심을 키워서 정상적인 학습을 할 수 없게 만드는 경우
- 아이를 어떤 규칙 없이 키워서 자신들을 일관성 있게 유지시켜줄 만한 일정한 규범이 없거나 정상적인 성장을 억누르는 규칙으로 기르는 경우, 즉 모순되고, 혼란스럽고, 토론의 여지를 주지 않고, 억압적인 규칙으로 기르는 경우
- 아이가 가지고 있는 성품을 부정하고 아이에게 자신의 마음과 인격에 의심을 품도록 기르는 경우
- 분명한 사실을 허구로 취급하여 오히려 아이가 가지고 있는 합리성을 혼란시키는 경우. 예를 들면, 알코올 중독인 아버지가 저녁 식탁에서 넘어져 의자를 쓰러뜨리고 마루에 떨어졌는데도 어머니는 아무 일도 없었던 것처럼 말하고 행동하는 경우
- 아이에게 물리적인 폭력이나 위협을 가하여 위험을 느끼게 하고, 아이의 마음속에 심한 공포감을 주입시키는 경우
- 아이를 성적 대상으로 대하는 경우
- 천성적으로 아이들은 선하지 않고 죄가 있는 존재이며 별로 중요하지도 않다고 가르치는 경우

상대방에 대한 존중심은 자기 스스로에 대한 존중심에서부터 시작된다. 상대방을 제대로 존중하는 능력을 키우려면, 먼저 스스로를 존중하는 법을 배워야 한다. 자긍심은 행복하고 만족스러운 삶을 위한 근간을 형성한다. 자긍심 없이는 긍정적인 자기 가치관과 참된 자기 신뢰를 생각할 수 없다. 내가 나를 충분히 평가하지 않고, 내가 나를 충분히 중요하게 여기지 않는다면, 남들이 나를 어떻게 생각할지 끊임없이 자문할 것이고, 상대방에게 다가서는 것을 머뭇거리게 될 것이고, 모든 것을 그냥 속으로 삭히게 될 것이다. 이런 식으로는 그 무엇도 제대로 될 리가 없다. 주변 사람들에게 존중심을 가지고 대하기 전에, 먼저 스스로에게 어떻게 대하고 있는지부터 생각해보라. 자기 자신에 대해 어떻게 생각하는가? 어떤 실수를 저질렀을 때 스스로를 원망하고 욕하는가,

아니면 곧 평정심을 찾는가? 자신에게 주목하게 되면, 하찮게 보이는 매 순간들에 대해서도 깨어있게 되고, 그렇게 되면 우리의 인생을 꿈만 꾸면서 허비하는 대신에 정말로 제대로 된 삶을 살아갈 수 있게 된다. 스스로에 대한 긍정적인 사고는 우리에게서 광채가 뿜어 나오도록 한다. 당신 자신을 사랑하고 존중하라. 이것이 남들로부터 꼭 존중과 사랑을 받는다는 보장이 될 수 없지만 그래도 상대에게 마음의 문을 열고 다가갈 수 있도록 하고, 상대를 존중하고 상대에게 주목할 수 있도록 하는 데에는 분명 도움이 될 것이다.

(1) 긍정적 자기 존중감의 특징들

- 자신을 과시하지 않기 때문에 오만한 마음을 품지 않습니다.
- 타인의 칭찬과 인정을 갈망하지 않으며 그런 칭찬, 인정을 받더라도 간직하지 않고 금방 잊으려 합니다.
- 다른 사람을 자기보다 못한 사람으로 낮추어 보며 무시하지 않습니다. 객관적으로 자기보다 못하다고 보이는 사람들을 평가할 때 자신의 조건과 상대적인 비교를 하지 않고 다만 그 사람의 독특함, 개성을 주목하며 그것들을 또한 인정, 존중할 줄 압니다.
- 근거 있는 자신감, 자기신뢰와 함께 무엇보다 고요하고 안정된 내면을 갖고 있습니다.
- 자신에 대한 객관적이고 균형 잡힌 판단, 평가를 갖고 있습니다. 지나친 과대평가, 과소평가와 같이 극단, 기복이 심한 생각에 몰두하지 않습니다.
- 내가 나 자신이라는 것에 대해 자부심을 느낍니다.
- 억지와 고집을 부리지 않습니다.
- 어떤 난관 앞에서 도피, 회피하는 소심한 태도를 보이지 않습니다. 두려운 일이라 할지라도 도전하는 모험을 즐깁니다. 무엇보다 실패와 패배를 두려워하지 않습니다.
- 자신의 약점, 무능함을 인정하고 직시하는 일에 있어서 지나치게 어려워하지 않습니다.

- 질투, 시기의 감정에 매이지 않습니다.
- 지나친 소유욕, 물욕을 갖고 있지 않습니다.
- 동물, 자연, 어린아이 등등 일반적으로 지나치기 쉽거나 사소해 보이는 것들에 대해 경외심을 갖고 사랑할 줄 아는 능력이 있습니다.
- 자식을 대하는 태도를 통해서 그 부모의 자아존중감이 어떤지 엿볼 수 있는 것과 마찬가지로 한 가정 안에서 자식이 훈계와 훈련이 없이 자랄 때 십중팔구 그 자녀는 성장하여 자아존중감의 결핍으로 실패한 인생을 살 가능성이 큽니다.
- 성공에 대한 비전을 소유하며 그것을 열망합니다.
- 지나친 양보, 관용의 태도를 보이지 않으며 엄격하게 처신 할 줄도 압니다.
- 타인의 비판일지라도 진지하고 건설적으로 수용하며 합리화하지 않습니다.
- 자신의 장단점에 대한 명료한 인식을 갖고 있습니다.

(2) 경험을 통해 얻을 수 있는 자아 존중감

- 고통과 어려움을 직시하고 맞서는 과정을 통해서 승리감, 성취감을 누려갈 때
- 자신을 훈련하는 과정을 통해서
- 자신을 용납하고 용서함을 통해서
- 자신이 쓸모 있고 요긴한 역할을 할 때
- 타인에 대한 봉사, 조건 없는 애정을 표현 내지는 헌신하는 경험을 통해서
- 양심의 가책을 안겨다주는 부도덕한 일, 본성에 따르는 욕구를 거부하고 원칙을 따르는 행동을 통해서.
- 솔직하고 정직하게 처신할 때
- 자신의 가능성, 잠재력에 대한 믿음을 통해서
- 자신의 모습이 어떠하든지 그것을 개방하고 노출하고 드러내고 하

는 공포를 고스란히 겪고 솔직하게 내보이는 과정을 통해서 즉 완벽주의와 같은 태도를 버릴 때

(3) 자기존중감을 갖기 위한 방안

자기존중감을 갖기 위해서는 자아정체감형성이 중요하다. 자아정체감이 '나는 누구이며 앞으로 어떤 일을 해야 하는 존재인가에 대한 스스로의 평가'이다. 자아정체감은 일단 형성되면 그때부터 그 사람을 지배하기 때문에 부모는 자녀가 긍정적인 자기평가를 하도록 격려를 아끼지 말아야 한다.

첫째, 청소년을 이해하고 도와 줄 수 있는 분위기가 필요하다.

자녀에게 공부를 해야 하는 이유를 잘 알려주어야 역효과를 방지할 수 있다. 아이들은 분명히 문제에 빠지기 전에 '나는 더 이상 그것을 할 수 없어' '너무 고통스러워서 그것을 끝내면 좋겠어,' '나는 모든 것을 바꾸고 싶어' 등의 말로 부모나 친구들에게 신호를 보낸다. 그러나 안타깝게도 이를 알아차리는 부모는 많지 않다. 아이들은 극도로 고통스럽다는 것을 표현하고 싶을 뿐 진정 죽음을 원하지 않는다. 이때 한 사람이라도 자신을 이해해 주는 사람이 있다고 생각되면 결코 쉽게 목숨을 끊지 않는다.

둘째, 부모는 수용적인 대화 분위기를 만들어야 한다.

'나는 너를 믿는다.'는 사인만 보내면 된다. 또 이야기를 들어줄 때 "음, 그래" 정도로 족하다. 대화할 때 자녀의 감정을 읽어주는 것이 중요하다. 또 부모는 자녀가 갖고 있는 장점을 발견해 격려해주는 것이 중요하다. 자기 장점을 발견한 사람은 늘 도전하며 나쁜 것에는 동참하지 않고 옳은 일을 할 수 있는 힘을 갖는다. 사람은 두 가지 영양분을 공급받으며 살아간다. 음식을 통한 영양섭취와 인간과 인간의 만남을 통해 주고받는 사랑의 영양분이다. 특히 부모로부터 받는 사랑은 삶의 자양분이 된다. 그러나 요즘 맞벌이 부부의 증가로 부모와 얼굴을 마주보고 대화할 수 있는 시간은 점점 줄어들고 있는 것이 사실이다. 분명 자신이 낳은 아이지만 아이의 머릿속에 어떤 생각이 들어차 있는지 모르고 사는 경우가 적지 않다.

셋째, 부모들이 자녀를 인격적으로 대해야 한다.

아이들은 부모로부터 인격을 존중받고 수용 받을 때 스스로 가치 있고 귀중한 존재라고 생각한다. 집에 '사랑의 우체통'을 만들어보면 어떨까.

책상서랍 한 칸을 비워두고 이곳에 가족이 하고 싶은 이야기를 적어 넣어둔다. 자녀들은 아무도 없는 집에 돌아와 제일 먼저 이 서랍을 열고 사랑의 조각편지를 찾아 읽는다. 대개 못 다한 이야기, 격려의 말, 귀가시간 알리기, 해야 할 일 등을 적어놓을 수 있다. 자녀들은 편지를 읽으며 쓸데없는 불안이나 염려를 씻을 수 있을 것이다. 한편 인간 성장의 가장 좋은 밑거름은 내가 하나님의 자녀란 것을 알고 복의 근원임을 깨닫는 것이라고 한다. 이런 자아정체감이 확립될 때 자녀는 비로소 창조주 하나님과 자신과 이웃을 사랑하게 될 것이다.

넷째, 자신을 사랑할 수 있는 청소년이 되도록 도와주어야 한다.

자신의 약점과 있는 그대로의 모습을 객관적인 입장에서 직시하는 진실한 용기와 인생의 실패와 고난을 비정상적이거나 잘못된 것이 아니라 얼마든지 일어날 수 있는 정상적인 삶의 일면으로 소화하는 태도 남들이 나를 어떻게 보느냐에 따라서 자신의 자아가 좌지우지되어 울고 웃는 것이 아니라 자신이 타인을 어떠한 태도로 대하는가가 바로 자신을 규정짓는다는 사고의 전환이 필요하다. 유행과 시류에 휩쓸려 자신의 정체성을 규정짓기 보다는 나에게 긍지를 줄 수 있는 진리, 원칙, 가치관을 품어야한다.

다섯째, 지구상에 가장 내가 존귀 하다는 것을 인정해야 한다.

석가모니 부처님도 태어나자마자 '천상천하유아독존(天上天下唯我獨尊)' 하늘과 땅에 오로지 나만이 존귀하다. 했다고 한다. 자신은 이 천지 우주에 있는 가장 소중한 사람이다. 모든 사람이 하느님이 필요하기 때문에 인간계에 태어났다고 할 수 있다. 따라서 자신을 가장 소중하게 여기는 자기정체감이 필요할 것이다. 분명 자신에 대해 긍지와 자부심을 가지고 자신이 할 일을 찾아보면 반드시 꼭 내 힘이 필요한 곳이 있으리라 여기어 진다. 그 일을 이루기 위해 열심히 노력 정진해야 할 것이다.

5) 자기존중의 실천

진정 자신을 존중할 수 있는 가치는 이론으로 이루어지지 않는다. 왜냐하면 자신을 존중할 수 있는 존재는 자신의 몸(Soma)을 통해서 실천할 수 있을 때 이루어질 수 있기 때문이다. 우리는 자신의 존재를 인식할 때, 자신의 몸을 제1차적관점에서 바라보고, 감각하고, 각성하고 행동해야 한다. 그러나 현실의 우리는 누군가가 나를 대상으로 보고, 평가하는 제3자적 관점에서 인식하고 평가받으려 하고 있다. 때문에 순수한 내면의 자신을 존중하기보다는 자신과는 불협하고 타인의 관점과 타협하기 위해 순수한 자신을 왜곡 할 때가 많다. 따라서 자신을 있는 그대로 인정하고 존중하는 순수한 본성으로서의 자신을 존중해야 하는 것, 그것이 가장 먼저인 것이다. 때문에 자신의 몸을 있는 그대로 인정하고 존중하고 사랑해야 하는 것이 당연한일이다. 즉 우리 몸은 물질과 대상의 존재가 아닌 주체적 독립체로서의 살아있는 생명의 인격체이기 때문이다.

따라서 이러한 주체적 관점에서 자신의 몸을 통해 자신을 알아차리고 자신을 존중하고 사랑할 수 있는 몸학(Somatics) 교육의 실천 분야들의 등장은 특별히 주목해야 할 것이다.

(1) 인간성회복과 자기존중으로서의 몸학(Somatics) 교육

서양에서의 몸학적(Somatic) 의식이 급속히 발전함에 따라 서양인들은, 언제나 심신을 통합적 관계로 이해하며 공부하여왔던 동양인의 사고방식에 눈을 돌리게 되었다. Hanna(1989)[11]에 의하면 동양인들은 흑과 백 또는 정신과 신체를 분리하지 않고 그들을 하나로 보았다. 이것은 동양인들의 관점이 사람을 여러 개성을 지닌 하나의 단일체로 보는 반면에, 서양의 관점은 인간을 서로 무관한 물질과 영혼의 환영으로 보아왔다는 것을 말해준다. 동양의 종교와 무술의 전통은 심오한 인간정신을 회복시켜 주기 때문에 서양인에게는 특별한 의미를 지닌다. 인간의 영혼과 신체가 단순히 분리된 것이라고 볼 때 영혼이란 측면에서 신체는 의리를 잃고 신체란 측면에서 영혼은 힘을 빼앗긴다.

---

11) 김창룡, 김현덕, 이진수, 정용근(역). 『동서체육사상의 만남』, (서울: 보영문화사, 1989).

반면에 인간을 여러 작용이 융합된 것으로 보면 인간의 신체는 정신적인 중추를 향하여 가는 여러 단계중의 하나이다. 이런 관점에서 인간은 여러 층의 깊이로 되어있는 존재이며, 신체는 정신 속에서 그 의미와 근원을 얻을 수 있고, 정신은 신체 속에서 그 실현과 활력을 찾을 수 있다. 신체가 정신적으로 고무되어 있다는 것을 깨닫게 되면 정신은 강해진다. 만약 이 두 가지를 모두 깨닫게 되면 인간은 고귀하고 강해질 것이며 우리가 전에 생각했던 것보다 훨씬 더 능력 있고 강하며 민감해질 것이다.

동양의 Somatic 전통은 현대 서양의 자기 책임의 윤리와 자기 책임의 과학을 매우 잘 확증시키는 것이다. 또한 이 강력한 결합은 우리가 전에 생각했던 것보다도 훨씬 더 잘 우리 자신을 통제할 수 있게 해주며 더 큰 우리의 신체적, 감성적, 인지적, 정신적인 삶을 영위하게 해준다. 신체와 영혼이라는 분리된 개념을 결합시킴으로써 새롭게 등장한 Somatic형식은 인간의 새로운 가능성을 보여준다. 동양의 종교와 무술의 훈련을 결합한 서양의 자기 책임의 윤리와 과학은 우리에게 우리의 신체적, 감성적, 정신적 행복이 우리가 그동안 의지해왔던 의학적, 치료학적, 학문적인 전통보다도 우리로부터 더욱 높은 단계에 있다는 것을 가르친다. 행함은 배우는 것 그 이상도 그 이하도 아니며 우리에게 혼자서 스스로 더 많은 일을 하도록 교육하는 일이다. 이 배움은 Somatic적이고 전체적이며, 우리의 정신적 능력은 물론 미묘한 신체적 능력의 발전도 포함한다.

인간의 능력을 극대화하기 위한 교육 프로그램의 개발은 미래의 대중 건강계획에 지대한 영향을 미칠 것이다.

한 세대를 Somatic 자각 속에 교육하는 것은 자기 자신의 생리적 기반을 조절하고 통제할 수 있는 사람을 만드는 것이다. 이러한 동서양의 몸학 교육의 통합적 실천은 자신의 몸을 통해 진정한 자아를 발견하고 자아를 존중하는 근본적 자기존중의 인성교육이 될 것이다.

김정명(2013)[12]은 "우리나라 유교사상에서도 부모로부터 받은 우리 몸을 터럭하나 함부로 훼손해서는 안 된다(*身體髮膚受之父母*)고 했고, 자신의 몸을 소

12) 토마스하나의 생명의 몸, 김정명(역). 『부드러운 움직임의 길을 찾아』(경기: 소피아, 2013).

중히 여기는 것이 효의 근본임을 가르쳤다. 또한 불교의 가르침에서도 몸이 수행의 근본임을 놓친 법이 없었다. 우리고유의 사상과 수련 속에서도 몸을 생명으로부터 분리시키지 않았으며, 몸은 마음자리를 찾는 유일한 통로였고 생명의 구현이었다." 도올 김용옥(2008)[13]은 "큰 배움의 근본은 수신(修身)이다. 마음은 몸에서 현현(顯現)되는 것일 뿐이다. 몸의 관성이 마음을 가장 본질적으로 제어하는 것이다. 마음의 공부란 부질없는 것이다. 오직 몸의 공부만 있을 뿐이다. 공부(工夫)란 쿵푸우(功扶)이다. 『대학』이라는 서문에도 천자로부터 서인에 이르기까지 한결같이 모두 수신을 근본으로 삼는다."고했다. 수신(修身)이란 "마음공부"(修心)나 지식축적이 아니요, 일차적으로 "몸(身)을 닦는 것(修)"이다. 몸을 닦는다는 것은 곧 자신의 일자적인 움직임을 통해 공부하는 것으로 그것은 일상생활의 모든 몸의 행동과 관련되는 것이다. 공부를 한다는 것도 옛사람들은 몸을 닦는 방편으로 생각했다. 책을 읽는 것도 몸을 닦는 방편인 것이다. 수학을 잘하여 두뇌를 명석히 하는 것도 알고 보면 몸을 닦는 것이다. 두뇌가 명석한 사람은 몸가짐도 당연히 명석해져야 한다. 이와 같이 문(文) 무(武)의 실천적 겸비가 수신인 것이며, 몸을 닦는다는 것은 자신의 몸을 소중히 존중하는 몸 교육에서 비롯된다. 이러한 몸의 공부가 몸학(Somatics) 교육이다.

몸학(Somatics)이란 '영육의 통일체로서의 살아있는 몸'의 학문을 뜻하는 표현으로서 몸을 통하여 이루어 나가는 '앎'을 내포한 '함'의 철학이요 과학으로 토마스 하나에 의해 규정"되었다(김정명, 2005)[14].

Hanna(1979)[15]는 신체를 정신과 육체가 상호작용하여 끊임없이 움직이고, 그러한 움직임은 단순히 물리적인 의미를 떠나서 감정과 생각, 의식 등을 담아 표현하는 하나의 언어로서 바라보고, 신체, 정신, 환경간의 총체적 관계를 연구하는 학문으로 정의하고 강조하였다. 몸학(Somatics)이란 "몸의 현상 즉 우리 자신의 내면에서 체험하는 인간을 다루는 분야"이다.

몸학(Somatics)은 '살아있는 몸의 정신'으로 나타난 21세기 생명문화가 요구

13) 도올 김용옥. 『21세기 한국무예론』 한국무예포럼(전통무예진흥법 토론회, 2008)
14) 김정명. 『체육철학연습』, (경기: 명지대학교 출판부, 2005).
15) Hanna, T. *The Body of Life*. Nork: Alfred A. Knopf(1979).

하는 새로운 학문적 흐름으로서 동서양에서 인간회복과 자연회복, 테라피의 학문적 기반으로 부상하고 있는 몸의 통전적 학문이다(김정명, 2005)[16].

몸학(Somatics)은 신체를 통한 움직임의 체험적 신체로서 인간의 내적 체험과 관련된 몸을 통한 교육적 가치를 구체화 할 수 있는 가능성은 무한한 것이다.

따라서 몸학 교육으로서의 몸 교육은 자아실현의 가치를 충족시킬 수 있는 최적의 교육방식으로 자신의 몸을 존중하는 자아교육방식에서부터 출발한다고 해도 과언이 아닐 것이다.

Hanna(1970)[17]는 "소매틱 교육 분야를 두 가지로 제시한다.

첫째, 의식, 신체적 기능 그리고 외적 환경들의 상호 작용에 대하여 전체론적인 측면에서 연구하는 분야,

둘째, 소마에 대하여 연구하는 학문 분야"이다. 이러한 소마적 관점으로서의 우리 신체는 인간과 우주, 인간과 자연, 인간과 인간관계에서 순리적이고 지혜롭게 소통할 수 있는 단초로서 인간의 교육, 인성의 교육이란 관점에서 중요한 매개체로서의 역할을 수행할 것으로 보고 있다.

"소마는 단순한 육체라기보다 신체적 존재인 나 자신을 의미하는 것으로, 인간 신체에 대한 체험적 측면이 전제되는 나 자신의 신체를 의미하는 소마(Soma)는 내적으로 인식된 몸의 개념이며, 인간의 의식과 환경이 조화를 이룬 상태에서의 '체험적 신체'이다.

이러한 소마는 신체의 움직임, 비언어적 형태와 그 절차, 방법에 있어서 내적 체험과 관련된 탐구와 발달을 통한 인간의 발견에 근거를 둠으로서 신체교육의 영역에서 구체화시킬 수 있는 가능성은 무한하다.

신체인식, 명상, 요가, 에너지 인식, 정신운동 이론, 아키도, 호흡기술, 침술, 바이오리듬, 각종 무술 등이 바로 그것들이다(하연주, 신현균, 2010)[18].

Paul(1994)[19]은 소매틱 교육은 인간의 전체 삶인 자세, 움직임, 감정, 생각,

---

16) 김정명.『체육철학연습』, (경기: 명지대학교 출판부, 2005).

17) Hanna, T. Bodies in Revolt: A Primer in Somatic Thinking Novata: Freeperson Press(1970).

18) 하연주,신현균.「소매틱 요가로서의 교육적 실현」.『움직임의철학』, (한국체육철학회지, 2010), 18(4), 261-276.

19) Paul. L. Somatic Literacy *JOPERD*: (1994). 65(7), 15-21.

자아구성과 자연적 가치의 상호작용에서 실천적 길에 초점을 두고 있다고 하였다.

미국의 중·고교와 대학들은 이원론에 의한 자아생성의 단절을 극복하기 위해 체육을 포함한 작문, 춤, 연극 등 다양한 과목들로 소매틱 교육의 접근을 시도하기 시작하였다. Paul(1994)은 소매틱 교육이 "병적인 문제의 해결 뿐 아니라 적용의 범위를 확대하여 자세와 움직임의 향상, 정서와 사고능역의 개발 등 자기 향상의 방법으로서 활용될 수 있다"고 하였다.

이러한 소매틱 교육의 대표적인 사례가 휄든크라이스 방식, 알렉산더 테크닉, 라반 동작 분석, 무술, 스트레스 이완법, 타말파, 참선이나 명상 등이 있다.

Hanna(1979)[20]는 어떠한 형태의 신체교육이든 인간의 신체 자아각성(Somatic self Awareness)의 정도를 확장시키고, 개선하기 위해 인간의 능력을 사용한다고 하였다. 인체의 감각체계와 운동체계는 신체 내부적 활동으로 인해 확장된 각성과 그것을 표출하는 과정에서 서로 얽혀있다는 것이다. 다시 말해 신체와 정신의 합일된 유기체로서의 우리 몸의 능력은 신체자각능력을 통해 깨어있는 몸의 근본이며, 언제나 우리가 무엇을 하고 있는가를 깨닫게 할 수 있다고 이해할 수 있다.

소마는 그 체계가 습관적으로 행동하는 방법보다는 다른 부분들이 있다고 하는 것을 감각적으로 인식할 수 있게 된다면 스스로 조직하고 교정 할 뿐만 아니라 개선도 하게 된다. 삶에 있어 구체화된 경험의 과정인 소마는 자기조절과 자기통제이다. "우리는 행동 없이는 감각을 느낄 수 없으며 느낌 없이 행동을 할 수 없다. 이 같은 단단한 결합은 소매틱 과정의 자기조절의 본질"이다. 이것은 언제나 우리가 무엇을 하고 있는가를 깨닫게 한다(이광호, 1999)[21].

따라서 몸학 교육을 통한 자각수련은 움직임을 전재로 한 삶의 모든 분야에서 자세, 움직임, 감정, 생각, 자아구성과 자연적 가치의 상호작용을 통해 훌륭한 예술을 창조할 수 있는 기회를 제공할 것이다.

자각수련은 소마의 중요한 특징인 자기감지와 자기조절의 능력을 얻는데 결

20) Hanna, T. *The Body of Life*. Nork: Alfred A. Knopf(1979).
21) 이광호, 「국선도 수련을 통한 내적 의식 체험의 소매틱적 해석연구」, (연세대학교 석사학위논문, 1999).

정적적인 역할을 함으로서 인간의 본질을 찾는 일에 가장 가치 있는 몸의 교육이라 할 수 있다. 이러한 몸학적 자각수련을 통한 교육의 통찰력은 인간의 본질과 운동경험을 이해하는데 하나의 대안을 제공할 것이며, 인간이 자유로운 신체로 인해 최적의 상태를 유지하여 자신과 타인을 존중하며, 질 높은 삶을 살아갈 수 있도록 할 것이다.

이러한 몸학 교육의 핵심은 신체자각능력을 통해 자신의 현존하는 지금여기의 몸을 알아차리는 일이며, 알아차리는 순간부터 자신을 발전시켜 나아가는 원동력으로 작용하게 된다.

'자각'은 "자신을 의식하는 상태, 자기 행동에 대한 관찰로서 몸의 상태를 객관적으로 관찰하고 인식하고 발견하는 과정에서 자신과 관련된 모든 행위들에 대해 이전보다 분명히 그리고 통합적으로 재인식하는 것"을 말한다(김성태, 2008)[22]. 즉 '몸 자각'(body Awareness)은 심신의 통합된 의미로 몸에 대한 자각을 의미한다. 몸은 내적 감식의 중심을 통하여 통합적이고 살아있는 자각과정을 경험하고, 그 안에서 그때그때의 교류와 피드백 작용을 통하여 끊임없이 정보를 받게 되는 것이다.

철학적 의미에서의 자각은 인간이 사물을 알 때 그 진실성, 성실성 여부를 자기반성(자기의식)을 말한다. 심리학에서는 자의식, 염두에 두는 일을 의미한다. 이러한 의미에서 유기체가 환경에 적절히 적응하기 위해서는 환경조건의 변화를 올바로 판단할 수 있어야 한다.

이러한 환경조건에 대한 판단과정을 지각(perception)이라 한다. 지각은 감각과정을 거쳐 이뤄진다. 지각은 의식의 개입 없이 환경조건에 대한 판단이 이루어지는 것으로 사람이 자기 자각을 하는 첫 번째 단계가 바로 지각에 해당한다. 양해림(2000)[23]은 몸인 신체적 행동은 육체적인 것만은 아니며, 사유하는 것도 역시 정신적인 것만은 아니고, 모든 인식의 궁극적 완성은 몸의 지각을 통해 이루어진다고 말한다. 지각은 모든 지식의 출발점이며 의식에 의해

22) 김성태, 「연기 훈련을 위한 몸의 인식과 자각과정에 관한 연구」, (청주대학교 석사학위논문, 2008).

23) 양해림, 「메를로퐁티의 몸의 문화현상학」. 『한국현상학회』1,(14), (철학과 현상학 연구, 2000), 107-136

구성되기 이전의 '선-반성적인 세계'이기 때문에 어떠한 판단도 배제되어 있는 원초적인 세계다. 이러한 맥락에서 인간이 존재한다는 것을 느끼는 것은 지각을 통한 체험에 따라 이루어진다는 것이 지각 주체로서의 신체관이 가지는 중요한 관점이다(박광훈, 1998)[24]. 지각판단은 신경 충동형태로 변화된 부호는 뇌에 저장되어 있는 지식체계 혹은 인지구조에 의해서 해석되어 이루어지는 것이다.

이는 깨어있는 몸을 통해 생각이 일어나기 전의 신선한 '봄(seeing)'이라고 할 수 있다.

행동심리학자 프릿츠 펄스(1994)[25]에 의하면 자각은 지금 현재에 체험하고 있는 것에 초점을 맞추는 역할을 하기 때문에 "자각, 그 자체가 바로 치료적일 수 있다"는 것이다. 자각현상은 스스로 자신의 행동과 감정을 통찰하고 선택하고 책임을 지는 과정을 수반하는 기본 원리라고 할 수 있다. 자각은 현재 '지금 여기'(here and now)에 일어나는 경험에 관심을 기울이는 실존적 심리이론이다. 그는 개인으로 하여금 자기 행동이 어느 정도 통합되어 있는지 자각하게 하는 것이다. 게슈탈트 심리학에서는 모든 정신 병리 현상이 자각의 결여로 인해 발생한다고 보고 있다(김성태, 2008)[26].

이렇게 자각은 감각으로 지각되어진 자신을 깨어있는 상태의 몸을 통해 인식하고 발견하고 깨닫는 것으로 정의되며, 자각수련은 신체의 다양한 움직임을 통해 감각하게 하고 감지되게 하여 자각하게 하는 학습이다. 몸은 이렇게 학습된 정보를 통해 가장 효율적으로 사용할 수 있는 유기체로서의 움직임으로 쉽고, 편하고, 우아하고, 아름다운 행복한 심신으로 회복할 수 있게 하는 몸을 닦는 수련이라고 볼 수 있다. 이러한 자각수련이야말로 자신의 본질을

---

24) 박광훈, 「메를로 퐁티의 현상학을 통한 신체에 대한 해석」, 『한국스포츠무용 철학회』, 6(2), (움직임철학, 1998), 89-110.

25) 프릿츠 퍼얼스(Fritz Perls, 1893~1970) : 1950년대 게슈탈트 심리치료(Gestalt therapy) 개발, 현상학적 입장(phenomenology), 장이론(field theory), 대화관계 (I-thou relation) 등을 들 수 있으며, 방법론적 특징으로는 지금 여기의 현상적 경험, 알아차림과 접촉, 신체현상과 비언어적 표현에 대한 주목, 과정적 접근(process approach), 빈 의자 기법 실험 등을 들 수 있습니다.

26) 김성태, 「연기 훈련을 위한 몸의 인식과 자각과정에 관한 연구」, (청주대학교석사학위논문, 2008).

알아 가는데 가장 유용한 것이며, 자신의 심신을 존중하고 사랑할 수 있게 될 것이다. 나아가 자신을 있는 그대로 인정하고 존중하듯, 타인과의 관계에 있어서도 자신의 소중함과 타인의 소중함이 다르지 않다는 모든 것을 인정할 수 있게 되며, 서로가 서로를 존중할 수 있게 되는 성숙한 인품으로서 삶의 질을 높여갈 것이다.

(2) 휄든크라이스 방식(Feldenkrais Method)의 자각수련

몸학(Somatics) 분야에 핵심적인 역할을 실천하고 있는 휄든크라이스 방식은 인간 대뇌 기능을 최대한 활용할 수 있는 학습조건 하에서 움직임을 공부하는 방식으로 1942년경 모쉐 휄든크라이스 박사(Dr. Moshe Feldenkrais, 1904-1984)에 의해 처음 계발되었다(도소은, 2011)[27]. 휄든크라이스 방식은 “신체로 인한 경험으로 인간의 잠재력을 깨닫게 하는 움직임 집중교육 학습방식”이라 할 수 있다(Feldenkrais, 1972)[28].

움직임 수행자에게 일정 기능과 관련이 있는 움직임을 여러 측면에서 조금씩 변화를 주어 움직이게 함으로써, 수행자가 움직임을 부분적으로 또는 전체적으로 탐구할 수 있도록 하여 신체 내부에서의 서로 연관된 움직임을 섬세하게 느끼는 것을 통해 스스로가 자신에게 가장 효과적이고 편안하며 자연스러운 움직임을 찾을 수 있도록 유도하는 것이다

그는 ‘동작을 통한 의식공부’를 발전시킨 유명한 물리학자였으며, 매우 집중적으로 신경시스템과 움직임에 관한 상호작용에 대해 연구하였다. 동작, 사고, 생각, 감정들이 서로 결합되어 있다는 인식은 아주 획기적인 것이었고, 그것이 발단이 되어 휄든크라이스 방식이 연구 발전되었다.

우리의 전체적인 몸 상태의 그림은 바로 육체적, 정신적 자세에서 만들어진 것이다. 그는 우리의 두뇌를 다시 활성화 시키는 데에는 ‘신체적 움직임’이 가장 자연스럽고 효과가 높은 매개물이라고 확신을 가졌다. 신체적 움직임에 주의를 기울이게 되면 움직임을 더욱 섬세하게 하게 되고 그에 따라 학습조건이

27) 도소은, 「뉴 코드 NLP와 MBS, 마음과 몸의 통합」. (휄든크라이스코리아 MBS 워크숍, 2011). 1-10.
28) Feldenkrais, M, *Awareness through movement*. New York: Harper Collins(1972).

저절로 이루어지게 되며, 더욱 흥미로워짐으로 해서 학습능력이 저절로 향상된다.

따라서 휄든크라이스 방식은 학습자 스스로 자신의 본능적 학습능력을 되찾아 스스로 자신을 성장시킬 수 있게 하는 것이다. 이러한 학습에 도움이 되는 마음의 태도는 자신에 대한 사랑과 관심, 믿음, 소망, 존중 그리고 열린 마음이다.

즉 휄든크라이스 방식의 자각능력을 통해 이루어질 수 있는 구체적인 효과는 먼저 신체적으로 자신을 알아차릴 수 있는 자각능력을 갖춤으로써 골격정렬과 근육이완을 통해 내적 외적 기능향상과 자연치유력에 대한 능력이 향상될 수 있게 되며,

둘째, 정신적 효과로 지금여기 현존의 생활화, 주의력, 분별력, 주체성, 존중성과 창의력 향상에 효과적이며,

셋째, 자기계발에 있어서는 자기 인식을 높이고 생에 대한 통제감을 갖게 되며, 자신이 원하는 삶을 추고할 수 있게 됨으로 해서 성장과 자기 탐색의 과정을 평생 지속할 수 있게 됨으로 해서, 학습자 자신의 본능적 학습능력을 되찾아 스스로 자신을 존중과 사랑으로 성장시킬 수 있게 하는 심신학습수련인 것이다. 따라서 휄든크라이스방식의 궁극적인 목적은 자신을 존중하고 사랑할 수 있는 자신을 깨닫게 함으로 해서 자신의 삶의 질을 향상시키고, 나아가 사회전체의 모든 사람과의 관계적 질을 향상시켜 세상을 널리 이롭게 할 수 있는 통합적 깨우침의 공부인 것이다.

(3) 스포츠를 통한 존중교육

존중심이 있고 예의 바른 관계는 당신의 미소와도 같다. 당신이 미소를 보여주고 이 미소가 늘 당신의 가슴속에서 나오도록 한다면 이 미소를 돌려받을 가능성고 매우 높다. 예의 바른 말이나 제스처는 상대를 인간으로서 인정함을 뜻한다. 비꼬는 뉘앙스를 담아서 말하거나 거짓으로 예의를 가장한다면, 이는 진정한 예의라 할 수 없다.

예의는 상대에게 '나는 당신을 존중합니다.'라는 것을 보여주는 정신적인 태

도다(김세나, 2011)[29]. 이러한 태도는 스포츠 활동이나 무도수련에 있어 나와 상대를 존중한 스포츠맨십의 페어플레이정신과 예의와 존중을 중요시하는 무도수련에서의 예시예종(禮始禮終)에 깃들어 있는 철학이다.

스포츠에서 투쟁이란 규칙을 지키고 상대의 인격을 존중하면서 경기에 전력을 다하는 소위자타 긍정적 투쟁이어야 한다. 이겼다고 자만하지 않고, 졌다고 비굴해지지 않는 태도도 여기에서 나오는 것이다. 이렇게 생각하다보면 스포츠에서 얻어지는 성격을 그대로 사회생활에서 실현할 수 있으며, 따라서 스포츠의 장은 사회의 축소판이라는 견해도 성립하게 된 것이다(아베시부노, 2001).[30]

스포츠는 바람직한 인간관계를 형성해주는 도구이기도 하며, 신체활동을 통하여 몸을 운동하는 것 이상의 심신을 단련해주는 것이므로 스포츠를 행하는 마음가짐은 정신, 태토, 존중, 환경 등이 중요한 요소가 되기도 한다. 그러므로 스포츠를 할 때에는 자발적으로 즐거운 스포츠를 하도록 노력하는 본인의 스포츠맨십으로써의 마음가짐이 중요하며 이와 같은 마음가짐과 태도는 바림직한 사회적 성격을 형성하는데 도움을 주고 이렇게 형성되어 외부로 표출되어지는 것이 페어플레이, 스포츠맨십이다(김문준, 1997).[31]

스포츠에서의 공정성은 서로를 존중하는 근본적인 가치를 장려하고 극단주의와 폭력 예방에 기여한다. 이러한 스포츠맨십은 오늘날의 있어서 스포츠 내에만 국한 되어있다고 볼 수 없을 것이다. 스포츠맨십은 일반적인 사회생활에 있어서도 밀접한 관련이 있는데, 즉 일련의 규칙으로써가 아니라 생활상의 규약으로 간주되어 진다.

이러한 스포츠맨십이 일상에서 서로를 존중하는 도덕적 규범으로써 작용하고 있는 것이다. 따라서 청소년기의 스포츠 활동은 발육발달과 건강한 체력을 육성하는 것은 물론 정서적, 사회적으로 바람직한 도덕성함양에 기여하고 있는 것이다.

---

29) 르네보르보누스 지음, 김세나(역). 『존중력 연습』, (서울: 더난출판, 2011).
30) 아베시부노 저, 박홍식(역), 『체육 · 스포츠 철학론　무도론』, (서울: 대경북스, 2001).
31) 김문준, 『스포츠과학의 원리』, (서울: 태근문화사, 1997).

(4) 무도수련과 도덕적 인성

현대사회에 있어 무도수련에 궁극적인 목적은 생활체육으로서의 기능하며, 건강과 호신, 심신회복을 통한 웰빙과 힐링으로, 자신의 몸을 수행의 도구, 교육의 도구로서 활용하며, 질적 삶을 위한 자아실현의 목적을 가기고 있다. 따라서 현재 모든 도장(道場)은 무도의 교육의 장이다. 모든 도장은 수도인 에게 예와 도를 통해 존중과 절제와 중용을 가르침으로써 국민건강을 증진시키는 교육의 장이라고 정의할 수 있다. 따라서 도장은 이 사회의 어느 교육기관보다도 더 중요한 인성교육을 실천지로서 배울 수 있는 국민교육기능을 담당하고 있다.

도올 김용옥(2008)[32]은 인간의 도덕은 저절로 성취되는 것이 아니라 오로지 몸의 기나긴 수련을 통하여 달성되는 것이다. 무도수련은 호연지기(浩然之氣)를 기르는 것이다. 호연지기란 무엇인가? 소체(小體)를 버리고 대체(大體)를 기르는 것이다. 소아(小我)를 버리고 대아(大我)를 기르는 것이다. 소리(小利)를 탐하지 않고 대의(大義)를 위하여 사는 것이다.

그 기(氣) 됨이 크고 지극히 강하니, 충직한 마음으로 그것을 기르고 해침이 없으면 천지지간에 꽉 들어차는 것이 호연지기라 하였다. 호연지기를 기른 무도인의 자세에는 허점이 보이질 아니 한다. 그가 어느 곳에 나타나도 신체의 소대(小大)와 관계없이 왜소하게 보이질 않는다. 그의 기는 항상 천지지간에 꽉 들어차 모든 기장(氣場)을 제압하는 힘이 있다. 모든 사범은 호연지기를 기르는 것을 삶의 목표로 삼아야 한다고 강조한다.

무도수련의 본질을 구성하는 요소는 다양하지만 심리적, 육체적, 윤리적, 심미적, 정신적 의의를 다룬 신체학문이며 무도수련의 다양한 형태를 통합하는 것이 무도실천철학의 지식적 체계를 형성하는데 매우 중요하다. 따라서 동양무도의 수련이 선과 도덕적 성격을 증진시킨다는 주장이 정당하겠다. 즉 무도는 특정한 형과 기술을 체계화하여 인간의 질적 삶을 보다 윤택하게 하는 수련이라고 정의할 수 있으며, 무도의 본질적 수련을 통해 자아를 형성해 나가

32) 도올 김용옥, 21세기「한국무예론」, (한국무예포럼 전통무예진흥법 토론회, 2008).

는 것이다. 무도수련을 통한 가치관의 형성은 폭력이 발생할 수 있는 원인을 제거함으로써 보다 큰 재앙을 예방하는 경우를 볼 수 있다. 무도는 당사자 누구에게나 막대한 신체적 피해를 주는 격렬한 싸움을 막는 방법과 그 방법에 대한 확신을 심어주는 것이다.

그리고 무도수련의 또 다른 중요한 요소는 '스승과 상대를 존중하고 존경심을 강조'하는 도장의 분위기이다. 사범은 수련생의 무례한 행동을 용납하지 않으며, 예(禮)에 어긋난 행동과 태도를 용납하지 않는다. 고단자가 되기 위한 지행합일(知行合一)의 과정은 끊임없는 자기통제의 수행과정에서 강렬하게 나타난다. 또한 무도수련은 건전한 사고를 형성하는데 기여하고, 다른 경기종목과는 달리 온갖 수단을 다 동원하여 승리하기 보다는 서로의 존중하는 자세를 장려한다.

무도수련은 인간을 위협할 수 있는 치명적인 기술을 가르치기 때문에 모든 수단을 다해 싸워서 이기라는 태도를 장려할 수 없으며, 연습경기는 자기 자신의 기술개발뿐만 아니라 상대방의 발전을 위해 상대를 주위 깊게 관찰하도록 요구한다. 존경과 신뢰의 이러한 분위기는 시합이 갖는 긍정적인 측면을 장려해 주는 것이다(김정행, 김창우, 이재학, 2007).[33]

태권도의 모든 동작은 자아방위 본능을 기본으로 하여 점차 필요성에 따른 신념의 작용으로 소극적인 동작에서 적극적인 형태로 발전하는 동시에 자아를 극복하고 대아의 긍지를 갖게 하는 철학적 요소를 지닌 체육이라 하겠다. 태권도는 특히 정신 수양력을 바탕으로 하여 인의와 예의, 관용과 겸손을 생명으로 하고 있으며, 모든 무도인들은 이 점을 강조하여 가르치고 있다.

태권도의 연마과정에서 얻어지는 정신수양의 힘이란 실력을 바탕으로한 용기와 끈질긴 수련에서 얻어지는 인내력 및 이에 따른 극기력 또 신(信)과 의(義)에 기초를 둔 의협심 등이며 더 나아가 관용과 겸손이 생기게 된다.

이러한 정신수양력을 얻게 되면 덕(德)이 갖추어지며 이는 곧 인격완성의 가장 중요한 영역을 담당하게 되는 것이다(이교윤, 1987).[34]

33) 김정행, 김창우, 이재학, 『무도지침서』, (서울: 대한미디어 ,2007).
34) 이교윤, 『태권도 교본』, (서울: 일신서적공사, 1987).

검도는 대인경기인 동시에 투쟁경기이기 때문에 특히 상대의 인격에 대한 존중이 요구되며, 따라서 검도에서는 예의를 중시한다. 검도에서 말하는 예(禮)란 겉으로 나타내는 인사, 즉 형식적인 것을 우선 뜻한다. 보통 경례나 예의가 그것이다. 따라서 몸가짐이 단정해야 하며 상대를 마음으로부터 존중하는 태도가 배어 나와야 한다.

우리가 사람을 사귈 때 그 처음은 예로 시작된다고 해고 지나치지 않다. 검도도 마찬가지이다. 처음 검도를 시작하는 사람들이 예를 잘 지키게끔 해야 하는 것은 물론이고, 가르치는 사람 역시 행동으로 모범을 보여야 한다. 따라서 검도의 예법은 첫째, 상하를 불문하고 존중하고 감사하는 마음으로 한다.

둘째, 몸가짐이 단정하고 품위가 있어야 한다. 셋째, 절도가 있어야 한다(이종림, 2006)[35].

아이키도는 대부분 상대와의 수련을 위주로 하는데, 체급 또는 연령에 상관없이 하기 때문에, 어린 아이의 기술을 받아주고, 하급자의 기술도 받아준다. 그리고 무리한 힘을 가하여 상대를 넘어뜨리는 것을 목적으로 하지 않기 때문에 몸을 상하는 경우가 드물다. 이것은 아이키도에 있어 상대에 대한 조화와 배려를 말하는 것이다. 남을 쓰러뜨리고 내가 산다는 것보다 나도 살고 남도 산다는 것이 아이키도의 중요한 본질인 조화와 배려이다(오세용, 1999).[36]

유도는 예의로 시작해서 예의로 끝난다는 말이 있듯이, 예의범절을 매우 중요시한다. 상대와 서로 짝을 이뤄, 메치거나 누르거나 목을 조르거나 관절을 꺾는 동작을 하는 격렬한 격투 경기이다. 그러므로 단지 거친 격투만으로 끝나지 않기 위해서, 상대의 인품을 '존중하고 존경하는 마음가짐'을 필요로 하는 것이다. 이러한 무도정신은 일반 가정이나 학교생활에서도 마찬가지로 연장되어, 손위 사람을 존경하고, 친구나 동료들에게도 감사의 마음을 갖고, 서로 존중할 수 있는 태도로 이어나아갈 수 있게 되는 것이다(김인태, 2009).[37]

이렇듯 무예수련은 호연지기를 기를 수 있는 수행도구로써 자신의 몸을 보호하기 위한 수단에서 나아가 생명의 소중함을 깨닫고 자신의 존중과 상대방

35) 이종림, 『정통 검도 교본』, (서울: 삼호미디어, 2006).
36) 오세용, 『아이키도』, (서울: 학민사, 1999).
37) 김인태, 『파워 유도교본』, (서울: 삼호미디어, 2009).

을 존중하는 배려와 사랑의 덕을 쌓을 수 있는 도덕적 성숙의 실천지 임이 분명하다고 할 수 있다.

3. 나가기

개인주의와 물질만능주의가 팽배한 현대사회는 인권존중의 상호작용이 절실하게 필요한 시기임이 분명하다. 오늘날 우리는 도덕성 결여현상을 인성교육의 부재로 탓하고 있지만, 예전이나 지금이나 모든 교육기관에서는 인성교육을 소중히 다루어 왔으며, 다양한 교과목과 프로그램으로 적지 않은 시간을 통해 배워왔음을 기억하고 있다. 그러나 그러한 교육이 효과적이지 못했다는 사실에 주목할 필요가 있다. 그 이유는 인성교육을 도덕과목과 윤리과목을 통해 이론과 지식으로 가르치고 배워왔기 때문이다. 인간의 품성은 지식적 습득으로 그리 쉽게 변하고 바뀔 수 있는 것이 아니기 때문이다. 역사적인 실례로 삼국통일의 원동력이 되었던 신라화랑의 인재육성교육은 육례(六藝)를 통한 전인교육의 모범적인 커리큘럼이라고 할 수 있다. 이는 예술과 무술, 체육의 실천지 현장교육이 청소년 인성교육의 핵심이었음을 알아야 할 것이다. 이처럼 인성교육은 이론과 지식이 아닌 일상생활 속에서 올바른 습관적 태도를 기르고, 현장체험교육을 통해 항상 실천되어야 한다는 결론이다.

따라서 인성교육을 위한 도덕적 성숙의 존중교육은 첫째, 자신의 주체를 있는 그대로 인정하고 수용하고 존중할 수 있는 삶의 방식을 기를 수 있는 현장교육의 경험적 태도를 기르는 것이며, 둘째, 그러한 자신의 주체적 존중의 경험을 바탕으로 타인을 존중하고 배려하는 행동습관으로 확장될 수 있도록 노력하고 실천되어야 할 것이다.

이러한 존중교육의 실천은 자신이 소중한 인격체임을 알아차릴 수 있고, 자신은 물론 타인을 진정으로 사랑하며 존중할 수 있는 바람직한 도덕성을 형성하는데 기여할 것이다.

연 구 문 제

1. 인성교육과 사회성에 관한 속담을 나열해보시오.
2. 소매틱 교육이란 무엇인가 논하시오
3. 유관순열사가 대한독립만세를 외치던 때의 나이는?
4. 화랑오계를 설명하시오.
5. 상대방을 존중한다는 의미를 논하시오

참고문헌

김문준(1997). 『스포츠과학의 원리』. 서울: 태근문화사.

김성태(2008).「연기 훈련을 위한 몸의 인식과 자각과정에 관한 연구」. 청주대학교 석사학위논문.

김용옥(2008). 『21세기 한국무예론』. 서울: 한국무예포럼 전통무예진흥법 토론회.

김인태(2009). 『파워 유도교본』. 서울: 삼호미디어.

김정명(2005). 『체육철학연습』. 경기: 명지대학교 출판부.

김정행, 김창우, 이재학(2007). 『무도지침서』. 서울: 대한미디어.

김창룡, 김현덕, 이진수, 정용근(역)(1989). 『동서체육사상의 만남』. 서울: 보영문화사.

나사니엘브렌드지음, 강승규(역)(1994). 『나를 존중하는 삶』. 서울: 학지사.

도소은(2011). 「뉴 코드 NLP와 MBS, 마음과 몸의 통합」. (휄든크라이스코리아 MBS워크숍). 1-10.

르네보르보누스 지음, 김세나(역)(2011).『존중력 연습』. 서울: 더난출판.

박광훈(1998). 「메를로 퐁티의 현상학을 통한 신체에 대한 해석」.『한국스포츠무용 철학회지』 6(2). 89-110.

박해용(2013). 「존중의 도덕적 가치에 대하여」.『사회철학 연구회 논문집』. 25호.

아베시부노 저, 박홍식(역)(2001).『체육 스포츠 철학론 무도론』. 서울: 대경북스.

악셀 호네트 지음, 문성훈·이현재(역)(2011). 『인정투쟁』. 경기: 사월의책.

양해림(2000).「메를로퐁티의 몸의 문화현상학」. 『한국현상학회지』1,(14). 107-136.

오세용(1999).『아이키도』. 서울: 학민사.

이교윤(1987). 『태권도 교본』. 서울: 일신서적공사.

이광호(1999).「국선도 수련을 통한 내적 의식체험의 소매틱적 해석연구」. 연세대학교 석사학위논문.

이윤실(2001).「가치명료화 수업이 초등학생의 도덕적 판단 능력에 미치는 영향」. 춘천대학교 석사학위논문.

이종림(2006). 『정통 검도 교본』. 서울: 삼호미디어.

토마스하나의 생명의 몸, 김정명(역)(2013) 『부드러운 움직임의 길을 찾아』. 경기: 소피아.

하연주, 신현군(2010).「소매틱 요가로서의 교육적 실현」.『한국체육철학회지』. 18(4). 261-276.

허미화, 김인전(2001).「초등학교에서의 교사 학생간 상호작용을 통한 인성교육 가능성 탐색」.『초등교육연구』. 14(3).

Feldenkrais, M(1972). *Awareness through movement.* New York: Harper Collins.

Hanna, T(1979). *The Body of Life.* Nork: Alfred A. Knopf.

Hanna, T(1970). Bodies in Revolt: A Primer in Somatic Thinking Novata: Freeperson Press.

Kant(1968). Grundlegung zur Metapysik der Sitten. Band Ⅶ, BA 17, Anm. hg von Wilhelm Weischedel, Frankfurt aM.

Paul. L(1994). Somatic Literacy JOPERD: 65(7), 15-21.

Schmitz, Der(1981). Gefuehlsraum, Bonn.

마이클 샌델(Michael J. Sandel)의 하버드 명강의 - Justice 『인터넷종합일간지, 문화저널21』, 종합 보도자료, master@mhj21.com.

휄든크라이스 홈페이지(2011). 휄든크라이스 MBS.

http://cafe.naver.com/feldenkrais.

네이버 백과사전 - http://100.naver.com/100.nhn?docid=99701

네이버 지식사전 - http://terms.naver.com/entry.nhn?docId=450984

제8장

소통을 위한 대화법

1. 대화의 정의
2. 부모가 지녀야 할 교육관
3. 언어의 중요성
4. 산파술(産婆術)
5. 자녀와의 대화
6. 토론과 논의

제8장 소통을 위한 대화법

* 김 희 연

기성세대와 지금의 아이들은 다르다. 아이들은 자신의 의사를 분명하게 표현할 줄 알고 내 생각과 맞지 않으면 분명한 자기의 의사를 밝힐 줄 안다. 그러나 또래 집단 간의 의사소통에는 익숙하지만 부모와의 대화는 점점 줄어들고 있다. 이러한 아이들에게는 부모가 먼저 다가가 자녀와의 대화의 장을 열어야 한다. 이때 대화의 기술을 발휘할 수 있어야 한다.

따라서 본장에서는 부모와 자녀가 공감대를 형성하고 소통할 수 있는 대화방법과 자녀의 자존심을 높여주는 대화의 기술을 제시함과 아울러 사회에서도 성립되어야 할 기본적 가치, 태도, 습관, 예의 등의 올바른 예의범절을 다룬다.

* 명지대학교 생활체육과 교수
* 교육학박사(청소년지도)
* 사) 청소년행복세상 교육총괄본부장

1. 대화의 정의

우리 옛말에 「발 없는 말이 천리를 가고」「말 한마디에 천 냥 빚을 갚는다」 하여 말의 중요성을 교육의 지표로 삼았다.

이아라그(IALAC: I am loveable and capable)란 「나는 능력이 있으며 사랑을 받을 가치가 있는 인간이다.」의 약자이다. 나는 능력이 있으며 사랑을 받을 가치가 있는 사람이라고 한다면 분명 복된 삶의 소유자이고 활력이 넘치는 사람일 것이다.

그렇다면 복되고 활력이 넘치는 삶의 소유자는 그 가정에서부터 대화를 통하여 자신감을 얻고 생활에 적용이 잘되고 있는 사람을 뜻하고, 대화란 상대방과의 소통이다. 이때 상대방에게 어떤 말을 하느냐에 따라 그 결과가 다를 것이다.

그러기에 세상에서 가장 선한 것과 악한 것 찾아보니 사람의 '혀'라 하면서 세치 혀의 중요성을 논하고 있다.

「어느 나라의 왕이 신하 두 사람을 불러 한 가지씩의 임무를 맡겼습니다. 한 신하에게는 이 세상에서 제일 선한 것을 가져오는 것이었고, 또 다른 신하에게는 이 세상에서 제일 악한 것을 가져오는 것이었습니다. 임무를 맡은 신하들은 온 세상을 두루 다닌 후에 상자 하나씩을 들고 돌아왔습니다. 가장 좋은 것을 가져오란 명령을 받은 신하가 먼저 상자를 열었습니다. 거기에는 사람의 혀가 들어 있었습니다. 또 가장 악한 것을 가져오라는 명령을 받은 신하가 상자를 여니 거기에도 사람의 혀가 들어있었습니다. 그러면서 사람의 혀가 얼마나 선한지를 설명하고, 또 사람의 혀가 얼마나 악한지를 설명하였습니다.」

우리가 아무 생각 없이 내뱉는 말이 얼마나 중요한지를 보여주는 이야기이다.

우리의 속담에서도 말(언어)과 연관된 것이 많다. 「가는 말이 고와야 오는 말이 곱다」「말 한마디에 천 냥 빚을 갚는다.」「곰은 쓸개 때문에 죽고 사람을 혀 때문에 죽는다.」「관속에 들어가도 막말은 말라.」등 등이 있다.

이 같은 말은 법적으로 제재를 받는 것이 아니지만 우리 생활 속에서 지켜야하는 윤리·도덕적인 것이기에 더욱 소중하게 여기고 지켜야 한다.

우리 삶속에서 보면 이런 진리도 있다. 「백정이 소를 잡는 일에도 도(道)가 있고, 나무꾼이 나무를 벨 때에도 불佛이 있으며, 대장장이가 불을 지핌에도 법(法)이 있다.」

『옥석혼효玉石混爻를 보면, 춘추전국시대(B.C771~B.C.221) 유학자儒學者 포박자包博子의 유명한 가르침이다. 포박자는 사람들의 무지無知함을 비웃으며 말하길………

> "세상 사람들은 천박한 시부(時賦)를 사랑하며 자신에게 해(害)가 되는 달콤한 말에 현혹되고 이(利)가 되는 충고는 멀리한다. 뜻 깊은 제자백가(諸子百家:공자, 맹자, 노자, 장자, 순자, 묵자 등 많은 유자儒者들의 사상을 집대성한 책)의 글을 멀리하고 몸을 위(危:위태로울위)하는 화려한 말에 따르니 참된 것과 거짓된 것이 돌과 보석처럼 뒤엉켜있어 진정한 삶의 보석을 못보고 돌에만 미쳐있도다. 돌을 보석이라 하니……… 우매한 사람들아 어찌 진리를 쓰다하여 뱉는 뇨."하였던 말이다.

이상과 같은 성현들의 주옥같은 진리를 잘 새겨서, 대화의 장을 열고 자녀와의 벽을 허물고 온 가족이 소통하는 가화만사성家和萬事成을 이루어 나가야 할 것이다.

조급한 마음으로 서두르지 말고 작은 것에서부터 기성세대가 솔선수범하고 어린아이를 비롯하여 진솔한 교육에 임하여야 한다. 급하면 체한다.

2. 부모가 지녀야 할 교육관

부모가 지닌 교육관에 따라 자녀에게 기대하는 바가 달라지며 부모의 기대가 다름에 따라 아이들의 자아발달은 달라진다. 따라서 부모들은 자녀들을 교육함에 있어 왜 교육을 하여야 하고 어떻게 대화를 하여 소통할 것인지를 확고히 정립하여야 한다.

일반적으로 교육관은 성인중심의 교육관과 아이중심의 교육관으로 대별되는데(표-1) 현대에 들어서 아동발달 및 교육에 대한 연구결과에 따라 자녀교육

(유아교육)은 유아중심 교육관을 기초로 하여 전개되어야 한다.

〈표-1〉 유아중심 교육관과 성인중심 교육관의 비교

구분	유아중심 교육관	성인중심 교육관
인간성	성장에 의해 발달하는 인간 출생 시부터 능력 있는 인간 스스로 해낼 수 있는 인간	학습에 의해 발달되는 인간 환경에 의해 형성되는 인간 누군가에 의해 만들어져가는 인간
목표	자아실현의 인간 개인의 행복감 조화 있는 인성발달 자기 능력자 능력 및 인성의 조화 있는 발달 폭넓은 경험 획득	지식의 소유자 성취 지향적 특수능력의 소유자 질서에 순응 능력의 신장 지적도야 목표
발달	현재의 상태중심 교육과정 유아의 주관적 경험 이용 아이의 자유, 솔선성 과정중시 자율성 상호작용 및 적응중시 유아의 흥미중심 유아 개인의 과거와 현재를 비교 후원자, 계발자로서의 교사 자기발달속도에 맞는 교육방법 적용	문화유산 중심 교육과정 유아의 외형적 행동평가 통제, 성인이 안내 규율 교과목 중심 체계화된 내용 중심 교육결과의 상대적 비교 지도자, 형성자로서의 교사 단계적으로 구성된 교육내용을 일방적으로 적용

자료: 李元寧, 부모교육론, 1984

이러한 관점에 따라 유아를 양육하는 우리나라 부모들의 교육관을 조사한 결과 성인 중심적 유아교육관을 가지고 있는 것으로 나타났다.

따라서 우리나라 부모들의 유아교육관은 개선의 여지가 있으며 이는 부모교육을 통하여 바람직한 방향으로 유도되어져야 할 필요성이 있다. 그 이유로는 자녀와의 의사소통이 원활히 이루어지기 위해서는 성인 중심적 유아교육관에서 벗어나 유아 흥미 중심에서 교육, 대화, 소통이 이루어져야하기 때문이다.

부모들이 교육을 받고, 교육을 시키는 이유의 본질은 성공이 아니다. 교육의 결과란, 배우고 스스로 성장함으로 인해 "성공"이라는 결론이 찾아오는 것이지, 성공하기 위해 교육하는 것은 아니란 것이다. 이제 우리는 깨달아야 한다. 중요한 것은 성공하는 법이 아니라 배워서 스스로 성취하는 것을 말이다.

그 첫 번째가 가정에서의 역할이다. 부모가 교육을 받아 대화의 기술과 산파술이라는 대화법을 배우고 익혀야 아이들과 소통이 이루어질 것이다.

3. 언어의 중요성

터키황제가 꿈을 꾸었다.

자신의 이가 몽땅 빠지는 이상한 꿈이었다. 잠에서 깨어나자마자 그는 현자에게 꿈을 해몽하여 보라고 했다.

현자 왈「저런 그것은 불길한 꿈입니다, 폐하」「이가 하나하나 빠졌다는 것은 조신들이 하나하나 죽을 것이라는 뜻입니다.」황제는 소리를 질렀다.「뭐라고 나에게 감히 그런 말을 하다니, 이놈을 당장 끌어내 50대의 곤장을 쳐라」

또 다른 현자가 황제 앞에 불려갔다. 꿈 이야기를 듣고 그가 말 했다.

「길조입니다, 정말 행운입니다. 폐하께서는 모든 조신들보다 오래 사신다는 뜻입니다.」

황제는 기뻐하며 말했다.「고맙네, 재무담당관에게 가서 금화50개를 받으시게」

재무담당관이 현자에게 묻습니다.「당신의 꿈 해몽은 전자와 같지 않습니까?」

현자는 미소를 지으며,「사람은 많은 것을 이야기 할 수 있지요, 그런데 중요한 것은 그 말을 어떻게 또는 어떤 식으로 하느냐는 것입니다.」

성경에는 이런 말씀이 기록되어 있다. 삼하 12:1~13절을 보면「다윗왕이 우리아의 아내 밧세바를 범하고 또 우리아를 전장에서 죽게 하는 큰 죄」를 저질

렀는데 하나님께서 선지자 나단을 보내어 다윗의 잘못을 지적 하는데 직접적인 지적이 아니라 우회적인 방법으로 지적을 하는 말씀이다.

[삼하 12:1~13]

『……한 성에 두 사람이 사는데 하나는 부하고 하나는 가난하니, 그 부한 자는 양과 소가 심히 많으나, 가난한 자에게는 아무것도 없고 자기가 사서 기르는 작은 암양새끼 하나 뿐이라……
어떤 행인이 그 부자에게 오매 부자가 자기의 양과 소를 아껴 자기에게 온 행인을 위하여 잡지 아니하고 가난한 사람의 양 새끼를 빼앗아다가 자기에게 온 사람을 위하여 잡았나이다.
다윗이 그 사람을 크게 노하여 나단에게 이르되 여호와의 사심을 가리켜 맹세하노니 이일을 행한 사람은 마땅히 죽을 자라…… 나단이 다윗에게 이르되 당신이 그 사람이라………』

위의 말씀을 인용하여 보더라도 같은 언어라 할지라도 어떤 방식으로 하느냐에 따라서 듣는 사람에게 감동을 줄 수도 있고 기분을 상하게도 할 수 있다. 그러므로 대화를 할 때 이왕이면 맛깔스럽게 상대방의 마음을 감동시킨다면 그것은 우리의 삶을 풍성하고 윤택하게 할 것이다.

대화의 방법론을 제시하면 다음과 같다.

첫째, 상대방의 말을 잘 듣는다.

대화를 잘 한다는 것은 말을 잘하는 것보다 말을 잘 듣는 것을 의미한다. 상대방의 말을 끝까지 듣는 후자가 모든 일의 성공자가 되기 때문이다. 상대방의 말을 잘 들어 주면 마음의 벽이 허물어지고 친밀해진다.

1) 듣는 자의 잘못된 태도

(1) 판단하며 듣는 것 - 누군가가 문제를 이야기할 때 그의 잘못을 먼저 지적하는 것은 잘못된 언어 습관이다.

(2) 속단하며 듣는 것 - 상대방의 말을 끝까지 들어보지 않고 속단하는 것은 교만에서 오는 잘못된 습관이다.

(3) 다른 일을 하며 듣는 것 - 이는 상대방을 무시하는 처사이다.
(4) 아무 반응없이 듣기만 하는 것 - 이는 말하는 이에게 불쾌감을 주고 당황하게 한다.
(5) 말을 가로채는 것 - 말을 잘 듣기 위해서는 나도 말하고 싶다는 유혹을 이겨야 한다.

둘째, 맞장구를 친다.

〈그래?〉 〈저런……〉 〈그럴수가〉 〈그것 참 잘했군〉 같은 간단한 말이 상대의 솔직한 고백을 유도할 수 있다는 것이다.

(1) 동의의 맞장구: 〈맞아요.〉〈정말이에요?〉〈과연 그렇지요.〉
(2) 공감의 맞장구: 〈참 재미있네요.〉〈고생 하셨네요.〉〈알 것 같아요.〉
(3) 흥을 돋구는 맞장구: 〈그래서요?〉〈그밖에는 또 뭐가 있나요?〉〈그 다음은 어떻게?〉
(4) 정리하는 맞장구: 〈그러니까 이러저러 하게 된 것이 군요?〉〈그것이 요점이군요?〉
(5) 바람직하지 못한 맞장구: 〈그래서요?〉〈나도 알아요.〉〈그게 아니라니까요.〉

셋째, 상대방의 눈빛을 읽는다.

물이 흘러가 버리면 되돌릴 수 없는 것처럼 말(言)도 한번 하고 나면 돌이킬 수 없다.

그러므로 말의 흐름을 놓치지 않으려면 말하는 사람의 얼굴을 보아야 한다. 사실 어떻게 보면 대화는 입으로 하는 것이 아니라 눈으로 하는 것이라 할 수 있다.

넷째, 개방적 언어(우회적 언어)를 사용한다.

성경 삼하12:1~13까지의 말씀에서도 하나님은 다윗에게 너 왜 우리야의 아내 밧세바을 범했느냐? 라고 추궁하는 폐쇠적 언어를 쓰지 아니하시고 우회적 언어로 예를 들어 주셨는데 개방적 언어를 살펴보면 다음과 같다.

상태	추궁형 "왜?" "누가"	이해형 "어떻게"
쉬운 문제를 틀린 아이	"이건 왜 틀렸어?" "‥" "꾸중을 들을 것을 생각하여 매우 긴장한다."	"어떻게 하다가 틀렸어?" "예! 깜빡 착각을 해서 그만" (이해해 주는 것으로 생각한다)
화분이 깨짐	"누가 깨뜨렸어?" "큰일 났구나."(변명거리를 찾음)	"어떻게 하다가 깨뜨렸어?" "먼지 털다가 먼지 털이에 걸려 떨어졌어요."

다섯째, 상대방의 감정을 존중한다.

사람은 스스로 '정말 그렇구나!'라는 확신이 서지 않으면 좀처럼 움직이지 않는다. 그러므로 상대방에게 '그렇구나.'라는 확신을 줄 수 있는 첫 번째 조건은 내용이 논리적으로 이치에 맞아야 하고 더욱은 듣는 사람의 마음을 움직일 수 있어야 한다.

여섯째, 말로 표현되는 욕구는 없는지 살핀다.

사람은 서두부터 자신의 모든 것을 내어놓지 않고 서서히 감정을 표현 하게 된다. 사람의 마음을 감동시키려면 말로 표현되지 못한 이면의 감정과 욕구를 알아차림이 필요하다.

일곱째, 상대방을 이해하고 장점을 인정한다.

이해하고 인정받는 것보다 사람들이 매우 좋아하는 것이다. 일단 상대를 인정해 주어야 자신도 인정받을 수 있다. 상대방의 단점보다는 장점을 부각시키고 인정해주는 긍정적인 마음가짐이 필요하다.

성경에 보면 이런 말씀이 있다. (마7:12 그러므로 무엇이든지 남에게 대접을 받고자 하는 대로 너희도 남을 대접하라 ………)

이 같은 대화법이 우리일상생활에 적용되었으면 하여서 국민일보에서 발취하여 보았다.

사실 요즘 젊은이들은 매우 급변하는 시대에 살고 있고 정서적으로도 불안한 삶을 살고 있기에 요행을 바라고 사는 이가 많다고 한다. 요행이라는 것은 "화살을 아무 곳으로 쏘아도 과녁에 맞을 것"이라는 생각으로 살아가는 모양을 빗대어 본 것이다.

특히 우리 청소년들이 이런 모습이 아닐까 생각하시고 사랑하는 마음으로 그들에게 용기를 준다면 그들은 용기를 가지고 요행을 바라는 모습에서 벗어나 노력하는 삶을 살아갈 수 있을 것이다.

4. 산파술(産婆術)

산파술(産婆術)은 대화법이다. 한문으로 산파술을 정리해보면, 産은 낳음을 말하고, 婆는 사물의 형용을 말하고, 術은 꾀, 계략, 재주이니 입에서 나오는 모든 말을 뜻한다.

학자들은 토론의 달인으로 '소크라테스'를 꼽는다. 하지만 문헌들을 살펴보면 아이러니하게도 그는 말을 잘하는 사람이 아니었다. 그의 어투는 어눌했고, 때로는 말을 더듬기도 했다한다. 그런데도 입담 좋은 이들은 그 앞에만 서면 꼬리를 내리기 일쑤였다는데 그 이유는 잘 모르면서 잘난 척했다는 사실을 깨달으면서 말이다. 소크라테스는 어눌한 말솜씨로 어떻게 토론의 달인이 됐을까? 그 해답은 바로 '산파술(産婆術)'에 있었다. 소크라테스는 상대가 무슨 이야기를 하든지 반박하지 않았다.

오히려 상대방이 옳다고 믿고, 그 말을 조금 더 완벽하게 이해하기 위해 끊임없이 묻고, 답변하는 과정을 반복하며 상대방으로 하여금 스스로 무지를 깨닫게 했을 뿐이다.

소크라테스와는 달리 그리스시대 소피스트들은 자신들의 의견을 관철시키기 위해 거짓까지도 설복시키는 변론술과 수사학을 최대한 동원했다. 소크라테스로부터 궤변론자란 비아냥거림까지 받았지만, 오로지 논쟁에서 상대방을 제압하기 위해선 아랑곳하지 않았다.

소크라테스의 대화법은 흔히들 산파술이라고도 하며, 소크라테스의 저작들은 그의 제자인 플라톤에 의해서 쓰여 졌다고 한다.

문답법의 주요소로는 비판적 질문과 적극적 경청을 꼽을 수 있다. 비판적인 질문이란 무조건적으로 잘못을 지적함보다는 어떠한 문제를 놓고 왜 더 나은 방법이나 논의가 안 되는가에 대한 것이고, 적극적인 경청이란 상대방의 말을 끝까지 인내심을 가지고 들었다는 것이다.

소크라테스 대화법은 대화를 통해서 그 사람이 원래 알고 있던 지식을 상기해 내도록 하는 것이다. 여기에는 소극적 측면인 소크라테스적 반어(反語)와 적극적 측면으로서의 산파술을 생각할 수 있다.

전자는 대화의 상대자로부터 로고스(論說)를 끌어내어 무지(無知)의 자각, 아포리아에로 유도하는 소크라테스의 독특한 무지를 가장(假裝)하는 태도이고, 후자는 상대방이 제출한 논설이나 질문을 거듭함으로써 개념 규정을 음미하고 당사자가 의식하지 못했던 새로운 사상을 낳게 하는 문답법이다. 소크라테스는 자기 스스로 이제 새로운 지혜를 낳을 수 있는 능력은 없으나 다른 사람들이 그것을 낳는 것을 도와 그 지혜의 진위(眞僞)는 식별할 수 있다고 하면서, 자기의 활동을 어머니의 직업인 산파에 비유, 산파술이라고 불렀다.

1) 소크라테스와 플라톤의 일화

「인생에서 가장 위대한 순간은 언제 찾아올까요?」

플라톤이 묻자 스승인 소크라테스는 넓은 보리밭에서 잘 익은 보리 이삭을 따오라고 시켰다.

플라톤은 보리농사가 잘돼 어렵지 않은 일이라 생각했지만 빈손으로 돌아왔다.

「보리밭에 들어가니 잘 익은 보리 이삭이 있었습니다. 하지만 앞에 더 나은 보리 이삭이 있을 거 같아 계속 나가다 보니 보리밭을 지나치고 말았습니다.」

소크라테스는 「모든 희망을 내일에 걸지 마라. 네가 숨 쉬고 있는 지금이 가장 소중하다.」라고 말했다.

5. 자녀와의 대화

여러분은 자녀 양육을 어떻게 하실 건지 생각해 보셨나요? 현재 우리나라에는 수많은 자녀 양육법이 존재하고, 엘리트 교육법들이 존재한다. 그렇다면 진정한 교육이란 무엇일까? 부모는 교육으로 인해 자녀가 무엇을 깨닫고 성취하길 바라서 교육시키는 걸까? 이 대답에 쉽게 대답할 수 있는 부모는 없다.

우리들이 교육을 받고, 교육을 시키는 이유의 본질은 성공이 아니다.

교육의 결과란, 배우고 스스로 성장함으로 인해 "성공"이라는 결론이 찾아오는 것이지, 성공하기 위해 교육하는 것은 아니란 것이다. 이제 우리는 깨달아야 한다. 중요한 것은 성공하는 법이 아니라 배워서 스스로 성취하는 것을 말이다.

이 문제는 예수, 공자, 석가와 함께 4대 성인? 으로 불리는 고대 철학자, 소크라테스에게 답이 있다. 산모가 아이를 낳을 수 있도록 돕듯이 대화 상대자가 깨달음에 이르도록 끊임없이 질문하는 형식, 즉 이것을 '소크라테스 대화법' 또는 '산파술'이라 부른다.

이 산파술이 자녀 양육법의 핵심이다. 현재 우리나라의 상황이 어떤가? 정치는 양과 극으로 갈라져 서로를 헐뜯고 싸우기만 한다. 또한, 해결방안을 모색하기 위해 열린 토론의 장에서는 남의 의견을 듣지도 않으며 자신의 의견만 말하고 씩씩거리며 나온다.

이들의 가치관과 태도가 선진국으로 가기 위한, 자녀를 올바르게 교육시키기 위한 진정한 시민의식일까? 자녀를 제대로 양육시키려면 교육제도도 중요하지만 부모님의 역할이 더욱 중요하다. 산파술을 깨달으려면 질문하는 사람 즉, 부모님이 소크라테스와 같은 의식을 가져야 한다는 것이다.

즉 나중에 부모가 되고 대한민국을 이끌어 나갈 자녀들의 역할이 중요하기 때문이다.

소크라테스가 죽은 후에도 영원히 가슴 안에 남긴 말이 하나 있는데 "너 자신을 알라"이다. 진정 이 말의 뜻이 자기 자신을 알라는 뜻일까? 아닐 것이다. 이 말의 의미는 "네가 아무 것도 모르고 있음을 인정하라"는 의미가 아닐까?

많은 사람들은 '내가 많은 것을 알고 있다'라고 생각하면서 가장 알기 쉬운 '나 자신' 에 대해 정확히 파악하지도 못하고 있는 것이 사실이다. 자신이 무언가를 알고 있다고 생각하는 대상에게 실은 스스로가 그것의 본질에 대해 아무것도 모른다는 것을 일깨워주고 싶어 한 사람이 소크라테스이기 때문이다.

하지만 우리는 늘 이렇게 말한다. '네가 나에 대해서 뭘 알아?' 사실 스스로도 잘 알지 못하면서 남의 눈에 비친 내 모습을 부정하곤 한다.

오늘부터라도 내 스스로가 어떤 부분에 있어서는 '부족할 수 있음'을 인정하고, 그 부분을 채워나가기 위한 노력을 해보는 것은 어떨까? 또한, 이러한 진리를 깨닫고 교육의 본질을 느껴야만 한다. "Back to the basic" 우리에게 가장 중요한 것은 바로 "기본"이다. 이렇게 아주 조금이라도, 한 사람이라도 사상과 관념이 바뀌게 된다면 더욱 빠르고 행복한 선진사회를 이룩할 수 있을 것이다. 이를 위해선 우리들의 선진의식 배양도 중요하다.

"만일 소크라테스와 점심을 함께 할 수 있다면 우리 회사가 가진 모든 기술을 그와 바꾸겠다. - 스티브 잡스"

세계 최고의 경영인들뿐만 아니라 전 세계인을 매혹한 "소크라테스 대화법" 우리부터 그 대화법으로 시작하자. 자녀의 입장에서 대화의 장을 열고, 자녀의 입장에서 대답을 해보고, 점차 발전된 대화에서 조금씩 문제의 답으로 접근하여 보자.

다음은 플라톤의 대화편인데, 제자인 플라톤이 스승인 소크라테스의 삶과 대화를 모은 글이다.

소크라테스는 플라톤의 대화편에 자주 등장하는 주요 등장인물이었다. 이는 플라톤의 대화편에 있는 내용과 주장 중 어디까지가 소크라테스의 견해이고, 어디까지가 플라톤의 견해인지에 대한 많은 논쟁을 불러왔다.

왜냐하면 소크라테스는 어떠한 것도 글로서 남기지 않았기 때문이다. 이 문제를 종종 "소크라테스의 문제" 라 부른다. 그러나 플라톤이 소크라테스의 가르침으로부터 많은 영향을 받았다는 것은 확실하다. 따라서 플라톤의 많은 아이디어들, 적어도 그의 초기 연구들은 아마도 소크라테스의 것을 빌려오거나 발전시켰을 것이다.

그가 이성 우위의 전통을 가진 서양 철학에 미친 영향은 더할 수 없이 크다. 영국의 철학자인 화이트헤드는 "서양의 2000년 철학은 모두 플라톤의 각주에 불과하다." 라고 말했으며, 시인 에머슨은 "철학은 플라톤이고, 플라톤은 철학" 이라 평하였다.

1) 자녀와 대화하는 기술

짧게 말하고 언행일치를 보여라

빨리 빨리라는 단어에 익숙하고 단답형 대화를 즐기는 요즘 자녀들에게 부모의 긴 이야기는 단지 잔소리에 불과하다. 게다가 아이들은 근본적으로 부모에게 인정받고 싶어 하는 욕망을 갖고 있기 때문에 무엇을 충고를 해야겠다는 마음가짐으로 접근하면 아이를 설득하기 어렵다. 아무리 중요한 이야기라도 반복하거나 길게 말하면 아이는 지루해할 뿐이다. 이럴 때는 명령형보다 부모의 생각을 전달하는 방법으로 대화하고, 부모가 직접 행동으로 보여주는 것이 좋다.

현명한 부모는 아이의 말을 끝까지 듣고 공감대를 형성하는 것이 중요하다. 부모와 대화하는 것이 익숙하지 않은 아이들은 어쩌다 한번 입을 열어도 대개 자기주장이나 표현을 제대로 하지 못하는 경우가 있다. 이 경우 보통의 부모는 답답한 나머지 아이의 말을 중간에 끊고 일방적으로 자신의 이야기를 장황하게 늘어놓기 마련이다.

자녀의 자존심을 높여주는 대화의 기술이란 먼저 부모가 솔직하게 속마음을 드러내고, 정중히 진솔하게 대화하기를 부탁하고, 마음을 읽고 있음을 보여주고 질문과 칭찬을 하고, 문제가 있는 내용에는 분명히 안 된다는 말을 하고 자녀와 같이 좋은 것과 나쁜 것, 훗날 변한 좋은 모습과 나쁜 모습 등을 상상하며 결론을 내는 것이다.

첫째, 대화중에 경청하고 있다는 신호를 계속 보내라

눈을 마주치고 고개를 끄덕이거나 적절한 시점에 맞장구를 치면서 관심의 뜻을 전달해야 아이도 신이 나서 자기표현을 하게 될 것이다. 「사실 나도 예전에 그랬지」라고 말하며 공감대를 형성하면 대화의 맛이 더 할 것이다.

둘째, 대화에 앞서 외모나 옷 스타일 등으로 잔소리는 금물이다.

사춘기 자녀들에게는 외모가 자신의 존재를 알리는 큰 척도다. 그러므로 사춘기에 옷차림 등등에 신경을 쓰는 것은 당연하다. 이때「겉멋만 들어 가지고」고 다그치거나 짧은 교복이나 평상복을 놓고「옷차림이 그게 뭐냐」고 혼내면 자녀는 부모와 말이 통하지 않는다고 느끼게 될 것이다. 부모들도 사춘기 시절 자신의 부모와 외모로 갈등을 빚은 적이 있음을 기억해야 한다.

셋째, 주제를 정하여 대화해라

주제를 정하여 대화를 하여야 다른 이야기를 하거나 다른 주제로 화제를 돌리지 않게 된다. 그래야 진솔한 대화를 할 수 있고 공감대를 형성하면 대화의 맛이 더 할 것이다.

2) 자녀교육에서 주의 할 점

자녀를 교육함에 있어 언제나 따뜻한 대화만 주고받을 수는 없다. 일상생활을 하다 보면 분명 자녀의 잘못을 지적해야 할 때도 생기고, 때로는 강하게 질책해야 할 상황도 생길 수 있다.

이때 문제가 있는 행위에는 분명히 잘못된 것임을 지적하고, 안 된다고 단호히 말을 하고 자녀와 같이 좋은 것과 나쁜 것, 훗날 변한 좋은 모습과 나쁜 모습 등을 상상하며 토론을 하는 것이 중요하다.

그러므로 마음을 열고 대화하는 중에는 잘못된 것을 혼내지 않는 다는 것을 분명하게 설정하여야 한다.

만약 자녀를 혼낼 때는 가장 먼저 이 순간이 질책하기에 정말 필요한 때인지 곰곰이 생각해봐야 한다. 아이가 잘못을 저지른 순간 반사적으로 혼내는 행동은 충동적인 체벌, 나아가 자제력을 잃은 체벌로 발전할 수 있기 때문이다. 부모가 흥분한 상태에서 혼을 내면 원래 생각했던 것보다 더 많은 벌을 줄 수도 있고, 잘못된 점을 차분히 알려줄 수 있는 시간을 빼앗길 수도 있다.

그러므로 자녀의 행동이 잘못되었다고 느끼더라도 왜 그랬는지 그 상황을 설명하게 하고 더 좋은 해결책은 없었는지 토론해야 자녀는 분명 현명한 판단을 할 수 있게 된다. 그래야 행동수정으로 인해 나타날 수 있는 결과가 더 효과적이다.

「내가 보기에는 이렇게 하는 것이 더 좋을 것 같은데 네 생각은 어떠니?」라고 말하거나, 「자꾸 그렇게 하면 다른 사람들이 불편해질 것 같은데 그래도 계속하고 싶니」라고 질문을 던져보고 싶은 유혹에 빠지기 보다는 자녀가 스스로 판단하게 만드는 것이 좋은 방법이다.

더 나아가서 아이에게 모욕감을 주는 언행을 하거나 부모가 화난 이유를 설명해주지도 않고 무조건 다그치는 것 역시 나쁜 방법이다. 유치원과 초등학교 저학년 때까지 부모는 무엇이 옳고 그른지, 어떤 행동이 바람직한 것인지, 아닌지를 하나하나 가르쳐주는 역할을 한다.

이것이 언행일치(言行一致)라는 것으로 산교육의 핵심이 된다. 많은 학자들의 연구결과를 보면, 자녀들은 부모들의 언어와 행동을 동일화한다고 한다. 하나의 행동과 언어를 그대로 배워 동일화 된다니 부모의 언행일치가 얼마나 중요한가?

(1) 열등감을 주어서 기를 죽이는 말

「너는 왜 이것밖에 못하니?」, 「왜 그렇게 쓸데없는 짓을 해?」, 「철수네 애들은 안 그러는데 너는 왜 그러니?」 부모들도 어린 시절 이 같은 비교로 마음이 상한 적이 있을 것이다. 참담했던 그 때를 기억하고 이 같은 말들은 자녀로 하여금 깊은 열등감을 갖게 만든다는 것을 명심하여야 한다. 특히 다른 아이들과 비교하는 말은 경쟁심을 유발하기보다는 모욕감을 심어주는 경우가 대부분이므로 가급적 피하는 것이 좋다.

(2) 자녀를 비하하므로 열등감을 주는 말

「네가 하는 일이 다 그렇지 뭐」, 「어디 또 그렇게 해봐라」, 「네가 퍽이나 잘하겠다」라는 말들은 단어가 내포한 뜻과는 다른 의미로 쓰여 상대를 비꼬는 말들이다. 사춘기에 접어든 아이라면 대부분 저런 말들이 실제 문자적인 의미와 다른 의도로 쓰이고 있다는 사실을 알 수 있다.

이런 말이 자녀에게 열등감을 준다.

(3) 억압하거나 명령 혹은 협박하는 말

「너 이거 꼭 해야 된다」, 「이거 안 하면 그거 안 해줄 거야」와 같은 말은 자녀가 스스로 판단하고 행동할 수 있는 것을 제약한다. 부모의 눈에는 아직 어린 아이로만 보지 말고 하나의 인격체로 인정하여야 한다. 자녀들은 이미 성숙해서 자기 일을 스스로 고민하고 판단할 줄 안다. 부모가 해야 할 일은 아이가 올바른 판단을 할 수 있도록 도와주는 것이지 무작정 결정을 내리고 그것을 하도록 강요하는 일이 바람직하지 않다. 그 밖에 「몇 시까지 다 해놔」, 「오늘은 몇 시까지 공부해」와 같은 명령형 어투도 자율적인 판단을 가로막을 수 있다.

(4) 부정적인 장담이나 포기를 암시하는 말

「어디 며칠이나 가는지 두고 보자」 혹은 「지키지 못할 말은 하지도 마」라고 말하면 자녀에게는 엄청난 충격이 된다. 모처럼 의욕적으로 계획을 세워놓고 시작도 하기 전에 의욕이 감소해 버린다. 신중한 언행을 하도록 가르치는 것은 좋지만, 애초부터 자녀의 계획을 무시하거나 무작정 「지키지 못할 일」로 치부하는 것은 자녀의 능동적인 판단을 저해하는 지름길이다.

자녀가 고집을 부리거나 부모의 성에 차지 않는 행동을 할 경우, 누구라도 무심코 자녀에게 좋지 않은 말을 던질 수 있다. 물론 그 의도는 잘못된 행동을 고쳐주고 싶기 때문이겠지만, 아이들로서는 「부모가 나에게 화풀이 한다.」라는 생각만 갖게 만든다. 이런 경우 자식과의 관계가 더 악화되기 쉽다. 별 뜻 없이 화가 나서 던진 말이라도 아이는 가슴 깊이 상처가 되고, 그로 인해 행동에 제약을 받을 수 있다는 점을 항상 떠올려야 한다.

3) 자녀와 대화에서 주의 할 점

(1) 자제력을 가져라

고함지를 때 종종 자제력을 잃고 큰 소리로 아이의 이름을 외치거나 화를 내고, 혹은 욕을 한다면 일시적으로 아이의 행동을 변화시킬 수는 있으나 장기적으로는 바람직하지 않아 부모에 대한 존경심을 잃게 만들 것이다. 그러다 보면 자연히 화를 내는 상황이 더 많이 잃어나게 된다.

(2) 체벌만이 능사가 아니다.

적당한 체벌이 필요하다고 믿는 사람도 있지만, 단지 부모의 생각이 올바르다는 것을 과시하기 위해 매를 들면 결국 아이의 마음에 분노감을 쌓이게 만드는 원인이 됨을 꼭 인식해야 한다.

(3) 남을 탓하지 마라

부모가 혹시 자신의 잘못을 아이나 배우자에게 돌리고 있지는 않는지 확인해 볼 필요가 있다. 이런 모습을 보이면 자녀 역시 책임을 회피하는 방법만 배우게 되고, 감당하기 어렵다고 생각하는 일은 쉽게 포기하도록 만들 수도 있다.

(4) 공포분위기는 모두에게 해롭다.

아이가 필요 이상으로 부모를 두려워하면 정서적으로 불안해지고 자신의 감정을 효과적으로 표현하는 것을 꺼리게 되어 대화의 장이 이어질 수 없다.

6. 결론과 논의

기성세대와 지금의 아이들은 분명 다르다. 지금세대의 아이들은 자신의 의사를 강하게 표현할 줄 알고, 본인들의 생각과 맞지 않으면 분명히 자기의 의사를 밝힐 줄 안다. 하지만 가정에서의 아이들은 부모와의 대화시간이 점점 줄어들고 있다. 청소년보호위원회의 조사에 따르면 우리나라 중학생 중 20%에 달하는 아이들이 '아버지와 대화하는 시간이 하루에 1분도 안 된다'고 대답했다. 인터넷, 휴대전화로 또래집단간의 의사소통에는 익숙하지만 집에서의 대화는 점점 줄어들고 있는 자녀들. 이들과 효과적으로 대화하기 위해서는 부모가 먼저 다가서야 한다.

첫째, 짧게 말하고 행동으로 보이는 것이 중요하다,

「빠름」에 익숙하고 단답형 대화를 즐기는 요즘 아이들에게 부모의 긴 이야기는 단지 「설교」에 불과하다. 게다가 아이들은 근본적으로 부모에게 인정받고 싶어 하는 욕망을 갖고 있음을 잘 인식하여야 한다. 아무리 중요한 이야기라도 반복하거나 장황하게 늘어놓으면 아이는 지루해할 뿐이다. 이럴 때는 명령형보다 부모의 생각을 전달하는 방법으로 대화하고, 부모가 직접 행동으로 보여주는 것이 좋다. 즉「왜 이렇게 늦게 들어왔어?」라고 소리치기 보다는 아이입장에서「지금까지 안 들어와서 걱정했다.」라고 한다면 부모의 마음을 헤아리고 대화의 장으로 나올 것이다.

둘째, 자녀가 말을 시작할 수 있도록 유도하고 끝까지 들어야 한다

부모와 대화하는 것이 익숙하지 않은 아이들은 어쩌다 한번 입을 열어도 대개 자기주장이나 표현을 제대로 하지 못하는 경우가 있다. 이 경우 보통의 부모는 답답한 나머지 아이의 말을 중간에 끊으면 안 된다. 하지만 모든 인간관계가 그러하듯 부모 자식 사이에서도 상대의 말을 경청하고 나서 자신의 의견을 얘기하는 것이 소크라테스의 산파술이다.

셋째, 대화를 하는 상대에게 눈을 마주치고 고개를 끄덕이거나 적절한 시점에 맞장구를 치면서 관심의 뜻을 전달해야 아이도 신이 나서 자기표현을 한다. 그와 동시에「나도 네 나이 때는 그랬지」등으로 비슷한 고민을 한 적이 있음을 내보이면 동질감을 느껴 더 많은 이야기를 털어놓게 될 것이다.

넷째, 어린 자녀들에게는 외모를 알리고 싶은 나이다. 특히 사춘기에 접어들면 옷차림에 신경을 많이 쓰는데 옷차림이 그게 뭐냐는 등 혼내기 보다는 부모들도 사춘기시절 자신의 부모와 외모로 갈등을 빚은 적이 있음을 기억하고 대화로 풀어야 한다.

다섯째, 자녀와 대화를 하면서 갑자기 지나간 이야기를 하거나 다른 주제로 화제를 돌리는 것은 바람직하지 않다. 그럴 경우 자녀는 현재의 문제에 집중할 수 없을 뿐 아니라, 부모를 '아무 때나 옛날 얘기 꺼내서 화만 내는 사람' 혹은 '잔소리꾼'으로 여기게 될 위험이 있다.

상기와 같이 자녀와의 소통을 위한 대화는 부모가 먼저 대화를 할 수 있는 마음가짐과 대화의 주제를 정하여야 하며, 자녀 입장에서 이해함이 전제조건이 성립되어야 하고, 대화의 기술을 발휘할 수 있어야 한다.

이러한 대화의 잘이 잘 형성되어 소통이 이루어지는 가정이야 말로 우리사회가 추구하는 것이다.

가정은 사회의 가장 기본적이며 일차적인 집단으로 인간의 성장과 발달의 중요한 영향을 준다. 가정은 태어나서 성인이 되어 자립할 때까지 생활하는 터전이고 자신이 속한 사회에서 요구하는 기본적인 가치·태도·습관 등을 형성하는 곳이다. 보사드(Bossard)는 인격형성에 미치는 가정의 교육적 효과를 다음과 같이 제시하였다. 첫째, 가정은 자녀에게 만족을 주어 안정성의 기반이 된다. 둘째, 가정은 아이의 능력을 전개 · 발달시키는 장소이다. 셋째, 인격의 승인에의 희구를 우선 가정에서 충족시킬 수 있고 이것이 곧 사회적 인격의 기반이 된다. 마지막으로 아이는 가족 경험을 통하여 사회생활에 필요한 습관, 예의, 태도 등을 배운다. 하였다.

그러므로 자녀들은 부모와 대화로 마음의 문이 열리면 근심 걱정이 사라져 그 삶이 달라질 것으로 사료된다.

연구문제

1. 소통은 무엇이고 대화는 무엇인가?
2. 대화법의 중요한 영역 3가지을 선택하여 논하시오.
3. 입과 혀의 대한 속담을 나열하고 설명하시오
4. 칭찬은 고래도 춤을 추게 한다는 말을 정의하시오
5. 고자(존로크)의 백지설을 설명하시오

참고문헌

공자(김형찬)(1999), 논어, 홍익출판사

교육부(1994), 유치원 교육과정 해설, 대한교과서(주)

김기웅 · 곽은정(1996), 유아 및 아동체육, 보경사

이희선(2001), 유아체육, 학지사

전경아(오노테라 아쓰코)(2010), 발달심리학, 시그마 북스

조중제(2000), 어린이 설교집, 은혜출판사.

정범모(1974), 교육과 교육학, 배영사

Jung and Psychosynthesis. P.F.R. Issue No.19. New York: Psychosynthesis Research Foundation.1970.

부 록

[꿈꾸는 목요일]

인성교육진흥법

청소년의 학교교육

<부록>

[꿈꾸는 목요일]

대학생 딸도 집 나가게 하는 잔소리 … 엄마, 참으세요.
[중앙일보]입력 2015.05.14.

잔소리, 사랑만은 아니에요

대학 1학년인 구모(19·여)씨는 2학기부터 집에서 나와 자취를 할 생각이다. 어머니의 잔소리를 견딜 수 없어서다. 구씨는 "고교 시절 성적 때문에 간섭하는 건 참을 수 있었는데 성인이 됐는데도 잔소리를 너무 많이 한다"고 푸념했다. 입학 후 몇 차례 자정을 넘겨 귀가한 그에게 안 자고 기다리던 어머니는 "부모까지 잠 못 자게 하니 이기적이다" "대학 때 풀어지는 애치고 잘되는 것 못 봤다" 등의 말로 나무랐다고 한다. 구씨는 "시험 때문에 자정을 넘길 땐 잔소리를 안 해 더 짜증이 났다"며 "집에 들어가기 싫어 저녁을 밖에서 먹는 때가 많다"고 말했다.

초등학교 3학년 아들을 둔 주부 이모(37·서울 마포구)씨는 아이 담임교사와 상담하다 깜짝 놀랐다. 엄마를 주제로 한 글쓰기에서 아이가 '잔소리를 너무 많이 해 악마 같다'고 썼다며 아이가 꼽은 대표 잔소리 다섯 가지를 보여줬기 때문이다. 이씨는 "선생님이 아이를 더 믿어 봐도 괜찮을 것이라고 말해 민망했다"고 토로했다.

아침에 제때 일어나지 않는 아이, 매번 준비물을 학교에 놓고 오는 아이, 숙제를 시작하라고 소리를 질러도 TV만 보는 아이…. 이럴 때면 엄마들은 잔소리를 쏟아낸다. 잔소리하는 엄마들은 하고 싶어 하는 게 아니라고 하소연한다. 유모(40·경기 고양시)씨는 "아이가 해야 할 일을 하지 않으면 불안하다"고 말했다. 조모(36·경기 양평군)씨는 "잔소리도 일종의 사랑"이라며 "반찬을 골고루 먹지 않으면 건강에 안 좋을 것 같아 혼내곤 하는데 관심이 없으면 잔소리도 안 하는 것 아니냐"고 반문했다.

잔소리 대상엔 남편도 포함된다. 정모(40·서울 강남구)씨는 "평소 아이 돌보는 데 도와주지 않던 남편이 내 잔소리를 듣다 아이 편을 들면 진짜 미워진다. 술 마시고 들어와 씻지도 않고 자는데 어떻게 잔소리를 안 하느냐"고 말했다. 그는 "남편이 건강해야 애도 키우고 노후 걱정도 덜 수 있을 텐데 이런 마음은 애나 남편 모두 몰라주는 것 같다"고 덧붙였다.

엄마의 잔소리가 많은 이유를 전문가들은 다양한 관점에서 찾는다. 우종민 서울백병원 정신건강의학과 교수는 "잔소리는 개선하길 바라는 걸 알려주는 행위여서 기대가 있기 때문에 하는 것"이라며 "아빠에 비해 엄마가 자녀를 굶주리지 않게 하는 데 관심이 더 많고 아이들 공부도 엄마 몫이 돼 있어 잔소리를 많이 할 수밖에 없다"고 말했다. 경희대 전중환(진화심리학) 교수는 "여성은 임신과 출산을 해왔기 때문에 위생 관련 혐오감이 남성에 비해 크다. 집안이 더러우면 잔소리를 하는 것도 이런 성향 때문"이라고 설명했다.

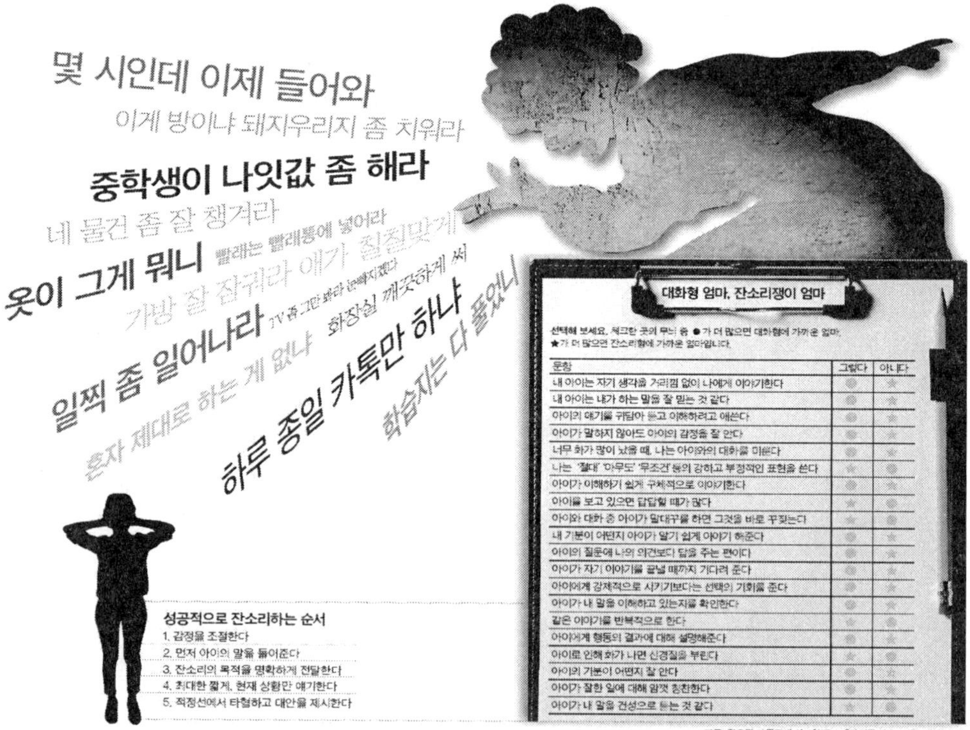

문항	그렇다	아니다
내 아이는 자기 생각을 거리낌 없이 나에게 이야기한다	●	★
내 아이는 내가 하는 말을 잘 믿는 것 같다	●	★
아이의 얘기를 귀담아 듣고 이해하려고 애쓴다	●	★
아이가 말하지 않아도 아이의 감정을 잘 안다	●	★
너무 화가 많이 났을 때, 나는 아이와의 대화를 미룬다	●	★
나는 '절대' '아무도' '무조건' 등의 강하고 부정적인 표현을 쓴다	★	●
아이가 이해하기 쉽게 구체적으로 이야기한다	●	★
아이를 보고 있으면 답답할 때가 많다	★	●
아이와 대화 중 아이가 말대꾸를 하면 그것을 바로 꾸짖는다	★	●
내 기분이 어떤지 아이가 알기 쉽게 이야기 해준다	●	★
아이의 질문에 나의 의견보다 답을 주는 편이다	●	★
아이가 자기 이야기를 끝낼 때까지 기다려 준다	●	★
아이에게 강제적으로 시키기보다는 선택의 기회를 준다	●	★
아이가 내 말을 이해하고 있는지를 확인한다	●	★
같은 이야기를 반복적으로 한다	★	●
아이에게 행동의 결과에 대해 설명해준다	●	★
아이로 인해 화가 나면 신경질을 부린다	★	●
아이의 기분이 어떤지 잘 안다	●	★
아이가 잘한 일에 대해 맘껏 칭찬한다	●	★
아이가 내 말을 건성으로 듣는 것 같다	★	●

자료: 정윤경 가톨릭대 심리학 교수, 『아이를 키우는 행복한 잔소리』

소통 방식이 남성은 목적지향적인 반면 여성은 감정지향적인 것도 잔소리의 양이 성별로 다른 원인으로 꼽힌다. 서울대 윤대현(정신건강의학) 교수는 "여성은 커피 한잔을 놓고도 서너 시간 얘기하지만 남자들은 축구할 때도 '여기, 볼'처럼 짧게 말한다"며 "충분히 대화해야 소통했다고 여기는 엄마들은 내용 전달보다 '내가 얼마나 걱정하는지 알지' 하는 마음을 알아달라고 잔소리를 많이 한다"고 분석했다. 가톨릭대 정윤경(심리학) 교수는 "여성의 뇌는 남성보다 한 번에 여러 가지 생각을 하기에 용이하고 다른 사람을 돌보는 게 당연하도록 진화했다. 아끼는 사람에 대한 걱정과 관심이 불안한 마음과 합쳐져 나타나는 역기능적 대화가 잔소리다"고 설명했다.

하지만 잔소리의 효과는 별로 없다. 정모(40·서울 서초구)씨는 "참견하다 보니 아이가 '네'라고 답만 하지 흘려듣는 습관이 생기더라. 할수록 늘게 되고 들을수록 내성과 반항심이 생기는 게 잔소리"라고 말했다. 이모(39·서울 성동구)씨도 "잔소리하다가 안 되면 엄마가 해줘 버리기 때문에 아이가 매사에 의욕이 없어지더라"고 했다.

구모(37·서울 마포구)씨는 "잔소리 대신 아이가 할 일이라는 걸 알려주고 선택하도록 했더니 실수를 통해 다음엔 안 그래야겠다는 생각을 갖더라"고 소개했다. 함모(38·충남 당진군)씨는 "속이 상할 때면 소리 지르지 않고 '엄마도 화가 나' 하고 말했더니 딸도 '나도 그래' 하면서 대화가 시작됐다"고 말했다.

화부터 가라앉히는 게 중요하다. 우 교수는 "감정적으로 날카로울 때 잔소리를 하면 소용이 없고 특히 사춘기 자녀는 권위에 반항하는 시기라 화가 나면 떨어져 있는 게 좋다"고 권했다. 윤 교수는 "의사가 담배를 피우면 죽는다고 강하게 권할수록 환자들이 더 피운다는 연구가 있다. 아무리 좋은 얘기도 자유를 억누르려고 하면 반발하기 때문에 잔소리 대신 동기를 부여하는 게 효과적"이라고 강조했다. 정 교수는 "아이가 말대꾸를 하면 즉시 야단치거나 아이가 내 말을 건성으로 듣는 것 같다고 느끼는 엄마는 잔소리쟁이일 가능성이 높다. 엄마에 대한 애정은 사라지지 않으니 문제를 해결하려 하기보다 아이의 마음부터 보듬어주라"고 조언했다.

인성교육진흥법

2014년 12월 29일 국회에서 '인성교육진흥법'이 통과됨으로써 우리의 인성교육은 새로운 차원으로 들어서게 되었다. 이제 사람됨의 교육은 국가의 책임과 의무로서 확고한 기반을 구축하게 된 것이다.

바른 인성을 갖춘 시민을 키우는 것이야말로 선진국가의 지름길이라고 한다. 또한 법 제정을 통해 책임있는 주인의식과 타인을 존중하고 배려하며 더불어 살아가는 공동체의 가치가 확산되도록 노력해야겠다.

우리가 바라는 인성교육은 머리로 깨닫는 것에 그치는 것이 아니라 마음이 관여하고 행동으로 드러나는 것이어야만 한다. 아리스토텔레스 주장에 따르면 몸과 마음과 손발이 함께 움직여주는 인성교육은 습관화된 실천과 정서를 동반한 체험을 통해서 가능하다고 하였다. 글자로 이해하고 머리로 분석하는 윤리교육만으로는 부족한 것이다.

인성은 추상적이고 성인군자적인 개념이 아니라 현실적이고 일상 시민적인 것으로 습득하는 실천적 학습기회가 제공되어야 한다. 그래서 인성교육은 가정의 '밥상머리 교육'에서 시작되어야 한다.
괴테는 '내가 인생불변의 법칙을 배우게 된 것은 대학 학창시절에서가 아니라 어머니의 무릎을 베고 듣던 옛날이야기 속에서다'라며 어머니의 품속에서 사랑과 체험을 겪었다는 것이다. 이와 같이 먼저 가정에서 윤리교육을 회복하고 학교교육이 인성교육 패러다임으로 전환되어야 하며 이를 위해서 대학입시의 틀과 진학률에 관한 근본적인 재검토가 필요한 것이다. 또한 교사의 역할이 무엇보다 중요한 만큼 교사양성과 재교육에서 인성교육을 강화해야 한다. 그리고 '인성교육 특별위원회'를 구성해 인성교육의 필요성을 논하고 방법을 연구할 필요가 있으며 계층, 이념갈등, 공동체의식 붕괴, 법치주의 실종이라는 사회 병리 해결을 위해 인성교육이 강화되어야 한다.

옛날부터 우리들은 가족을 '식구(食口)'라고 표현하기도 한다. 가족끼리 밥을 같이, 자주 먹지 못한 데서 많은 문제가 발생하는데서 어린 아이들은 사회생활을 배우는데 가장 기본적인 공유의식을 느끼지 못하면서 자라고 있다. 실제로 우리나라 사람들이 가족과 함께 식사하는 시간을 늘리고 서로 대화시간을 자주 갖도록 하여 부모와 자녀간에 이해의 폭을 넓혀가도록 노력해야 한다.

과거에는 대가족을 통해 아이들이 많은 것을 배울 수 있었다. 아이들이 처음으로 '관계'를 배우는 자리가 바로 밥상이다. 연장자가 먼저 수저를 뜨는지 확인하고 자신이 밥을 먹기 시작하는 예절을 배웠다. 먹는 속도가 빠른 사람은 먼저 먹고 자리에서 일어나는 것이 아니라 상대방을 배려하며 천천히 먹는 속도를 맞췄다. 학교에서 직장에서 있었던 일을 이야기 하며 위로 받고 힘을 얻기도 했다. 그리고 형제자매끼리 서로 챙겨주며 배려하는 것을 배워가며 살았다.

그러나 요즈음은 정작 자녀들과는 밥 한 끼를 통해 가르칠 수 있는 소중한 배려교육에 무심하게 되었으며, 자식을 소유물처럼 생각하는 사고방식도 아이로 하여금 배려를 배우기 더욱 어렵게 만들고 있다.

가정에서 배려를 배울 수 있는 방법은 간단하다. 집안일을 작게 나눠서 여러 가지 경험을 할 수 있도록 하는 것이다. 출근하는 아버지가 기분 좋도록 신발을 정리하거나 아침에 바쁜 어머니를 대신해 동생 머리를 빗겨주도록 하는 것이다. 마주치는 아파트 이웃에게 먼저 인사하는 모습을 보이는 것도 외부와 소통을 가르치는 방법이 될 수 있다. 친구들과 고운 말을 쓰고 바른 행동을 하도록 하여 우정을 쌓도록 하면 왕따나 학교폭력도 줄어들게 될 것이며, 웃어른을 보면 공손히 인사하고 예절바른 행동으로 어르신을 극진히 모시면서 양보와 배려 그리고 존중의 미덕을 가르치는 것이 가정에서 할 수 있는 일이다.

한 연구결과 '만 4, 5세 아이들이 가족에 대해 묘사하는 말을 연구해 보니 가정에서 다양한 집안일을 경험한 아이들은 성취감 뿐 아니라 배려심도 다른 아이들보다 월등했다'고 설명했다. 아이를 어린 보호 대상으로만 여길 것이 아니라 주체적인 대상으로 보고 집에서 다양한 훈련을 시켜주어야 한다는 뜻이다.

우리는 가정에서 아이들에게 타인의 마음을 헤아릴 수 있는 배려심이나 존중심 그리고 용서와 감사의 마음을 갖도록 가르치고 있는지 반성해 보아야 할 것이다. 인성교육은 바로 가정의 밥상머리 교육에서 시작하여 기초를 닦아야 하며 정부의 정책적 수립만으로는 한계가 있으므로 가정과 학교, 사회가 각자의 역할을 다하고 범국민적으로 실천을 확산시켜 나갈 때 성공할 수 있다고 믿는다.

청소년의 학교교육

청소년의 법률적 구분

우리나라는1991년 제정된 청소년기본법에는 9세 이상 24세 이하의 자로 규정하고, 유해환경으로부터 청소년을 지킬 목적으로 1997년에 제정된 청소년기본법은 청소년을 19세 미만의 자로 규정하고 있다.

유엔은 1985년을 세계 청소년의 해로 정하고 청소년을 15~25세까지를 청소년이라 정의하였다.

미국의 청소년정의를 보면, 1935년 루스벨트(미국 대)대통령이 법령으로 청소년을 16~24세로 규정하여 지금까지 이르고, 일본은 (총무청 청소년대책본부)1997년 9~23세로 규정하였고, 독일은 청소년을 13~25세로, 호주는 15~25세로, 중국은 대략 10세에서 44세에 이르는 연령의 사람이다.

청소년의 구분방법에서 취학연령 혹은 학력에 따라 청소년을 구분하는 방법이 있다. 초등학교는 약 8~13세로 구분하고, 중학교는 13세부터 16세로, 고등학교는 16세부터 19세로 구분하고 대학교는 19세부터 그 폭이 넓어 24세를 초과하기도 한다.

우리나라에서 청소년을 9세에서 24세까지로 하는 청소년기본법을 적용하여 보면, 초등학교 고학년부터 대학생까지 그 범위가 매우 크다.

청소년의 학교교육을 초등학교, 중학교, 고등학교, 대학교로 구분하여야 마땅하지만 고등학교를 졸업할 즈음에는 그 어떤 매개체로도 접근이 어렵기에 초등학교와 중학교로 한정한다.

초등학교를 입학하면 모든 것이 새롭고 모든 것이 신기한 시기이다. 이때 얼마나 애정을 갖고 지속적으로 새롭고 신비한 것을 가르치고 해소시키며 교육하느냐에 따라서 자기조절을 할 수 있고, 협동이 이루어지고, 타인을 배려하고 존중하며, 더 나아가서 정직을 알게 된다.

이것이 어렸을 때 머리에 각인되었던 오류와 어떤 물음표, 더 나아가서는 무의식속에서 행하여지던 행위들이 점차 수정되고, 오류를 바로 잡고, 사회의 구성원으로서의 인식을 갖추게 된다는 것이다. 그러기에 우리는 초등학교 입학 시기를 어린 3살로 보는 이유가 여기에 있는 것이다. 어린 3살에 아기에게서 부모가 눈을 돌리지 못하는 것처럼 입학한 학생들은 주의를 요한다.

매우 다양한 아이들이 모여 학우 집단을 이루었는데, 어떤 아이는 집에서 부모에게 하던 행위대로 고집을 부릴 수 있고, 어떤 아이는 떠들고, 어떤 아이는 너무 소침하고, 어떤 아이는 폭력적이고, 어떤 아이는 처음 보는 물건에 손을 대기도 하는 등 매우 다양하다.

공저자 소개

이 홍 진 : 사) 청소년행복세상 이사장
Ph.D. 교육학(청소년지도전공)
명지대학교 교수

박 덕 인 : 사) 청소년행복세상 총재
Ph.D. 인문학
한국합기도·경호무예총연합회 총재

공 보 길 : 사) 청소년행복세상 인성교육원장
Ph.D. 심리상담학
글러벌 미래인재 교육협회장

이 충 중 : 사) 청소년행복세상 이사 및 연맹회장
M.Ed. 평생교육전공
합기도 검무관 회장

이 승 호 : 사) 청소년행복세상 이사 및 연맹회장
Ph.D. 체육학
합기도、태권도 명성체육관 총관장

박 대 선 : 사) 청소년행복세상 이사 및 연맹회장
Ph.D. 체육학
명지대학교 (학점제) 생활체육과 교수

김 희 연 : 사) 청소년행복세상 교육총괄 본부장 :
Ph.D. 교육학(청소년지도전공)
명지대학교 (학점제) 생활체육과 교수

사단법인: 청소년행복세상(부설: 청소년인성교육원)